Zypern

Zeit für das Beste

Highlights – Geheimtipps – Wohlfühladressen

»Zypern, diese Insel ist fruchtbar, voll von Göttinnen und Mineralquellen, von alten Schlössern und Klöstern, von Früchten, Korn und grünen Weiden ...«

Lawrence Durrell,
Bittere Limonen – Erlebtes Cypern (1957)

BRUCKMANN

NIKOSIA

NORD-NIKOSIA

NORD-ZYPERN

REISEINFOS

Oben: In Ómodos gibt es viele stille Ecken.
Mitte: Vom Bauernsohn zum Präsidenten: Makários III.
Unten: Nord-Nikosia im türkischen Teil der Hauptstadt: das Arab-Ahmet-Viertel mit seinen Gassen

DIE TOP TEN

ARCHÄOLOGISCHER PARK, PÁFOS (S. 38)

Wenn Götter auferstehen, werden ihre Mythen lebendig. So ergeht es dem Betrachter der herrlichen Mosaikböden in den Villen der Römer: Ob Weingott Dionysos oder Achilles, ob Orpheus oder Apollon – sie alle sind in dem UNESCO-Weltkulturerbe versammelt und führen den Besucher in der Ausgrabungsstätte auf eine fast 2000 Jahre lange Zeitreise.

ÁVAKAS-SCHLUCHT (S. 66)

Der zyprische Grand Canyon – zwar nur en miniature, aber eine Wanderung die drei Kilometer lange und immer engere Schlucht hinab lässt Indiana-Jones-Feeling aufkommen, während Ziegenböcke von den Felswänden auf die Wanderer herabgucken und Falken wie Schmetterlinge ihre Runden drehen. Spektakulär: Die senkrecht abfallenden Felsen scheinen sich in 30 Metern Höhe fast zu berühren!

STRÄNDE IN AGÍA NÁPA (S. 126)

Wer nur Strandurlaub machen will, sollte in den Osten Zyperns fahren. Rund um die Partymetropole Agía Nápa gibt es die schönsten Strände der ganzen Insel. Man hat die Qual der Wahl: lauter goldgelbe und feinsandige Bahnen zwischen idyllischen Felsbuchten. Hier ist für jeden das Passende dabei: ob Jet-ski-Action und Beach Bar an der Nissi Bay, Buddeleimer am Golden Sands-Strand oder romantische Ecke an der kleinen Agía Thékla.

KLOSTER KÝKKO (S. 158)

Das religiöse Highlight auf Zypern: Kýkko ist das berühmteste Kloster der Insel. Was manch einer überkritisch als »Disneyland-Kloster« verspottet, zieht andere Besucher völlig in den Bann: die religiösen Fresken knallbunt wie ein Comic, die Mosaiken ein bisschen zu »naiv« – aber dafür erkennt auch der Laie in diesem Pilgerkloster die biblischen Geschichten und Parabeln von Abendmahl bis Arche Noah wieder. Weltberühmt: die wundertätige Marien-Ikone!

ÓMODOS (S. 172)

Das inmitten von Weinbergen und Obstgärten gelegene Örtchen ist eines der schönsten Weindörfer am Rande des Tróodos-Gebirges. Enge holprige Gassen mit uralten Steinhäuschen, blühende Apfelsinenbäume, Geranien und Oleander und eine rustikale Dorf-Platia mit Kafenion und Cafés, Tavernen und Weinbars.

NATIONALMUSEUM, NIKOSIA (S. 186)

Hier steht SIE nun endlich in voller Schönheit vor dem Betrachter: Aphrodite, die sagenumwobene Göttin der Liebe und Erotik. Tausend Orte auf Zypern sind mit ihr verbunden, aber das Nationalmuseum mit der mehr als 2000-jährigen Statue der schönen Nackten darf auf keiner Reiseroute fehlen – auch um die neun Jahrtausende alte Historie Zyperns zu verstehen.

KYRÉNIA (S. 216)

Die Altstadt und das schöne Hafenrund zu Füßen der prächtigen Burg von Kyrénia ist ein Muss auf jeder Nord-Zypern-Rundreise. In dem pittoresken Universitätsstädtchen kann man bummeln und mediterran-orientalisches Flair zwischen Moscheen und Segelyachten genießen. Trubel muss man allerdings mögen, denn einsam ist es hier im Saint-Tropez Nord-Zyperns nicht mehr ...

MUSIKFESTIVAL BELLAPAIS (S. 224)

Das Bergdorf Bellapais mit seiner majestätischen Klosterruine ist nicht nur ein Schmaus für die Augen, sondern auch für die Ohren. Wo einst die Augustinermönche speisten, gibt's heute musikalischen Hochgenuss: In dem 700 Jahre alten Refektorium der Klosterruine werden stimmungsvolle Konzerte gegeben. Man lauscht Bach und Chopin, und bei geschlossenen Augen könnte man fast die Kuttenträger durch die beeindruckenden Kreuzgänge wandeln sehen.

BURGEN IM PENTADÁKTYLOS-GEBIRGE (S. 228, 234)

Hier werden Märchen und Kinderträume wahr: St. Hilarion, Buffavento und Kantara thronen auf dem Gebirgskamm – wie Adlerhorste klammern sich die Ruinen seit tausend Jahren an die steilen Felskanten. Man wandelt durch die Gemäuer auf den Spuren von Kreuzrittern wie Richard Löwenherz und seinen Mannen – und niemand würde sich wundern, käme ein Ritter, ein Burgfräulein oder gar Dornröschen um die Mauerecke ...

SALAMIS (S. 244)

Die Siedlung war vor mehr als 2500 Jahren das größte Stadtkönigtum Zyperns – für ein ganzes Jahrtausend! Die Ruinen vermitteln noch heute eindrucksvoll den Alltag der Perser, Ptolemäer und Römer: ein fast intaktes Amphitheater, ein von Säulen umrahmtes Gymnasion und eine römische Sauna mit antiker Fußbodenheizung – selbst die Latrinen sind noch erhalten.

Kennen Sie Zypern?
Insel zwischen Morgenland und Abendland

Orangen hängen schwer von den Bäumen. Die Häuschen leuchten weiß getüncht mit himmelblauen Türen. Der Blick schweift über Olivenbäume bis ans endlose Meer. Da liegt der Gedanke nah: noch eine griechische Insel ... Aber: nein! Zypern ist anders!

Oben: Das Kap Gréko ist ein beliebtes Ausflugsziel im Südosten.
Mitte: Windzerzauste Bäume beim Kap Gréko und beim Ferienort Agia Nápa
Unten: Treffpunkt zum Sonnenbaden: die Coral Bay bei Néa Páfos

Zypern liegt im Schnittpunkt dreier Kontinente und uralter Seefahrerwege. Auf der südöstlichsten aller Mittelmeerinseln prallten schon immer die Welten aufeinander: das Morgenland und das Abendland, Orient und Okzident. Angelockt vom Reichtum und der strategischen Lage, hatten die Völker Europas und Asiens das kleine Eiland über Jahrtausende hinweg abwechselnd im Griff: die Griechen und Assyrer, die Ägypter und Perser, die Römer und Byzantiner, die Franken und Venezianer, die Araber, Türken und Briten – die Liste reicht bis in die Gegenwart, als wäre es das unabwendbare Schicksal Zyperns, der bis heute faktisch geteilten Insel. Ob Kreuzritter oder Sultane, Bischöfe oder Kaiser – sie alle prägten die Landeskultur und hinterließen ihre Spuren: antike Mosaiken und römische Bäder, Burgen und Klöster, Kathedralen und Moscheen und nicht zuletzt die faszinierenden Scheunendach-Kirchen, die heute größtenteils zum UNESCO-Weltkulturerbe zählen.

Heute findet die Invasion in Badelatschen statt. Mehr als 2,5 Millionen Urlauber kommen jährlich nach Zypern, bei rund 310 Sonnentagen im Jahr wahrlich kein Wunder. 57 Strände sind aufgrund ihrer Wasserqualität international mit der »Blauen Flagge« ausgezeichnet – für einen kleinen Inselstaat wie Zypern eine Spitzenposition in Europa, wenn nicht gar weltweit. Selbst (Sonnen-)Baden und Skifahren an einem Tag ist hier – zumindest im Winter – kein Problem.

Der Fremde sollte sich einmal quer über die Insel der Aphrodite, der Liebesgöttin, treiben lassen – seit 2004 auch für Touristen problemlos möglich –, von der geschäftigen griechisch-zyprischen Republik im Süden in den seit 1974 türkisch besetzten Norden, wo noch ein Hauch des einstigen Orients zu spüren ist.

Der Kult um Aphrodite

Eine Rundreise auf Zypern ist wie eine Zeitreise in längst vergangene Epochen und in die Mythologie – auf den Spuren der Aphrodite und anderer Götter des Olymp. Aphrodite, von den Römern später Venus genannt, begleitet den Reisenden sogar auf Schritt und Tritt. Nicht nur in Form von Legenden und der berühmten Plastik der *Aphrodite von Sóloi*, sondern auch ganz weltlich: bei der Aphrodite Motor Ralley, dem Aphrodite Marathon, im Aphrodite Waterpark, als Pfefferminzbonbon, auf Golfplätzen und in Hotels, die den Namen der unvergleichlich Schönen tragen. Sogar ein zyprisches Kloster – das Trooditissa – war lange Zeit nach der Göttin der Liebe und Fruchtbarkeit benannt.

Verabredung mit den Göttern des Olymp

Im Südwesten der Insel der Aphrodite beginnt die Reise in die Welt der Mythen. Es geht kreuz und quer durch wilde Schluchten und an zerklüfteten Steilküsten entlang, stets auf den schönen Fersen der Göttin. In den Kultstätten auf der Akámas-Halbinsel kann man ihr huldigen, etwa beim legendären Aphrodite-Bad. Wer ein Faible für Ar-

Oben: Die schönste Frau Zyperns: Aphrodite im Nationalmuseum in Nikosia
Unten: Eine bildschöne etwa 1000 Jahre alte Kirche in Geroskípou: die Agía Paraskeví

AUTORENTIPP!

DIE FÜNF SCHÖNSTEN UNESCO-SCHEUNENDACH-KIRCHEN

1. Panagía tis Asínou
Die schönste aller Scheunendach-Kirchen mit lauter Engeln, Aposteln, Heiligen und Propheten – ein buntes Who's who der Bibel.
Mo–Sa 9.30–13 und 14–16 Uhr, So 10.30–16 Uhr, bei Nikitári, Tel. 99 83 03 29 und 22 85 29 22 (Father Kyriakos).

2. Stávros tou Agiasmáti
Selbst Kirchenmuffel geraten hier ins Schwärmen: die reichsten Bilderzyklen Zyperns erzählen farbenprächtige Geschichten aus dem Neuen Testament. Nach Terminvereinbarung Schlüssel im Kafenion: Tel. 22 65 25 62 und 99 65 25 62, bei Platanistása.

3. Ágios Nikólaos tis Stégis
Ein vollständig ausgemaltes Kirchlein mit den inselweit ältesten Fresken (11. Jh.), fast unheimlich plastisch. Ruhetag Mo (außer Feiertag), Di–Sa 9–16 Uhr, So 11–16 Uhr, bei Kakopetriá, Tel. 22 92 25 83.

Die UNESCO-Scheunendachkirchen sind der größte Schatz Zyperns, etwa die Panagía tou Aráka.

chäologie hat, muss unbedingt in die Touristenhochburg Páfos: In den mehr als 2000 Jahre alten wundersam lebendigen Mosaiken lassen sich auch andere Götter blicken, zum Beispiel Zeus, der Weingott Dionysos und der Jüngling Apollon. Und danach kann der Götterfreund dem Badespaß in Latsí und an der Coral Bay frönen. Badenixen zieht es vielleicht an die Stelle, an der Aphrodite die Insel einst betrat, bei Pétra tou Romioú.

Siedler, Eroberer und (steinerne) Zeitzeugen

Alle Epochen der zyprischen Geschichte sind im Süden der Insel vertreten: von der Steinzeit über das römische Zeitalter und die Kreuzfahrer bis in die Gegenwart. Hier prallen Völker, Kulturen und Epochen aufeinander, wie einst die Schwerter in dieser Region. König Löwenherz trifft auf seine Nachfahren in Shorts und Badehose. Steinzeitsiedlungen und Hochhäuser, Amphitheater, Tempel und Burgen, Weingärten, idyllische Dörfer und Strände liegen am Wegesrand. Heute ist die Gegend rund um die Hafenstadt Limassol in der Hand von Badeurlaubern. Wenn Zypern im Sommer zum Backofen wird, dann lässt es sich nur noch im Wasser aushalten. Oder im Hinterland, wo der Agrotourismus zwischen knorrigen Olivenbäumchen boomt und in authentische Dörfer mit herrlich restaurierten alten Bauernhäusern lockt.

Der hl. Lázarus, Techno und Tattoos

Die Reise geht weiter in den »Gemüsegarten« der Insel im Südosten. Die älteste bestehende Stadt auf Zypern, Lárnaka, und eine der jüngsten Siedlungen, Agía Nápa, ziehen hier die meisten Urlauber an. Rund um Lárnakas alten Hafen sind die Legenden um den hl. Lázarus allgegenwärtig, denn

Das Tróodos-Gebirge bei Agros

der Barmherzige soll nach seiner Auferweckung hier gelebt haben. Der Badeort Agía Nápa wird auch Ibiza des Orients genannt: Techno, Tattoos und Jetskis. In der Partymetropole Nr. 1 herrscht Trubel Tag und Nacht, und die Partykarawane zieht von einem Club zum nächsten. Strände zum Erholen gibt es an der Südostküste wie Sand am Meer – übrigens die schönsten, sichersten, saubersten und feinsandigsten auf ganz Zypern!

Gipfelsturm und Leckereien

Es lohnt sich, die Wanderschuhe einzupacken, besonders wenn ein Abstecher in die Tróodos-Berge geplant ist. Die Straßen winden sich durch erfrischend kühle Kiefernwälder bis auf den fast 2000 Meter hohen Gipfel des Olympos, durch romantische Bilderbuchdörfer und ins »Tal der Rosen«. Es gibt auf Zypern rund 100 markierte Wanderrouten über insgesamt 400 Kilometer, darunter mehrere Pfade, die in diesem Gebirge starten. Die Highlights im Tróodos sind die sagenhaften Scheunendach-Kirchen mit ihren jahrhundertealten Wandmalereien und Ikonen von unschätzbarem Wert, die als Weltkulturerbe unter dem Schutz der UNESCO stehen. Man kann sie wandernd erkunden, mit Abstechern zu Kaskaden und Weindörfern, wie zum Beispiel dem zauberhaften Kakopetriá auf einem Bergrücken, Ómodos, wo beste Weine

AUTORENTIPP!

4. Panagía tou Aráka
In dem Gotteshaus bewundert man die äußerst lebendigen Malereien aus dem 12. Jh. – und sieht fast die Engel herbeifliegen, als Christus geboren wird. Tgl. 9–12 und 15.30–18 Uhr, Okt.–März 9–12 und 14–17 Uhr, Schlüssel beim Priester im Nebengebäude oder im Kafeníon, Lagouderá, Tel. 99 55 73 69 und 96 30 15 08.

5. Panagía tou Moutoullá
Die älteste vollständig erhaltene Scheunendach-Kirche hat einen besonders rustikalen Charme: nicht bilderbuchmäßig restauriert, sondern eher wie eine kleine bemalte Höhle ... Tgl. geöffnet, Mouttoulá, Tel. 22 95 23 45 und 22 95 33 85 (Andreas), Schlüssel im Nachbarhaus oder im Kafeníon.

und feine Spitzentischdecken herkommen, und Agrós, wo ganze Familien mit der Herstellung von lukullischen Spezialitäten beschäftigt sind – landestypische Leckereien wie Glykós-Früchte, Rosenwein und Landwurst.

Die letzte geteilte Hauptstadt der Welt

Zwischen Orient und Okzident fühlt sich der Reisende in der letzten geteilten Hauptstadt der Welt: Nikosia/Lefkosia und Lefkoşa. In der Altstadt trennt die sogenannte Green Line – wie einst die Mauer in Berlin – die griechischen Zyprer von den türkischen, die Christen von den Moslems. Nirgendwo wird die Spaltung der Insel deutlicher als hier. Im griechisch-zyprischen Teil im Süden ist die Altstadt schön restauriert und lockt mit hervorragenden Museen, Boutiquen und interessanten Kneipen. Vom türkischen Teil schallt der Ruf des Muezzin zum Gebet über die »Demarkationslinie«, wie die Süd-Zyprer sagen. Seit 2004 ist diese Grenzlinie auch für Touristen passierbar, und so kann man im nördlichen Teil in die noch immer leicht orientalisch anmutende Welt eintauchen zwischen alten Karawansereien, türkischen Badehäusern, Moscheen und fliegenden Händlern.

Nord-Zypern: Abstecher in die »Türkei«

Das seit 1974 besetzte Nord-Zypern ist türkisch geprägt: orientalisches Flair in verschlafenen Städten wie Famagusta und Mórfou, türkisch-internationaler Jetset im Yachthafen von Kyrénia und ein abgeschiedenes Naturparadies auf der lang gezogenen Karpaz-Halbinsel – Naturparadies und letzte Zuflucht für Meeresschildkröten. Die im wahrsten Sinne des Wortes alles überragenden Attraktionen sind die Burgen und Klosterruinen, die auf dem

Oben: In Nikosia treffen sich Orient und Okzident.
Mitte: Stadtbummel in Lefkoşa, im türkischen Teil der Hauptstadt
Unten: Lefkoşa-Altstadt bietet viele ruhige versteckte Ecken für eine Pause.

Pentadáktylos-Gebirge thronen – eine schöner als die andere und alle mit haarsträubenden Geschichten von Rittern, Prinzessinnen und Invasoren. Eine ganze Kette aus mittelalterlichen Signal- und Wehranlagen zog sich vor tausend Jahren auf dem Gebirgskamm über die Insel bis weit in den Osten.

Auf den Spuren der Kreuzritter

Bei Abstechern zu den himmelhoch gelegenen Burgen und Abteien kommen Märchenfreunde, Wanderer und Kulturbegeisterte voll auf ihre Kosten. Verwunschen und unwirklich schwebt beispielsweise Sankt Hilarion in atemberaubender Lage wie ein Adlernest über dem Land. Zinnenbekrönte Mauern und Erker, Treppen und Türme, die im Laufe der Jahrhunderte stetig zerfallen und wieder eins werden mit dem Berg und seinen Felsen. Wie heißt es doch in den *Itinerarium Peregrinorum et Gesta Reis Ricardi*, den Aufzeichnungen des englischen Königs Richard Löwenherz, dessen Mannen mehrere Trutzburgen einnahmen: »Oh ihr gefallenen Burgen, die ihr so sicher gelegen und von keinen Belagerungsmaschinen zu bezwingen wart – es sei denn durch List oder Hunger!«

Vor allem im türkischen Norden sind die Kontraste zwischen uralten Traditionen und modernen Einflüssen unübersehbar, die den rasanten Wandel in einem Landesteil verdeutlichen, in dem die Zeit lange stillzustehen schien: anatolische Schafshirten und türkische Schickeria, Roulettekugeln in den Kasinos und tausend Jahre alte Königsstädte mit überwucherten Ruinen im Dornröschenschlaf.

Ferienhaus-Boom und Eigentumskonflikt

Doch seit dem EU-Beitritt der Republik Zypern im Mai 2004 hat sich auch im türkischen Norden viel

Oben: Einige schöne Kirchen laden zum Besuch auf der Karpaz-Halbinsel ein, hier die Panagia Kanakaria.
Mitte: Girne mit seinem schönen Hafen ist das Haupttouristenzentrum in Nordzypern.
Unten: Handel und Wandel im türkischen Lefkoşa

AUTORENTIPP!

DIE FÜNF SCHÖNSTEN STRÄNDE

1. Nissi Beach

Einer der schönsten und populärsten Strände Zyperns liegt in der herrlich sichelförmig geschwungenen Nissi-Bucht – aber rund um den einstigen Fischerhafen Agía Nápa hat man ohnehin die Qual der Wahl, allesamt goldgelbe Strände ...

2. Pólis

An der Nordküste sonnenbadet man zusammen mit Rucksackreisenden an einem steil abfallenden Strand mit wildem Meer. Entdecker zieht's weiter ostwärts in die einsamen Dünen von Mansoura.

3. Coral Bay

Die berühmte Badebucht bei Páfos verlockt mit tief marineblauem Wasser, feinem weißem Sandstrand – und die Schirme stehen in Reih und Glied ...

4. Golden Beach

Abgelegen, einsam und versteckt: Eine zwischen schneeweiß leuchtenden Dünen liegende Sichel im Naturschutzgebiet auf der Karpaz-Halbinsel. Hier legen auch die Meeresschildkröten ihre Eier ab.

5. Famagusta/Salamis

Mal was anderes: In Famagusta badet man direkt vor der Skyline der »Geisterstadt« Varosha, während man in Salamis mit Atlantis-Feeling schnorcheln kann: Der Legende nach liegt noch heute ein Teil der sagenumwobenen Königsstadt unter Wasser!

verändert: Als Urlauber kommen immer mehr Festlandtürken, Individualreisende sowie zyprische Tagesausflügler aus dem Süden.

Nicht nur die Touristen-, sondern auch die Bevölkerungszahlen haben sich in den letzten Jahren besonders durch den Zuzug von Briten und Russen stark erhöht, wie beispielsweise in der Gemeinde Kyrénia im Norden, in der sich die Einwohnerzahl seit 2005 verdreifacht hat. Britische und auch deutsche Rentner haben nun auch hier ein Überwinterungsparadies entdeckt – Ferienhäuschen als günstige Geldanlage. Jahrelang wurden Grundstücke, Häuser und Appartements zu Spottpreisen verscherbelt und die Nordküste zugebaut.

Was die griechischen Zyprer davon halten, liest sich auf der Internetseite der Vertriebenen so: »Sie begehen eine kriminelle Tat, wenn Sie Land im besetzten Zypern-Gebiet illegal kaufen.« Gerichtsverfahren und internationale Haftbefehle seien die Folge. So sprach 2010 sogar ein britisches Gericht einem griechisch-zyprischen Flüchtling das Recht auf sein (mittlerweile illegal an zwei Briten verkauftes) Grundstück zu. Tausenden von Briten steht somit womöglich die Räumung ins (Traum-) Haus. Seit diesem Urteil scheint der Bauboom an der Küste – zumindest für Grundstücke, die nach der Teilung 1974 ins Grundbuch eingetragen wurden – vorerst verlangsamt, natürlich auch aufgrund der rasant gestiegenen Immobilienpreise. Gut so, denn das Land braucht neben seinen denkmalgeschützten Ruinen nicht immer mehr schicke Spekulanten-Ruinen im zunehmend zersiedelten Küstenstreifen.

10 000 Jahre Geschichte!

Aber eigentlich spiegelt sich darin nur die Geschichte dieser so begehrten Insel wider, mit ihrer

schier endlosen Folge von Kommen und Gehen – ob Herrscher und Eroberer, Kreuzritter und Glücksritter, Geschäftemacher und Spekulanten. Wer nach Zypern fährt, unternimmt eine Reise in die 10 000-jährige Inselgeschichte, angefangen bei den Spuren der Jungsteinzeit in Choirokoitía bis in die Ära der Blauhelme in den UN-Pufferzonen zwischen der Republik Zypern im Süden und dem von der Türkei besetzten Norden.

Prähistorische Zeit (8200–1050 v. Chr.)

Ein erster bedeutender Kulturwandel in prähistorischen Zeiten zeigte sich zu Beginn der frühen Bronzezeit in der Architektur: Jetzt wurden nicht mehr länger Rundhütten, sondern rechteckige Behausungen mit mehreren Räumen gebaut. Urbane Küstenzentren entstanden ab 1650 v. Chr. mit den Siedlungen Engomi und Kítion, ein erster internationaler Handelsverkehr mit Ägypten, dem Nahen Osten, der griechischen Ägäis und dem westlichen Mittelmeerraum war die Folge. Mykenische Keramiken wurden eingeführt und schließlich kopiert.

Geometrische und Archaische Periode (1050–480 v. Chr.)

Während der Kolonialisierung durch die griechischen Achäer entstanden Stadtkönigreiche wie Salamis, und es entwickelten sich enge Kontakte zu Kreta und Euböa – die Grundlage für die »Hel-

Oben: Blick auf die Geisterstadt Varósha im türkischen Norden
Mitte: Die Königsgräber bei Néa Páfos sind mehr als tausend Jahre alt.
Unten: Eingang in ein Königsgrab bei Néa Páfos

lenisierung«, die spätere Annahme der griechischen Kultur und Sprache. In der Archaik mussten sich die Stadtkönigtümer Salamis, Kítion, Amathous, Koúrion Idalion, Alt-Páfos, Marion, Sóloi/Sóli und Thamassos den Assyrern unterordnen und Fronabgaben leisten.

Klassische, hellenistische und römische Zeit (480 v. Chr.–330 n. Chr.)

Zypern wurde dem Perserreich einverleibt. Alexander der Große (356–323 v. Chr.) vertrieb die Perser. Nach seinem Tod gelangten die Ptolemäer aus Ägypten an die Macht und nutzten Zypern als Militärbasis. Mit dem Beginn der römischen Herrschaft (um 58 v. Chr.) wurde der Name Zypern mit der lateinischen Bezeichnung für Kupfer (*cuprum*) in Verbindung gebracht, wegen des Kupferbergbaus. Eine drei Jahrhunderte anhaltende Blütezeit begann – vor allem mit aufwendig gearbeitetem Goldschmuck, herrlichen Glasgefäßen und kunstvoll gravierter Keramik.

Byzantinische Epoche (330–1191)

Als das Römische Reich 395 zerfiel, wurde Zypern ab 330 Teil des Kaiserreiches Byzanz in Konstantinopel. Während dieser langen byzantinischen und zumeist friedlichen Periode gewann die Kirche an Einfluss und Privilegien. Die Hauptstadt Zyperns wurde von Páfos nach Salamis-Constantia verlegt, das alte Ledra wurde von Lefkosia abgelöst, das im 11./12. Jahrhundert zur Hauptstadt der Insel aufstieg. Seidenraupenzucht und Schiffsbau, Goldschmiedekunst und sakrale Baukunst erlebten eine Blütezeit. Die frühchristlichen Basiliken wurden zumeist von den Arabern bei Überfällen im 7. bis 10. Jahrhundert zerstört.

Oben: Karpaz Arch Houses ist eines der rustikalen Ferienhäuser in Nordzypern.
Mitte: Klostermuseum in der nordzyprischen Provinz in Mórfou (Güzelyurt)
Unten: Ausgrabungsfund im Museum von Paläa Páfos in Koúklia

Herrschaft der Lusignans (1192–1489)

1191 eroberte Richard Löwenherz (1157–1199), der König von England, bei seinem dritten Kreuzzug die Insel. Schließlich kaufte sie der französische Adlige Guy de Lusignan (1150–1194) – der Beginn der drei Jahrhunderte andauernden Lusignan-Dynastie, der sogenannten Frankenherrschaft auf Zypern. Die unter den Feudalherren aufgeteilte katholische Insel wurde im 13. Jahrhundert zur letzten Bastion der Christenheit im Orient und wichtigster Handelsstützpunkt im östlichen Mittelmeer, vor allem die Städte Lefkosia (heute: Nikosia/Lefkoşa) und Ammochostos (Famagusta). Wichtige Exportprodukte im 14. Jahrhundert waren Zucker, Wein, Stickereien und glasierte Tongefäße.

Von den Venezianern zu den Osmanen (1571–1878)

Die Venezianer ließen während ihrer Herrschaftszeit (1489–1571) wegen der osmanischen Bedrohung die Stadtmauern und Hafenburgen massiv befestigen, die heute noch in Nikosia, Kyrénia und Famagusta zu sehen sind. Dennoch eroberten die Osmanen 1571 die Insel und verjagten die Katholiken, zerstörten die Kirchen oder bauten sie zu Moscheen um. Der enge Kontakt der Bevölkerung zu Griechenland und die Unterstützung der dortigen Aufstandsbewegungen (etwa 1821) verstärkte die gesellschaftliche Differenzierung auf Zypern und führte zu Hinrichtungen der griechischen Zyprer. Erste nationale Forderungen wurden im städtischen Bürgertum laut.

Unter den Briten (1878–1960)

1878 übertrug das Omanische Reich die Verwaltung Zyperns in einer geheimen Vereinbarung an die Engländer. Doch erst 1914 wurde die Insel of-

Oben: Vom anhaltenden Zypern-Konflikt zeugt das Freiheits-Monument in der Altstadt Nikosias.
Unten: Im Archäologischen Museum in Koúklia taucht man ein in die Welt des Alten Páfos: Paläa Páfos.

Oben: Man trifft in Nikosia auf Modernes und Marodes, wie hier im Chrysaliniótissa-Viertel. **Unten:** Das Archäologische Museum in Lárnaka präsentiert jahrtausendealte Funde.

fiziell von den Briten annektiert und 1925 zur britischen Kronkolonie. Als die Briten 1950 eine Volksbefragung über die von der überwältigenden Mehrheit der Zyperngriechen gewünschte *Enosis* (die Vereinigung mit Griechenland) ablehnten, kam es 1955–1959 zum Bürgerkrieg mit der Nationalen Organisation der Zypriotischen Kämpfer (EOKA). Dies führte am 16. August 1960 zur Gründung der unabhängigen Republik Zypern, deren erster Präsident Erzbischof Makários III. (1913–1977) wurde.

UN-Blauhelme und EU-Mitgliedschaft

Großbritannien unterhält seitdem zwei souveräne Militärstützpunkte bei Lárnaka und Limassol. Seit 1964 sind wegen Auseinandersetzungen der beiden Volksgruppen UN-Friedenstruppen auf der Insel stationiert. Dennoch besetzte die Türkei am 20. Juli 1974 mehr als ein Drittel des Staatsgebiets im Norden, woraufhin mehr als 200 000 Zyperngriechen in den Süden flohen (und umgekehrt). Trotz der internationalen Verurteilung, etwa durch die Vereinten Nationen, des Commonwealth und der Bewegung der Blockfreien, hält die Besetzung bis heute an. Seit 2004 ist Zypern mitsamt dem türkisch besetzten Norden Mitglied der EU. Ein Autonomie-Plan der UNO (Annan-Plan) zur Wiedervereinigung nach Schweizer Vorbild wurde zuvor bei einer Volksabstimmung von den griechischen Zyprern im Süden mehrheitlich abgelehnt. Eine Lösung der sogenannten Zypern-Frage ist bis heute nicht in Sicht.

Zypern unterm Rettungsschirm

Im Jahr 2012 geriet die Insel im Zuge der Finanzkrise und aufgrund ihrer engen Verbindung zum griechischen Bankensystem in eine finanzielle

Notlage und damit unter den EU-Rettungsschirm (17 Milliarden Euro). Die Folgen sind neben der Zerschlagung der zweitgrößten bankrotten Bank des Landes (Laiki) Rekord-Arbeitslosigkeit (circa 15 %), sinkende Löhne und Staatsgehälter (12,5 %) sowie Renten (3 %), Massenentlassungen bei steigender Mehrwertsteuer, und das Wirtschaftswachstum und BIP werden um voraussichtlich 8 Prozent sinken. Deshalb befindet sich Zypern im Umbruch: Viele Läden, kleinere Reiseveranstalter und Restaurants mussten bereits schließen oder kämpfen seither mit dem Überleben.

Spitzen, Silber und Süßigkeiten

Umso wichtiger sind die Einnahmen aus dem Tourismus. Auf Zypern finden Liebhaber von Kunsthandwerk und Souvenirs jede Menge Objekte, die das Herz höherschlagen lassen. Berühmt sind beispielsweise die Léfkara-Spitzen (Lefkarítika), eine Hohlsaumstickerei, die schon Leonardo da Vinci als Altardecke für den Mailänder Dom erstanden haben soll. Auch die farbenfrohen Webarbeiten aus dem Dorf Fyti (Fythkiotika) mit ihren charakteristischen Mustern gehören zum Angebot. Die Korbwaren aus Schilfrohr mit den bunten geometrischen Mustern stammen vor allem aus Geroskípou, Liopétri und Sotíra.

Die Töpferkunst wird seit der Antike betrieben, besonders schöne altertümliche Motive schmücken die Keramiken aus Lárnaka: So symbolisiert beispielsweise eine Rosette die Sonne und das Leben, Wellenlinien stehen für die Ewigkeit, Schlangen für die Versuchung und Vögel kündigen Ereignisse an. Kupfer- und Messingwaren stammen oft aus den Schmieden der Altstadt Nikosias. Handgemachte Lederwaren sind in allen guten Souvenirläden erhältlich. Filigranen Silber- und Goldschmuck sollte

Oben: Das Nationalmuseum in Nikosia stellt einige bedeutende Preziosen aus.
Unten: In der Altstadt von Nikosia kann man herrlich bummeln und shoppen.

Oben: Auch im Kloster Kýkko kommt das Shoppen nicht zu kurz.
Unten: Ein Klassiker der zyprischen Küche: das Rindergulasch Stifádo

man in Léfkara, Limassol oder in den staatlichen Handwerksläden in der Altstadt Nikosias kaufen.

Als Mitbringsel ebenfalls sehr beliebt sind die süßen Commandaría-Weine, noch süßere geleeartige Fruchtleckereien wie Glykó oder Loukoúmia sowie würziger Thymian-Honig. Oft bekommt man diese Köstlichkeiten auch in den Klöstern, selbst hergestellt von Mönchen und Nonnen.

Kali orexi – »Guten Appetit«!

Die Gerichte und Speisegewohnheiten ähneln sich in beiden Landesteilen, stark beeinflusst durch die griechische, türkische und libanesische Küche. Der Touristen-Klassiker ist hier wie dort Mezé (Mehrzahl: Mezédes oder Full Mezé), die allseits beliebten kalten oder warmen Vorspeisen, die auf bis zu 30 Tellerchen auf den Tisch kommen: z. B. Auberginenmus (Melantsanosalata), Gurkensalat mit Joghurt und Knoblauch (Tsatzíki), Bauernsalat mit Feta-Schafskäse und gegrillter Halloúmi-Käse. Als Dip serviert man dazu meist cremige Joghurts (z. B. Talatouri), Hoúmmus (aus Kichererbsen, Knoblauch, Zitronensaft und Ölivenöl), Tachíni (aus Sesam) und Tomatensauce, nicht zu vergessen die aromatischen Oliven.

Was für die Italiener die Pizza und für die Franzosen das Baguette ist der Halloúmi für die Zyprer – ein halbweicher rustikaler Käse, der herrlich zwischen den Zähnen quietscht und bei keiner Grillparty fehlen darf. Ebenso Loúnza, in Wein mariniertes Schweinefleisch, oder Chiroméri, ein geräucherter Schweineschinken. Grillen ist eine Art Volkssport auf Zypern: zum Beispiel mit den großen Grillspießen Soúvla(ki), den mit Zimt und Pfefferminze gewürzten Würstchen im Lammdarm (Sheftaliá) und den zarten Lammkoteletts (Paidákia). Im Lehmofen geschmortes Lamm (Kléftiko) sowie mariniertes, in Rotwein geschmortes Schweinefleisch mit Koriander (Afélia) gehören zu den Klassikern der zyprischen Hausfrauenküche, ebenso das deftige Rindergulasch mit Gemüsezwiebeln und Tomatensauce (Stifádo). Über die Landesgrenzen hinaus bekannt ist Moussakás, ein mit Bechamelsauce überbackenes Hackfleischgericht mit Auberginen und Kartoffeln. Als Beilagen werden mit Fleisch oder Reis gefüllte Gemüse (Dolmádes) serviert wie Tomaten, Zucchini, Auberginen, Paprika und Weinblätter. Bohnen, Kichererbsen, Spinat, Kartoffeln, Blumenkohl und Pilze sowie Reis und Pilaf mit Linsen und griechischer Salat mit eingelegten Oliven ergänzen die Mahlzeit. Fisch und Meeresfrüchte kommen in Zypern meist gebraten oder gegrillt auf den Tisch, allerorten gibt es Kalamári (Tintenfisch), Garnelen oder Thunfisch, Seebarsch oder Schwertfisch.

Die Nachspeisen sind sehr süß und klebrig: Die berühmten Soudzoúko-»Würste« bestehen aus einer Schnur mit aufgereihten Mandeln, die mehrfach in eingedickten heißen Traubenmost getunkt wurde. Glykó sind in Sirup eingelegte Früchte und Loukoúmia Fruchtgelees mit Puderzucker.

Im Norden haben sich durch den türkischen Einfluss einige typisch türkische Gerichte verbreitet: natürlich der Döner Kebabci, das Pide-Fladenbrot und die dünne Lahmacun-Pizza sowie Baklavás, der mit Mandeln und Zimt gefüllte Blätterteig.

Brandy & Oúzo, Raki & Efes

Der Commandaría ist ein süßer sherryartiger Dessertwein, der als einer der ältesten Weine der Welt gilt. Ein kleiner starker Mokka (mit Kaffeesatz und Zucker) oder Tee schließen das Mahl meist ab. Zu den auf Zypern beliebten Alkoholika gehören der hochprozentige rote Tresterschnaps Dzivanía, der

Oben: Halloúmi-Käse – eine allseits beliebte Zwischenmahlzeit
Unten: Im Weinmuseum bei Limassol kann der Besucher natürlich auch die edlen Tropfen Zyperns kosten.

Oben: In der Sterna Winery & Wine Museum in Kathikas kann man den zyprischen Wein probieren.
Unten: Im Koúris-Tal am Fuß des Tróodos-Gebirges wird Weinanbau betrieben.

mit Wasser und Eis servierte Anis-Schnaps Oúzo (im Norden: Raki), der Orangenlikör Filfar und der süße von den Briten eingeführte Longdrink Brandy Sour (mit Zitronensaft) sowie Bier (Bíra, im Norden: Efes-Bier). Im Norden trinkt man außerdem viel Tee und das Joghurtgetränk Ayran.

Der älteste Weinproduzent der Welt!

Die zyprischen Weine gehören zu den ältesten weltweit: Seit mindestens 4000 Jahren wird auf der kleinen Insel im Mittelmeer Wein hergestellt – damit ist Zypern der älteste kommerzielle Weinproduzent der Welt! Schon Salomon pries den Wein aus Zypern, und der griechische Dichter Hesiod beschrieb vor rund 2700 Jahren einen süßen, aus sonnengetrockneten Trauben gewonnenen Wein, den die Insulaner »Nama« nannten – der Vorläufer des dickflüssigen Commandaría mit ca. 16 Prozent Alkoholgehalt. Marcus Antonius schenkte 47 v. Chr. seiner Kleopatra die ganze Insel Zypern zur Hochzeit mit den Worten: »Die Süße deiner Liebe, meine Schöne, gleicht dem Weine Zyperns.« Die Zyprer bevorzugten über Jahrtausende hinweg die Herstellung des süßen Weins, da dieser haltbarer und somit besser über das Meer zu transportieren war. Heute wird der Rotwein in der Republik Zypern meist aus der säurearmen Mavro-Traube gewonnen, der Weißwein aus der Rebsorte Xynisteri. Spezielle Weintouren führen an Weinbergen entlang zu familiären Weingütern und zu Klöstern, die sich der Herstellung der edlen Tropfen widmen – nicht zu vergessen die Weinfeste im September in Limassol und im Tróodos.

Ein Blumenmeer im Frühjahr

Über 1800 Pflanzenarten sind auf Zypern beheimatet, darunter rund 50 Orchideenarten (besonders im Norden) und 123 endemische (ausschließlich hier vorkommende) Arten – wie zum Beispiel die Nationalblume: das zyprische Alpenveilchen. Die typisch mediterrane Vegetation ist vor allem zur Blütezeit im Frühjahr zu bewundern, oft schon ab Januar: Neben Obst- und Zierbäumen wachsen dann zahlreiche Blumen wie Anemonen, Narzissen, Gladiolen, Iris, Goldwurz, Tulpen und Klatschmohn, aber auch Kräuter und Heidebüsche sowie Macchia-Sträucher. Selbst im milden Winter blühen Bougainvilleen, Oleander und Mandelbäume. Zitrusbäume wachsen rund um Limassol und in der weiten Mesaoría-Ebene, riesige Bananenplantagen beherrschen das Landschaftsbild bei Páfos. Im Nordwesten gedeihen vor allem Feigen und Granatäpfel, und im sogenannten Land der roten Erde im südlichen Osten befindet sich der »Gemüsegarten« der Insel. Kiefernwälder, Steinpinien, Eichen und einheimische Zedern bedecken die Tróodos-Berge und Weinreben die Hänge rund um den höchsten Gipfel, den Olympos (1951 Meter). Charakteristisch für das zyprische Flachland ist das karge Steppenbeige mit Tausenden in Reih und Glied stehenden Oliven- und Johannisbrotbäumen sowie Zypressen. Der Norden ist niederschlagsreicher und daher etwas grüner.

Paradies für Urviecher

Das endemische und scheue Mufflon, ein Bergschaf mit geschwungenen Hörnern, ist das Wappentier der Republik Zypern und das letzte große Wildtier auf der Insel, die außerdem von mehr als 300 Vogelarten bevölkert wird – die meisten davon sind Zugvögel im Winter, etwa rosa Flamingos, Kraniche, Wildgänse und Schwäne. Zwischen Juni und August legen zwei Arten von Meeresschildkröten ihre Eier an den Stränden Zyperns ab (v.a. am geschützten Lara-Strand auf der Akámas-Halbinsel sowie im Norden an den abgelegenen

Oben: Wandelröschen gedeihen auf Zypern bestens.
Mitte: Der Milchstern ist seit dem Mittelalter eine beliebte Zierpflanze.
Unten: Das Wappentier der Republik Zypern: das Mufflon

Oben: Backgammon-Spieler in der Altstadt von Leika Gaitonia
Mitte: Kafenion in Lefke
Unten: Ohne Kaffee geht nix!

Stränden bei Kyrénia und auf der Karpaz-Peninsula) – und das seit Jahrtausenden! Rund 50 Fischarten tummeln sich in den Gewässern, neben Brassen und Zackenbarschen auch Exoten wie der Diadem-Husar und der Rotmeer-Kaninchenfisch, die über den Suezkanal aus dem Roten Meer ins Mittelmeer gelangen.

Kein Dorf ohne Kafeníon

Der Krückstock lehnt an der Wand, ergraute Herren beugen sich über ihre *pilotta*-Karten. Am Nachbartisch wird *tavli* (Backgammon) gespielt. Ein Alter mit Schnauzbart dreht das *komboloi*, eine Art Gebetsschnur oder Rosenkranz, in der Hand. Die Alten sind unter sich und reden über Gott, die Welt und Politik, trinken Kräutertee aus Pfefferminz oder Anis oder auch mal einen Dzivanía-Schnaps. Jedes Dorf auf Zypern hat ein Kafeníon oder Kafenes, ein traditionelles Kaffeehaus, in dem nicht nur Kaffee serviert wird.

Früher galten die Kafeníons ausschließlich als Treffpunkte der Männer des Dorfes, die hier noch im Morgengrauen vor der Arbeit oder nach dem Abendessen zusammenkamen. Heute sind hier Touristen und auch Touristinnen gern gesehene Gäste, man bestellt einen *kafedáki* oder *kaffé ellinikó*, den mokkastarken Kaffee – ohne Zucker (*skéto*), leicht gezuckert (*métrio*), sehr süß (*glikó*) – oder auch einen Ouzo mit Eis und Wasser.

Irgendjemand findet sich immer, der in Deutschland gearbeitet hat, dessen Sohn in München oder Berlin studiert und der ein paar Brocken Deutsch spricht. Oder aber der Fremde versteht nur jeweils einen einzigen griechischen oder türkischen Ausdruck, der für die Gastfreundschaft beider Volksgruppen steht: *Kopiaste!* oder *Hoş geldiniz!* – »Willkommen!«

Steckbrief Zypern

Lage: Zypern ist nach Sardinien und Sizilien die drittgrößte aller Mittelmeerinseln. Zugleich ist die seit 1974 politisch zweigeteilte Insel das östlichste und südlichste Eiland im Mittelmeer und liegt ca. 70 km vom türkischen Festland entfernt sowie ca. 100 km von der syrischen Grenze. Rund 36 % (3242 km²) des Territoriums sind im Norden von der Türkei besetzt.

Fläche: 9251 km²

Küstenlänge: 800 km

Hauptstadt: geteilt in Nikosia und Nikosia-Nord (Lefkoşa)

Landesflaggen:

Amtssprache: Griechisch (Republik Zypern) und Türkisch (Nord-Zypern)

Einwohner: 1,2 Mio. Menschen

Bevölkerung: Etwa 11 % der Gesamtbevölkerung Zyperns sind türkische Zyprer, v. a. im Norden. In der Republik Zypern im Süden leben rund 862 000 Menschen, davon 78 % griechische Zyprer und 21 % Ausländer (v. a. Briten auf den Militärstützpunkten sowie Russen), 1 % christliche Armenier, Maroniten und Latiner. Die größten Städte sind die geteilte Hauptstadt Nikosia-Lefkoşa (336 000 Einwohner, davon 80 000 im türkischen Nordteil), im Süden Limassol (242 000), Lárnaka (147 000) und Páfos (91 000) sowie im Norden Famagusta (60 000) und Kyrénia (60 000). 70 % der Menschen leben in Städten.

Währung: Euro und türkische Lira

Zeitzone: MEZ + 1 Std. (ganzjährig).

Geografie: Die Insel ist 240 km lang, 96 km breit. Die beiden Gebirgsketten – der 1951 m hohe Tróodos im Süden und das 1023 m hohe, 80 km lange Pentadáktylos-Gebirge im Norden – gehen im Südwesten in Hügelland über, dazwischen erstreckt sich die Mesaoría-Ebene. Der längste Fluss, der Pediaios, entspringt bei Nikosia und mündet bei Salamis ins Meer.

Verwaltung: Zypern besteht aus sechs Distrikten, zwei davon im türkisch besetzten Norden.

Wirtschaft und Tourismus: Die Republik Zypern im Süden ist seit 1. Mai 2004 Mitglied der EU. Bedeutendster Devisenbringer ist der Tourismus. Rund 2,5 Mio. Urlauber besuchten 2012 den Süden, 1,2 Mio. den Norden. Im Norden spielt neben dem Tourismus noch immer die Landwirtschaft die wichtigste Rolle in der Volkswirtschaft. Der Süden exportiert vor allem Zitrusfrüchte, Wein und Kartoffeln in die EU.

Religion: Vorherrschende Religionen sind der griechisch-orthodoxe Glaube in der Republik Zypern und eine im Vergleich zur Türkei weithin abgeschwächte Variante des Islam im Norden.

Geschichte im Überblick

um 7000 v. Chr. Erste Zivilisation in der Jungsteinzeit (Neolithikum), v. a. Steinhaus-Siedlungen (in Choirokoitía).

11.–12. Jh. v. Chr. Mit der Ankunft der achäisch-griechischen Siedler wird der Grundstein für die kulturelle Identität der Insel gelegt: Einführung der griechischen Sprache, Kunst, Religion und Traditionen, Gründung der heute noch existierenden Städte.

725–333 v. Chr. Zypern gehört zu den orientalischen Großreichen der Assyrer, Ägypter und Perser.

333–31 v. Chr. Alexander der Große schlägt die Perser (333), Ende der persischen Herrschaft (331).

58 v. Chr.–330 n. Chr. Die Römer besetzen die Insel, sie gehört fortan zum Römischen Reich. Nur zwischen 47–31 v. Chr. herrscht das ägyptische Königreich unter Kleopatra über Zypern. Apostel Paulus und der gebürtige Zyprer Barnabas bekehren um 50 n. Chr. den römischen Prokonsul zum Christentum.

391 Das Christentum wird zur Staatsreligion – im ersten christlich regierten Land der Welt!

ab 395 Zypern wird Teil des Byzantinischen Reichs.

ab 1191 Richard Löwenherz erobert die Insel auf seinem Weg ins Heilige Land. Er verkauft sie an den Orden der Tempelritter, diese veräußern sie weiter an den Kreuzritter Guy de Lusignan, den ehemaligen fränkischen König von Jerusalem.

1489–1571 Unter venezianischer Herrschaft wird Zypern zum Bollwerk gegen die Osmanen, die bereits 1453 Konstantinopel, die Hauptstadt des Byzantinischen Reichs, erobert haben.

1571–1914 Die Osmanen erobern Zypern und herrschen rund 300 Jahre.

ab 1869 Öffnung des Suezkanals: Aufgrund der strategischen Bedeutung übernehmen die Briten ab 1878 die Inselverwaltung, gepachtet vom geschwächten Osmanischen Reich. 1914 annektieren sie Zypern.

1925 Zypern wird zur britischen Kronkolonie.

1948–50 Die türkische Bevölkerung Zyperns demonstriert gegen den Anschluss an Griechenland (Enosis). Erzbischof Makários III. propagiert ein Referendum für die Enosis: 95 Prozent der griechischen Zyprer stimmen dafür.

1955–1960 Kampf der Untergrundbewegung EOKA gegen die Briten und für die Enosis.

1960 Makários III. wird Staatspräsident der unabhängigen Republik Zypern. Die Briten behalten Militärstützpunkte.

1963/64 Makários III. versucht, eine Verfassungsänderung zugunsten der griechischen Zyprer durchzusetzen, die die türkische Bevölkerung jedoch ablehnt. Es kommt zum Bürgerkrieg zwischen griechischen und türkischen Zyprern. Die UNO entsendet 1964 Friedenstruppen, die Hauptstadt Nikosia wird geteilt.

ab 1974 Putsch der zyprischen Nationalgarde gegen Makários III. Die Türkei besetzt daraufhin den Norden, rund ein Drittel der Bevölkerung wird zu Flüchtlingen in dem jeweils anderen Landesteil, eine Demarkationslinie (Green Line) trennt seitdem die Insel. Die im Jahr 1983 gegründete Türkische Republik Nord-Zypern wird bisher nur von der Türkei anerkannt.

1. Mai 2004 Die Republik Zypern tritt der EU bei. Ein Autonomieplan der UNO (Annan-Plan) zur Wiedervereinigung nach Schweizer Vorbild wird zuvor bei einer Volksabstimmung von den griechischen Zyprern im Süden mehrheitlich abgelehnt. Grenzüberschreitender Tourismus ist seitdem trotzdem möglich.

2006 Der britische Außenminister besucht den Präsidenten des türkischen Nordens Mehmet Ali Talat. Die Republik Zypern unter Präsident Tassos Papadopoulos wertet dies empört als Anerkennung der Türkischen Republik Nord-Zypern durch die Briten. Die Zypern-Frage behindert die EU-Beitrittsverhandlungen mit der Türkei.

2008 Der Euro wird im Januar in der Republik Zypern eingeführt.

2010 Mit dem Sieg des türkischen Hardliners Dervis Eroğlu bei den Präsidentenwahlen in Nord-Zypern wächst die Sorge der Zyperngriechen um die Aussöhnung zwischen dem türkisch besetzten Teil und der Republik Zypern.

2012 Durch die Verbindung zum bankrotten griechischen Bankensystem flüchtet auch die Republik Zypern in der Finanzkrise unter den EU-Rettungsschirm. Die Inselrepublik gilt als eine der größten »Geldwaschanlagen« Europas, v. a. für steuerflüchtige Russen. Finanzbedarf: 17 Mrd. Euro.

2013 In der hoch verschuldeten Republik kommt es im Januar zu einem Rekordanstieg der Arbeitslosigkeit (15 %). Die Staatspleite wird durch das EU-Hilfspaket abgewendet, drastische Sparmaßnahmen sind die Folge: Massenentlassungen, sinkende Löhne, Gehälter und Renten und ein schrumpfendes Wirtschaftswachstum sowie BIP um ca. 8 %. Als Hilfspaket erhält Zypern vorerst 10 Mrd. Euro aus dem Rettungsfond. Als Auflage gilt die Zwangsabgabe von Privatkonten ab 100 000 Euro (größtenteils Schwarzgeldkonten von eingewanderten Russen). Zypern bietet nun als Entschädigung die Staatsbürgerschaft an für reiche Investoren aus Russland, die mehr als 3 Mio. Euro verloren haben.

2014 Zypern im Umbruch: Läden, kleinere Reiseveranstalter und Restaurants mussten bereits schließen bzw. werden auch weiterhin ums Überleben kämpfen müssen.

SÜDWEST-ZYPERN

Vorangehende Doppelseite: Pétra tou Romioú: Hier soll Aphrodite dem Meer entstiegen sein.
Oben: Die Hafenfestung von Néa Páfos wird bei Nacht stimmungsvoll beleuchtet.
Unten: Der Stadtstrand von Néa Páfos beim »Hotel Alexander«

1 Neu-Páfos und Umgebung

Baderummel im Weltkulturerbe

Urlaub im UNESCO-Weltkulturerbe: In Páfos kann man vormittags Aphrodite begegnen, sich mittags ins Marktgewusel stürzen und nachmittags in die Fluten. Ob Museum, Kloster oder Strände – die trubelige Urlauberstadt hat einiges zu bieten. Abends spiegeln sich die Lichter der vielen Bars und Lokale am Hafen und an der Promenade wider. Jetzt heißt es: Sehen und gesehen werden ...

Hier zog es auch schon in der Antike viele Reisende her: Das »neue« Páfos (Néa Páfos) wurde 320 bis 312 v. Chr. als Siedlung von König Nikokles († 306 v. Chr.) gegründet. Da immer mehr Menschen aus Griechenland und dem Mittelmeerraum zum verheißungsvollen Aphrodite-Heiligtum auf Zypern gepilgert waren, hatte sich der letzte König von Alt-Páfos vor 2300 Jahren entschlossen, an dieser Stelle einen größeren Hafen als jenen bauen zu lassen, der 15 Kilometer südlich in Alt-Páfos (Paläa Páfos, s. S. 46) lag. Unter den ägyptischen Ptolemäern im 2. Jahrhundert v. Chr. und während der römischen Herrschaft (ab 58 v. Chr.) war Néa Páfos die Hauptstadt Zyperns, verlor jedoch ab der byzantinischen Epoche bis ins Mittelalter immer mehr an Bedeutung. Zwar war die Stadt noch lange Zeit Bischofssitz, doch dann wurde es jahrhundertelang still um den verschlafenen Fischerort an der Westküste – bis 1974 der Flughafen eröffnet wurde und die UNESCO 1980 die Ruinenfelder in den Reigen der Weltkulturerbe-Stätten aufnahm. Heute flitzen Jetskis um die Hafenburg und Paraglider segeln über der Bucht – Kontrastprogramm zu den römischen Mosaiken.

Kastell und Aquarium: Sehen und gesehen werden

Der für seine römischen Mosaiken berühmte Urlaubsort (rund 90000 Einwohner) besteht aus zwei Stadtteilen: der höher gelegenen Oberstadt Ktíma Páfos mit dem alten »Türkenviertel« rund um die Moschee und der Markthalle, klassizistischen Bauten und wichtigen Museen sowie der Unterstadt Káto Páfos am touristischen Hafen mit unzähligen Hotels, Restaurants und Vergnügungsstätten entlang der lebhaften Promenade.

Jeden Urlauber zieht es zuerst in die touristische Unterstadt Káto Páfos. Hier kann man am westlichen Ende der verkehrsberuhigten Uferpromenade Poseidonos die mittelalterliche Hafenfestung erkunden: In der Nähe des 1592 von den Osmanen gebauten Kastells sind alte Lagerhäuser und das Zollhaus renoviert worden. Das von der UNESCO geschützte Kastell bietet aber nichts Sehenswertes außer drei alten Kanonen. Bei Sonnenuntergang wird es voll: Alles flaniert auf und ab, Bars und Fischlokale warten auf Kundschaft, und bei einem Ouzo oder Mokka blickt man auf die Yachten, Kutter und Glasbodenboote im Hafenrund. Am stimmungsvollsten ist die Atmosphäre beim alljährlichen Aphrodite-Festival, wenn Opernstars aus aller Welt vor der grandiosen Kulisse auftreten.

Zeitsprung um 2000 Jahre: Bummeln in der Oberstadt

Den Mittelpunkt der Oberstadt Ktíma Páfos, drei Kilometer vom Hafen entfernt, bilden die Markthalle und die Kebir-Moschee (Agia Sofia, 16. Jahrhundert) im teils sanierten einstigen Türkenviertel Moutallos. Die osmanisch geprägte Altstadt ist heute größtenteils Fußgängerzone (Laïki Getonia, auch Laika Geitonia). Das Kafenion »Sikamia« (»Sy-

AUTORENTIPP!

KIDDIES BEACH

Zyperns Strände sind oft Kieselstrände – gaaanz schlecht zum Sandburgenbauen. Wer mit Kind & Kegel, Schippe & Eimer reist, findet einen kindgerechten Páfos-Sandstrand beispielsweise beim Dorf Geroskípou (vom Hafen drei Kilometer an der Küstenstraße südwärts): wunderbar flach abfallend, mit Sonnenschirmen und Liegen zur Miete (10–17 Uhr) und einem Snacklokal, das mit Eiscreme und Pizza lockt. Life Guards passen auf die süßen Kleinen mit auf. Ein Luna-Park-Rummel wartet im Sommer mit Riesenrad, Karussells und Auto-Scooter. Einige ruhigere, von steilen Felsen umrahmte Mini-Strände finden Sonnenhungrige weiter im Norden, etwa am Kap Drepano und nahe dem Hafen (Koutas Beach, Mandoulis Beach) sowie nahe der schönen Kirche von Ágios Geórgios (Kirche: tgl. 9.30–17 Uhr, ca. 20 km nordwestlich von Páfos).

Für Kinder ist der Strand bei Geroskípou geeignet (s. o.), hier sieht man den Coral Beach.

AUTORENTIPP!

SÜSS, SÜSSER, AM SÜSSESTEN

Wer auf supersüße kunterbunte Leckereien steht, kommt an Loukoumia aus Geroskípou nicht vorbei: Diese berühmte Süßigkeit wird allerorten angeboten, aber wer die echte Loukoumia probieren will, muss sich in das Dorf drei Kilometer südöstlich von Páfos begeben. Für Naschkatzen sollte kein Weg zu weit sein, denn hier werden die kleinen Würfel aus Fruchtsirup, Mehl und Trauben noch in Handarbeit wie vor 100 Jahren hergestellt – so wie Sophocles Athanasiou es damals in der Türkei abgeschaut und 1895 mit zurück in sein Heimatdorf gebracht hatte. Heute produziert seine Familie die Leckerei in vierter Generation: Aphrodite Delights Yeroskipos. Die Geschmackssorten reichen mittlerweile von Banane und Pfefferminz über Schokolade und Nüssen bis Vanille.

Aphrodite Delights Yeroskipos.
Geroskípou, Tel. 26 96 79 67,
www.aphroditedelights.com

Néa Páfos: Gassen und Kirchen, Bade- und Kaffeehäuser

camore Tree Coffee House«) gegenüber vom Busbahnhof ist das älteste Kafeehaus in Páfos. Wer mehr über die alten Badesitten der Osmanen erfahren will, besucht die kleine Ausstellung im 1592 errichteten türkischen Badehaus (türk.: *Hamam*, griech.: *Loutra*) nahe dem Alten Markt, das noch bis in die 1950er-Jahre in Betrieb war – heute residiert hier das städtische Kulturzentrum. Wenige Schritte nördlich wartet eine restaurierte Karawanserei – wo einst Händler mit ihren Tieren nächtigten, kann man heute speisen und in Souvenirläden stöbern. Einige Handwerksbetriebe haben sich hier ebenfalls behaupten können, etwa für die Herstellung von Holzmöbeln und Kerzen.

Mitten durch Ktíma verläuft die Einkaufsstraße Makariou III. entlang der Fassaden aus den Zwanzigerjahren gen Südwesten bis zum Stadtpark, wo am Plateia Digenis schon eher griechische Atmosphäre zwischen neoklassizistischen Bauwerken herrscht: Aus der englischen Kolonialzeit stammen Rathaus, Stadtbibliothek und Gymnasium. Hier sei das Archäologische Museum in der Griva Digenis mit Ausstellungstücken aus der Kupfersteinzeit (3000–2500 v. Chr.) bis zur Renaissance empfohlen. In dem modernen Gebäude sind besonders sehenswert: die Marmorstatue der Aphrodite in seltener Kriegerin-Pose als Göttin Egcheios mit dem (nicht mehr vorhandenen) Speer und Schultergürtel, die antiken römischen Wärmflaschen in Form von Körperteilen sowie ein Satz antiker chirurgischer Instrumente. Man beachte auch die kleinen goldenen Ohrringe mit dem Abbild des Eros. Römische Münzen zeigen Aphrodites Haupt und ihr Heiligtum in Alt-Páfos. Ebenfalls interessant ist das Cultural Heritage Museum of Cyprus am Stadtpark: ein Völkerkundemuseum, das privat gesammelte Exponate der Familie Iliádes ausstellt, beispielsweise Trachten, eine beachtliche Münzsammlung und Schmuck, Haushaltsgegenstände

Stadtrundgang Páfos

A Hafenkastell – Der unübersehbare Festungsturm wurde 1592 von den Osmanen errichtet. Tgl. 8–17 Uhr, Juni–Aug. bis 19.30 Uhr, Eintritt: ca. 2 €, Audioguides, Uferpromenade, Káto Páfos.

B Theo's – Man speist Fisch und Meeresfrüchte am Kai im Hafen (oder im Wintergarten), korrekte Preise für die erstklassige Lage. Tgl. 9–24 Uhr, Apostolou Pavlou 100, Tel. 26 93 28 29.

C Cyprus Handcraft Center – Ausstellung, Werkstätten und Shops zum Schauen und Stöbern. Mo–Fr 10–17 Uhr, Apostolou Pavlou 64, Tel. 26 24 02 43.

D Markthalle – Hier findet man u. a. Souvenirs, Kleidung und Kunsthandwerk sowie Obst und Gemüse. Mo–Sa 6–14 Uhr, Sa v. a. Bauernmarkt, Ktíma Páfos.

E Hamam/Loutra – Ausstellung über antike Badekultur. Am Alten Markt, Ktíma Páfos.

F Hani (Old Inn) – Die restaurierte Karawanserei ist voller Läden, Werkstätten und Souvenirshops, mit Lokal. Osman Effendi-Gasse, Ktíma Páfos.

G Archäologisches Museum – Ausstellungstücke von der Steinzeit bis in die Renaissance. Mo–Fr 8–15 Uhr, Sa 9–15 Uhr, Eintritt: ca. 2 €, Griva Digenis 43, Ktíma Páfos, Tel. 26 30 62 15.

H Cultural Heritage Museum of Cyprus (Ethnografisches Museum) – Privates Völkerkundemuseum Mo–Sa 9–18 Uhr, Okt.–April bis 15.30 Uhr, So 9–13 Uhr, Eintritt: 3 €, Exo Vrysis 1, Ktíma Páfos, Tel. 26 93 20 10.

I Byzantinisches Museum – Die Ausstellung über die Ikonenmalerei vom 7.–18. Jh. Mo–Fr 9–15 Uhr, Sa 9–13 Uhr, Eintritt: 2 €, Andrea Ioannou 3, Bischofspalast, Ktíma Páfos, Tel. 26 93 13 93.

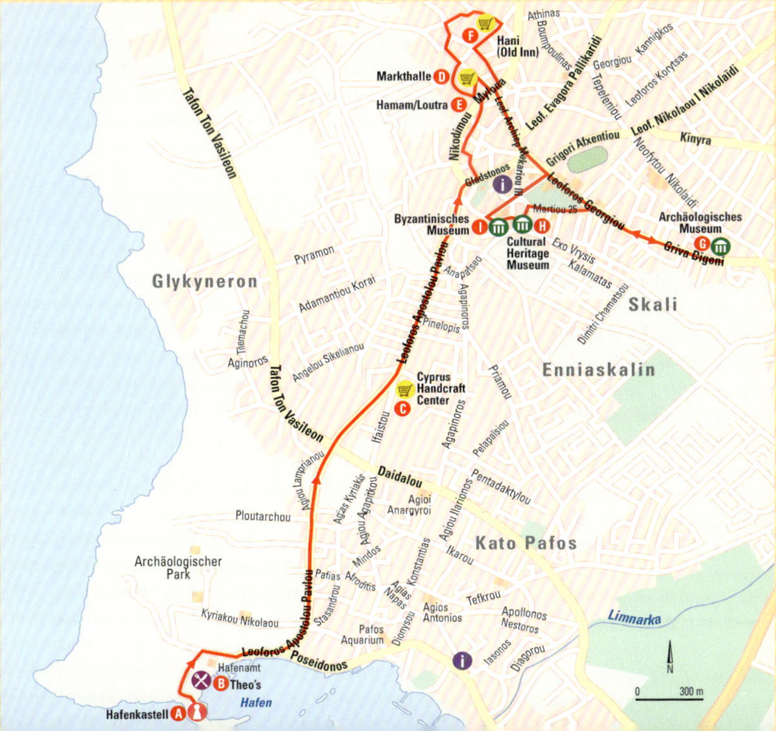

AUTORENTIPP!

FINE DINING IM ELEKTRIZITÄTSWERK

Palia Ilektriki – das ist eine versteckte Oase im ehemaligen Elektrizitätswerk mit einem Lokal, in dem einfach alles stimmt: die Atmosphäre, die nette Bewirtung durch Koch Vassos (früher Koch im »Annabelle«) und seine Frau, die Musik, die Preise. Man genießt in einem ruhigen und schattigen Innenhof die feine mediterrane Küche und gute Weine. Unbedingt die Saganaki Prawns probieren, die Spezialität des Hauses, oder die leckere Moussaka. Oder Lammrippchen, Seafood-Pasta, Risotto ... Zum Abschluss gibt's Crème brulée mit zyprischem Mokka. Auch das Ambiente ist mal was anderes: Abseits des üblichen Touristenkitsches kann man hier den minimalistischen Brunnenwasserfall bewundern und das moderne Kulturzentrum nebenan besuchen.

Palia Ilektriki. Tgl. 10–15.30 und 18–22 Uhr, Vladimerou Herakleous 8, Ktíma Páfos, Tel. 26 22 21 57

Deckenmalerei im Kloster Neófytos, in dem der hl. Neófytos vor 900 Jahren als Einsiedler lebte

und Landwirtschaftsgeräte sowie Möbel aus diversen Epochen bis in die Steinzeit.

Das Byzantinische Museum im Bischofspalast gegenüber in der Andrea Ioannou gibt mit insgesamt 120 Ikonen einen Einblick in die Kunst der Ikonenmalerei, darunter einige der ältesten der auf Zypern gefundenen Werke (wie die älteste Ikone überhaupt: die der hl. Maria aus dem 7./8. Jahrhundert). Außerdem sind dort Schnitzereien, lithurgische Gerätschaften aus dem 7. bis 18. Jahrhundert, alte Gewänder und Handschriften zu sehen.

Tagesausflüge ins Um- und Hinterland

Unbedingt ins Ausflugsprogramm gehört das Einsiedler- und Höhlenkloster Ágios Neófytos. Das neun Kilometer nordöstlich von Páfos gelegene und viel besuchte Kloster »klebt« förmlich auf 400 Metern Höhe an einem Hang des Berges Melissovounos. Es wurde um 1200 gegründet, die Klosterbauten samt Kirche stammen aus dem 15./16. Jahrhundert. Hierher hatte sich Mitte des 12. Jahrhunderts der hl. Neófytos (1134–1214) zurückgezogen: In einer spartanischen Wohnhöhle (*Enkleistra*) neben dem Kirchenraum lebte der Eremit 60 Jahre lang ab 1159 bis zu seinem Tod. Seinen Unterschlupf hatte der Mönch eigenhändig in den Fels geschlagen und teilweise auch mit farbenprächtigen Malereien ausgestattet. Auf einer Freske ist der Eremit sogar selbst zu sehen, getragen von Erzengeln und zum Himmel aufstrebend. Andere Malereien zeigen kunterbunte Szenen aus der Bibel, etwa Christus beim Abstieg in die Vorhölle, wo er Adam und Eva befreit. Neófytos betätigte sich auch als geistlicher Schriftsteller und erstaunlich gut informierter und kritischer Chronist, der in seinen Schriften beispielsweise gegen die Kreuzritter unter Richard Löwenherz wetterte. Welch meditative Stille muss damals hier geherrscht haben – ganz im Gegensatz zum heutigen Trubel.

Im Dorf Geroskípou (auch Yeroskipous), drei Kilometer südöstlich von Páfos, lohnt ein Abstecher zur wunderschönen Agía Paraskeví in der Ortsmitte. Das teilweise im 8./9. Jahrhundert errichtete und noch hervorragend erhaltene Gotteshaus ist mit seinen mehr als 1000 Jahren eine der ältesten Kirchen Zyperns und bezaubert mit fünf auffälligen byzantinischen Kuppeln. Die Agía Paraskeví ist eine von nur zwei erhaltenen Fünfkuppelkirchen Zyperns. Im Innern des dreischiffigen Baus sind zarte Wandmalereien aus dem 12. bis 15. Jahrhundert zu sehen, der Glockenturm stammt aus dem 19. Jahrhundert. Auf zwei Fresken sind das Meer und der Jordan als Frau und Mann symbolisiert. Auch das kleine Dorfmuseum (im Hause Hadji Smith Simbolakis) sollte man sich ansehen, denn hier verdeutlichen die Objekte – die in einer Broschüre sogar auf Deutsch beschrieben sind – die alten Handwerkskünste wie Seidenspinnerei oder Schusterei, die zudem als begehbare Werkstätten sehr anschaulich dargestellt sind.

MAL EHRLICH

ÜBERDOSIS FISH & CHIPS

Wer in Káto Páfos ziellos durch die Straßen streift, kann es kaum übersehen: Fish & Chips, Burger & Pommes – wohin das Auge reicht. Und auch in den vielen halbwegs vertrauenswürdig aussehenden Lokalen werden die immergleichen Klassiker wie Steaks und Pizza serviert. Die »Restaurantkultur« ist im überwiegend britisch-touristischen Káto Páfos an die (meist junge) Klientel angepasst. Wer besser speisen will, versucht es in der Oberstadt Ktíma, wo auch die Zyprer selbst essen.

Oben: Unbedingt anschauen: Das Höhlenkloster Ágios Neófytos
Mitte: Der idyllische Innenhof des Folklore-Museums
Unten: Ausstellungsraum im Dorfmuseum in Geroskípou

Infos und Adressen

SEHENSWÜRDIGKEITEN

Ágios Neófytos. Tgl. 9–13 und 14–18 Uhr, Nov.–März tgl. 9–13 und 14–16 Uhr, Eintritt: 1 €, 9 km nordöstlich von Páfos (B 7 Richtung Pólis), Tel. 26 65 24 81.

Agía Paraskeví. April–Okt. Mo–Sa 8.30–13 und 14–17 Uhr, Nov.–März Mo–Sa nur bis 16 Uhr, Geroskípou, 3 km südöstlich von Páfos, Tel. 99 43 86 39.

Volkskundliches Musem Geroskípou. Tgl. 9.30–17 Uhr, Eintritt: ca. 2 €, Leontiou St. nahe der Kirche, Tel. 26 30 62 16.

Das Restaurant »Muse« in der Oberstadt von Né Páfos ist nur eine von vielen Bars und Restaurants.

ESSEN UND TRINKEN

Fettas Tavern/Fettas Corner. Man speist gemütlich im Freien z. B. Mezédes und Grillspeisen bei Livemusik. Di–So 19–23 Uhr, Ioanni Agroti 33, Ktíma Páfos, Tel. 26 93 78 22.

Laona. Viel gelobte Hausmannskost serviert Wirt Andreas im Herzen der Altstadt. Mo–Sa 11–15 Uhr, Di und Fr auch 18–22 Uhr, Votsi-Gasse 6, nahe Makariou III., Ktíma Páfos, Tel. 26 93 71 21.

Michael's Taverne. Bei Dimitris gibt es leckeres Kleftiko und Steaks und jeden Di und Fr saftiges Spanferkel. Tgl. 18–23 Uhr, Kleous 11, Káto Páfos, Tel. 99 46 81 32, www.michaelstaverncyprus.com

Porto Bello. Der Italiener ist immer voll, es kann dauern, aber es lohnt sich, in dem Familienlokal zu essen. Tgl. 11–23 Uhr, Poseidon 67 (gegenüber vom »Almyra Hotel«), Tel. 26 93 55 80.

7 St. Georges Tavern. Beliebtes romantisches Lokal auch mit vegetarischen Gerichten, günstig, authentisch und lecker. Tgl. 11–15 und 18–23 Uhr, Geroskípou, Anthipoxolagou Georgiou M. Savva 37, Tel. 26 96 31 76, www.7stgeorgestavern.com

Ta Bania (The Bath). Eines der ältesten Touristenlokale in Páfos am Meer: Mezédes sollte man nur bestellen, wenn man hungrig ist. Tgl. 8–2 Uhr, Poseidonos-Promenade, Tel. 26 94 15 58.

ÜBERNACHTEN

Alexander the Great. Luxusherberge am Meer, Zimmer mit Smart-TV-Computer, »eigene« (reservierte) Liege am Pool, Kids Club. Páfos Beach, Tel. 26 96 50 00, www.kanikahotels.com

Annabelle. Fünf-Sterne-Strandhotel (Mini-Strand mit Sand und Kies) mitten in der Stadt: luxuriös und dennoch familiär. Poseidonos 10, Tel. 26 88 50 00, www.annabelle.com.cy

Kiniras. Zentrale Familienpension in einem hübschen Altbau in der Altstadt, ruhig mit Gartenlokal. Makariou III., Tel. 26 94 21 76, www.kiniras.cy.net

Paphos Gardens Holiday Resort. Das mittelklassige All-incl.-Pool-Hotel überzeugt auch noch in der »zweiten Reihe« mit Spa, Shows und Buffet (zum Strand 300 m). Kleous St., Káto Páfos, Tel. 26 88 10 00, www.paphosgardens.com

Piskopos House/Androniki. Restaurierte Agrotourismus-Bauernhäuser abseits des Trubels, für Selbstversorger, mit Pool und WiFi. Episkopi, 15 km östlich von Páfos, Tel. 25 81 16 18, www.piskoposresort.com

AUSGEHEN

Wo früher der Bär tobte, haben heute nur noch einige Bars in der Fußgängerzone und der »Nightlife Street« Agiou Antoniou in Káto Páfos geöffnet.

Notorius. Neuer schicker Club mit jungem Volk und Biergarten. Tgl. 19–2 Uhr, Agiou Antoniou 25, Tel. 99 47 62 58.

Robin Hood Club. Wechselnde Top-DJs sorgen für Stimmung auf der Tanzfläche. Tgl. 19–2 Uhr, Agiou Antoniou 4, Tel. 26 93 25 21.

Temple Bar. Nettes Ambiente in Kolonialgemäuer

mit Kamin, hier trifft sich Jung und Alt bei Bier, Cocktails und Livemusik von Reggae bis Jazz. Tgl. 17–3 Uhr, Apriliou 1, Ktíma Páfos, Tel. 96 72 73 14.

Viejo Bar. Ob DJ oder Livebands, ob drinnen oder im Garten, die Stimmung in der angesagten Bar ist immer angenehm relaxed. Tgl. 21–2 Uhr, Gladstonos, Tel. 96 63 63 50.

EINKAUFEN

An der Makariou III. gibt es viele kleine Läden und Boutiquen (meist geschlossen gegen Mittag sowie Mi und Sa Nachmittag).

Páfos Open Air Market. Hier gibt es alles von Schnickschnack bis Kunsthandwerk. So 8–14 Uhr, im Dorf Timi ca. 10 km südöstlich von Páfos, Tel. 26 62 19 74 und 99 61 16 37.

AKTIVITÄTEN

Aphrodite Waterpark. Für Kinder ein (leider teurer) Spaß mit Kamikaze- und Wildwasserrutschen, Piratenschiff, Wellenbad u.v.m. Tgl. Mai–Juni 10.30–17 Uhr, Juli–Aug. 10–18 Uhr, Sept.–Okt. 10–17 Uhr, Eintritt: Erw. 30 €, Kids 17 € (!), Poseidonos (nahe dem »Hotel Phaethon« landeinwärts abbiegen), Káto Páfos, Tel. 26 91 36 38, www.aphroditewaterpark.com

Wanderungen. Wandern durch die 10 000-jährige Kulturgeschichte Zyperns kann man mit dem deutschsprachigen Geologen Christos Charalambous. Ecologia Tours & Travel, Agiou Theodorou 2, Ktíma Páfos, Tel. 26 94 88 08, www.wandern-zypern.de

FESTE

Anthestiria. Das Blumenfest wird an einem Sonntag im Mai mit einer farbenfrohen Prozession über die Uferpromenade und im Stadion gefeiert.

Kataklysmós-Fest (Pfingsten). Drei Tage lang begeht man die Errettung Noahs vor der Sintflut am Hafen u. a. mit Wassersportwettbewerben und Konzerten.

Paphos Aphrodite Festival. Die Hafenburg ist im September der Schauplatz griechischer Dramen und Opern. Tel. 26 82 22 18, Tickets auch unter Tel. 80 00 80 05, www.pafc.com.cy, Onlinetickets 25–70 €, sonst 35–80 €.

INFORMATION

Tourist Information (CTO). Mo–Fr 8–14.30 und 15–17.45 Uhr (Mi Nachm. geschlossen), Sa 8.30–13.30 Uhr, am Internationalen Flughafen Páfos, Tel. 26 42 31 61, sowie in der Poseidonos 63 A, Káto Páfos, Tel. 26 93 05 21, und in der Gladstonos 3, Ktíma Páfos, Tel. 26 93 28 41, www.visitpafos.org.cy (Do Stadtführung in Ktíma Páfos, 10 Uhr ab CTO Gladstonos).

An der Hafenpromenade herrscht (üblicherweise) Sehen und Gesehenwerden.

Oben: Die meisten Ruinen im Archäologischen Park stammen von den Römern.
Unten: Die Mosaiken im Archäologischen Park bei Néa Páfos sind einzigartige Kunstwerke, geschaffen von den Römern im 3.–5. Jahrhundert.

2 Archäologischer Park mit Königsgräbern
Rendezvous der Götter

Hier endlich tritt Aphrodite in Erscheinung: Im Archäologischen Park trifft man die legendäre Schöne umgeben von zahlreichen Göttern und mythologischen Geschöpfen. Die bildschönen Mosaiken gehören zu den herausragenden Attraktionen Zyperns und lassen die alten Mythen lebendig werden. Nicht zu vergessen die Königsgräber: Die Katakomben erscheinen groß wie in den Fels geschlagene Villen – unterirdisch und geheimnisvoll.

Als Bauer Hasip 1962 seinen neuen Pflug durch die Felder bei Páfos zog, blieb dieser immer wieder stecken. So stieß er auf eine antike römische Villenstadt mit herrlichen Mosaikböden (3.–5. Jahrhundert), die heute im Archäologischen Park von Páfos zu besichtigen sind und seit 1980 zum Weltkulturerbe der UNESCO gehören. Auch Funde aus prähistorischer und hellenistischer Zeit bis ins Mittelalter sind hier ausgegraben worden, z. B. fast 2500 Silbermünzen aus ptolemäischer Epoche (ca. 3. Jh. v. Chr.). Doch die meisten, größten und bedeutendsten Ruinen und Kunstwerke stammen von den Römern. Einen Grundriss von mehr als 2000 Quadratmetern hatte allein das Haus des Weingottes Dionysos: Ein Viertel des Bodens ist seit rund 2000 Jahren mit Mosaiken bedeckt! Vieles ist überdacht, aber die Ausgrabungsarbeiten sind weiter im Gange und so kann man selbst nach einigen Jahren hier immer wieder Neues entdecken. Von den römischen Patrizierhäusern, vom Marktplatz und dem Theater erreicht man auf einem Küstenspazierweg auch die zwei Kilometer nördlich gelegenen Königsgräber.

Kunterbunt: von Künstlern geschaffene Oase im Dorf Lémpa

Bei den Römern zu Hause

Die polnischen Archäologen gaben den Häusern ihre Namen nach dem jeweils ersten entdeckten Mosaikbildnis aus dem Reich der Götter und griechischen Mythen. Zuerst betritt man das Haus des Theseus, in dem vermutlich der Statthalter von Néa Páfos wohnte, weil es mit rund 100 Zimmern das größte Anwesen war. Beeindruckend ist das kreisrunde Theseus-Mosaik aus schwarzen und weißen Kieselsteinen: Es zeigt den namensgebenden Helden Theseus beim Kampf mit dem stierköpfigen Minotaurus im kretischen Labyrinth. Die beiden Zuschauerinnen sind Kreta und seine Geliebte Ariadne, die ihm den Faden gab, um aus dem Labyrinth herauszufinden. Gut erhalten ist auch das Achilles-Mosaik mit dem neugeborenen Achilles, der hier von seiner Mutter Thetis gebadet wird, damit sich die Prophezeiung seines frühen Todes im Trojanischen Krieg nicht erfülle. Das Wasser des Flusses Styx aus der Unterwelt sollte ihn unverwundbar machen. Doch die Gute hält ihren Sohn dabei an der Ferse fest, und er blieb somit an dieser einen Stelle – der Achillesferse – verwundbar. Und die drei Schicksalsgöttinnen rechts taten ein Übriges, damit die Prophezeiung eintrat.

Einige Schritte dahinter liegt das Haus des Orpheus: Man beachte hier das namensgebende

AUTORENTIPP!

KÜNSTLERDORF LÉMPA

Ein einzigartiges Kunst- und Archäologie-Projekt: Fünf Rundhütten aus der chalkolithischen Epoche (3900 bis 2500 v. Chr.), wurden in den 1980er-Jahren von zyprischen Studenten »experimentell« rekonstruiert, mit alten traditionellen Baustoffen wie Lehm, Holz und Stroh – genauso wie die Menschen in der Kupfersteinzeit gelebt hatten. Schon 1969 gründete der Maler Stass Paraskos hier eine Kunstuniversität und Künstlersiedlung. Bis heute sind junge Künstler in Lémpa (Lemba) am Werkeln, viele von ihnen studieren am Cyprus College of Art. Sehenswert ist die endlos lange Mauer voller surrealistischer Figuren und eine Töpferei, in der man zwischen Tellern, Krügen und Vasen herrlich nach einem geeigneten Souvenir stöbern kann.

Cyprus College of Art. Bietet Sommerkurse an. Eleftherias 6, Lémpa (5 km nördlich von Páfos), Tel. 99 45 27 57, www.artcyprus.org
Lemba Pottery. Elefterias 18, Lémpa, Tel. 26 27 08 22, www.lembapottery.com

Rundgang durch den Archäologischen Park

A Römische Häuser (Mosaiken) – Die bezaubernden Mosaiken (2./3.–5. Jh.) wurden in den 1960ern in vier Häusern des antiken Villenviertels gefunden und sind als Weltkulturerbe der UNESCO geschützt. Nov.–März tgl. 8.30–17 Uhr, Juni–Aug. tgl. 8.30–19.30 Uhr, April/Mai und Sept./Okt. tgl. 8.30–18 Uhr (oft wechselnde Öffnungszeiten!), Eintritt: ca. 3,50 €, Audioguides, Wasser und Sonnenschutz mitnehmen (Dauer ca. 2 Std.), Eingang am Hafen, Káto Páfos, Tel. 26 30 62 17.

B Agora – Der römische Versammlungsplatz, auf dem einst das Asklipeion (Asklepios)-Heiligtum stand.

C Odeon – Das antike Theater aus dem 2. Jh. mit damals 25 Sitzreihen.

D Saranta Kolones – Die Ruine einer fränkischen Festung aus dem 11.–13. Jh.

E Panagia Limeniotissa – Die spärlichen Reste einer Basilika aus dem 5. Jh.

F Königsgräber – Die wichtigsten archäologischen Denkmäler reicher Bürger aus Néa Páfos mit unterirdischen leeren Grabhäusern datieren zurück bis ins 3./2. Jh. v. Chr. – bestattet sind also Ptolemäer und Römer. Sehenswert sind v. a. Grab Nr. 3, 4, 5, Nr. 7, Nr. 8 mit Brunnen. Nov.–März tgl. 8.30–17 Uhr, Juni–Aug. tgl. 8.30–19.30 Uhr, April/Mai und Sept./Okt. tgl. 8.30–18 Uhr, oft wechselnde Öffnungszeiten, Eintritt: ca. 2 € (Dauer ca. 1 Std.), Audioguides, Eingang Tafon Ton Vasileon, ca. 2 km nördlich des Archäologischen Parks (A) am Meer, Káto Páfos, Tel. 26 30 62 95.

Orpheus-Mosaik, in dem der sagenhafte Sänger auf seinem Zupfinstrument, der Lyra, spielt – er wollte damit den Gott Hades in der Unterwelt dazu bewegen, ihm seine geliebte Eurydike wieder freizugeben.

Kehrt man auf dem Weg wieder zurück, gelangt man zum überdachten Haus des Aion, des Gottes der Zeit und Ewigkeit: Hier kann der Besucher in Ruhe einige Szenen aus der Mythologie betrachten wie in einem dreireihigen Bilderbuch – links oben Leda und der Schwan (der verwandelte Zeus, s. S. 49), in der Mitte Kassiopeia beim Schönheitswettbewerb und ganz unten rechts die Bestrafung des Marsyas, der gewagt hatte, den Apollon zu einem Musiker-Wettstreit herauszufordern.

Der Weingott lädt ein

Im Haus des Dionysos, des Weingottes (2. Jahrhundert), befinden sich die schönsten Bildnisse aus der Sagenwelt der alten Griechen. Es muss ein wohlhabender Hausbesitzer gewesen sein, vermuten die Wissenschaftler. Gleich am Eingang wird auf dem zweiten Mosaikbild Narziss leibhaftig – der schöne Jüngling, der so selbstverliebt war, dass er die um ihn werbende Nymphe Echo abwies, die daraufhin vor Kummer starb. Narziss traf sodann die Strafe Aphrodites: Er musste sich in sein eigenes Spiegelbild verlieben! Schließlich hatte Aphrodite doch Mitleid und verwandelte den Jüngling in eine Blume – eine Narzisse, die an Flüssen und Bächen wächst und so pausenlos ihr Spiegelbild anhimmeln kann ...

Benannt nach dem Weingott zeigt das größte (vierte) Bildnis in der ehemaligen Empfangshalle des Hauses natürlich den mit Efeu bekränzten Gott selbst – auf einem Streitwagen bei seinem Triumphzug, dem Einzug nach Athen, umrahmt

AUTORENTIPP!

UNTER RÖMERN

Die wahrscheinlich außergewöhnlichste Herberge in Páfos, wenn nicht ganz Zypern – das »Roman I. Boutique Hotel« präsentiert sich im antiken Stil: Außen eine zinnenbewehrte Burg, innen wandelt man auf hügeligen Gängen, allerorten Säulen, viele Spiegel und unzählige griechische Motive und Mythenszenen, welche die Wände schmücken. Niemand würde sich wundern, käme hier Kaiser Nero Harfe zupfend samt Gefolge um die Ecke. Selbst Grabnischen findet man hier ... Die 87 Zimmer sind mit »antikem« Dekor und Rundbögen ausgestattet, alles flauschig-plüschig. Römer-Kitsch as kitsch can, besonders beliebt bei russischen Gästen. Man wähnt sich fast wie beim Rundgang durch die römischen Villen im Archäologischen Park schräg gegenüber – wären da nicht Flat-TV, WiFi (Extra-Gebühr!) und der beheizte Pool.

Roman I.+II. Promitheos 1, Káto Páfos, Tel. 26 94 54 11, www.romanhotel.com.cy

AUTORENTIPP!

DIE SÄULE DES APOSTEL PAULUS

Auf dem Gelände der spätbyzantinischen Kreuzkuppelkirche Agías Kyriákis können nicht nur Päpste und gläubige Christen auf den Spuren des Apostel Paulus wandeln. Im Mittelpunkt die weiße Paulus-Säule: Der wie ein Phallussymbol aussehende Säulenstumpf, hunderttausendfach berührt und geküsst, erinnert an den Besuch von Paulus und Barnabas in Páfos etwa um das Jahr 50 nach Christi Geburt, als es den Missionaren gelang, den römischen Prokonsul Sergius Paulus zum Christentum zu bekehren. Der Legende nach soll der Jünger Christi hier festgebunden und ausgepeitscht worden sein. Die Pilgerstätte liegt heute zwischen Barviertel und Shoppingcenter. Die Stätte ist friedlich, und wer Glück hat, hört den Organisten in der Kirche ...

Agías Kyriákis (auch Chrysopolitissa). Agías Kyriákis Street, Káto-Páfos, katholische Messe jeden So 12 Uhr

Die Agora im Archäologischen Park

von Szenen einer Weinlese. Auf einem weiteren Bild wird sehr anschaulich zur Mäßigung beim Weingenuss aufgefordert, denn König Ikarios wird von zwei betrunkenen Hirten erschlagen. Das nächste Mosaik widmet sich der Liebe zwischen Poseidon und Amymone, zwischen beiden schwebt – wer wohl – der geflügelte Liebesgott Eros. Er taucht ein paar Schritte weiter noch einmal auf: Ein Bild zeigt die tragische Liebesgeschichte zwischen Phädra (Phaidra) und ihrem Stiefsohn Hippolytos, die mit dem Selbstmord der Phädra endet. Unter vielen anderen hier anwesenden Göttern und Gestalten des Olymp ist auch der Flöten spielende Apollon mit Daphne verewigt.

Spaziergang zum antiken Marktplatz

Wendet man sich nun auf dem Gelände des Archäologischen Parks nach Norden, gelangt man zum alten römischen Markt- und Versammlungsplatz, der einst von Säulen umgebenen Agora. Im Hintergrund des Ruinengeländes sieht man den modernen weißen Leuchtturm, linker Hand das teils restaurierte Odeion-Theater (2. Jahrhundert), das in seinem Halbrund vor fast 2000 Jahren etwa 3000 Zuschauer fassen konnte. Heute kann man hier Platz nehmen und verschnaufen, im Reiseführer nachlesen – oder am Abend zurückkehren, wenn hier wieder wie einst in unregelmäßiger Folge Musik erklingt und Theater gespielt wird. Hier stand auch das Asklipeion (Asklepios)-Heiligtum, das dem Gott der Heilkunst gewidmet war. Wer gut zu Fuß ist, kann nun an der Küste nordwärts zwei Kilometer zu den Königsgräbern laufen. Wer zum Ausgang zurückgeht, kann in dessen Nähe einen Abstecher zur mittelalterlichen Ruine der fränkischen Festung Saranta Kolones machen, die um das 11./12. Jahrhundert von den Lusignan-Königen errichtet und schon 1222 von einem Erdbeben zerstört worden war. In der »Burg der Vierzig Säulen« sieht man jedoch nur noch einige Latrinen und Mauerreste mit Torbögen. Gegenüber, nahe des Eingangs, erheben sich die ebenfalls spärlichen Reste der Basilika Panagia Limeniotissa aus dem frühen 5. Jahrhundert, zerstört durch die Araber und durch Erdbeben.

Königsgräber – die Nekropole der Reichen

Anders als der Name vermuten lassen könnte, handelt es sich bei den Gräbern aus dem 3. bis 2. Jahrhundert v. Chr. nicht um die Grabstätten von Königen, sondern von reichen Bürgern aus dem damaligen Néa Páfos. Doch der Prunk – dorische Säulengänge (Peristyl), Treppen und Nischen – und die Monumentalität einiger Gräber sorgten dafür, dass sich die Bezeichnung »Königsgräber« durchsetzte. Bis heute beeindrucken ganze aus dem Fels geschlagene und unterirdisch angelegte Villen – die »Atrium-Gräber« mit lichtdurchflutetem Innenhof im Eingangsbereich, wo sich die Familie einst zum Trauern traf.

MAL EHRLICH

VERWIRRUNG GARANTIERT: PÁFOS-CHAOS …

In und um Páfos kann man angesichts des Namenwirrwarrs leicht durcheinander geraten: Da gibt es Alt-Páfos (Palaä Páfos), die Ruinen- und Ausgrabungsstätte. Dann den Urlaubsort (Néa) Páfos, das untere Páfos am Meer mit dem Hotel- und Vergnügungsviertel Káto Páfos. Und um die Verwirrung perfekt zu machen, gibt es auch hier eine »Alt«-Stadt, Ktíma Páfos, und natürlich eine Ausgrabungsstätte, die aber wiederum in Káto Páfos liegt. Am besten nie ohne Reiseführer in der Tasche auf Tour gehen … Altes, neues, unteres, oberes – wie auch immer: viel Spaß in Páfos!

Oben: Auf dem weiten Gelände des Archäologischen Parks: hier ist ein Eingang zu den Könisgräbern zu sehen.
Unten: Die Königsgräber wurden vor mehr als 2000 Jahren als Nekropolen der Reichen errichtet.

Infos und Adressen

ESSEN UND TRINKEN

Doria Beach Restaurant. Alteingesessene Taverne am Meer, schön bei Sonnenuntergang, freundliche Bedienung. Mosfilion 46, Kissonerga (ca. 7 km nördlich, nahe Cynthiana Hotel), Tel. 26 94 40 92, www.doriarestaurant.com

King Fisher Tavern. Das schlichte Familienlokal gegenüber den Königsgräbern ist spezialisiert auf Fisch und Meeresfrüchte, v. a. leckeren Hummer. Tgl. 12–23 Uhr, Tafon Ton Vasileon 76 (= Tomb of the Kings Road), Káto Páfos, Tel. 26 94 42 52.

Martelli. Bewährter Italiener mit großen Pizzen aus dem Steinofen, hausgemachter Lasagne und Pasta (auch vegetarisch). Tgl. 11–14 und 17–23 Uhr, Tafon Ton Vasileon 53, Káto Páfos, Tel. 26 94 35 00.

Metaxas. Zwischen den römischen Villen und Königsgräbern gelegen, bietet sich hier für ausgehungerte Hobbyarchäologen ein abschließendes Abendessen an, Riesenportionen! Tgl. 17.30 bis 23 Uhr, Amfitrionos 8 (nahe »Kefalos Beach Village«), Tel. 26 94 59 23, www.metaxasrestaurant.com

Sunset Breeze. Bei Alex und Maria gibt es britisch-zyprische Klassiker wie Rippchen, Steaks, Pizza und frischen Fisch sowie selbst gemachten Käsekuchen. Tgl. 11–23 Uhr, Mosfilion 35, Kissonerga (ca. 7 km nördlich), Tel. 26 94 07 91, www.sunsetbreeze.net

ÜBERNACHTEN

Akti Beach Tourist Village. Gepflegtes grünes und familienfreundliches Feriendorf mit gut ausgestatteten Studios um den beheizten Pool, mit Tennis, Sauna, Shows und Kids-Club, zwei Restaurants. Hadjiefstathiou Street (an der Straße zur Coral Bay, 3 km nördlich von Páfos), Tel. 26 27 27 77, www.aktivillage.com.cy

Elysium. 5-Sterne-Stadt: Gäste mit hohen Ansprüchen verwöhnt die riesige Luxusstrandanlage mit jeglichem Komfort von herrlicher Poollandschaft bis Privatstrand. Vasilissis Verenikis, Káto Páfos, Tel. 26 64 44 44, www.elysium-hotel.com

Zur Ruhepause im Restaurant des »Kefalos Beach Hotels«

Hadjiantoni Anna Hotel. 26 moderne Schnäppchen-Appartements mit Garten, Pool, Spielplatz, Strand ca. 2 km entfernt. Evagorou 15, in Kissonerga (ca. 7 km nördlich), zu buchen über www.hotels.com

Kefalos Beach Tourist Village. Die schöne Anlage hat sogar einen Minimarkt und eine eigene Kirche und liegt direkt am Meer, mit Sauna, Innen- und Außenpool, Bushaltestelle in der Nähe. Zwischen römischen Villen und Königsgräbern, Káto Páfos, Tel. 26 22 20 07, www.kefalos.com.cy

Oracle Exclusive Resort. Zwischen Altstadt und Königsgräbern (10 Min. zu Fuß) liegt diese ruhige moderne Appartementanlage um einen Pool mit Poolbar, Restaurant, Fitnesscenter. Kato Pervolia 20, Káto Páfos, Tel. 26 95 55 53, www.oracle-resort.com

Pergell. Für Kultururlauber: B&B in einem 150 Jahre alten restaurierten Landhaus im verschlafenen Dorf Killi (auch Koili, ca. 12 km nordöstlich von Páfos), Mesolongiou 1, Tel. 26 64 20 50, www.pergell.com

Tasmaria. Die kleine günstige Appartementanlage ist top eingerichtet, mit freundlichen Angestellten, Pool und vielen Lokalen in der Nähe. Tafon Ton Vasileon 50, Káto Páfos, Tel. 26 94 68 00, www.tasmaria.com

AUSGEHEN

Die Barlandschaft ist fest in englischer Hand – TOTK nennt sich die Szene entlang der Tomb of the Kings Road (= Tafon Ton Vasileon).

DT's Sunset Bar. Bei Loraine gibt es am Wochenende Livemusik und gutes Essen, im Sommer auf der Dachterrasse, im Winter am Kaminfeuer. Tgl. 11–24 Uhr, Tafon Ton Vasileon 96 (gegenüber »Venus Beach Hotel«), Tel. 26 22 17 04.

Hobo Bar. 1a-Lage mit Blick auf die nachts beleuchtete Burg: preislich anständiges Barlokal im trubeligen Touristeneck. Tgl. 10–24 Uhr, am Hafen, Apostolou Pavlou 4, Káto Páfos, Tel. 24 91 04 96.

Kings Road. Preiswerter Pub mit Snacks und Stimmung bei Karaoke, Poolbillard, Spielen und riesiger Fußball-Leinwand. Tgl. ab 18 Uhr, Tafon Ton Vasileon 53, Tel. 26 93 76 83.

Lighthouse Beach Bar. Neu am gleichnamigen Strand am Leuchtturm: relaxte Chill-Atmosphäre zum Sonnenuntergang bei Burger & Haloumi, Eiscreme & Wein. Tgl. 7–22 Uhr, Lighthouse Beach, Káto-Páfos, Tel. 99 68 39 92.

AKTIVITÄTEN

Jolly Roger Pirate Cruise. Alle Kids an Bord! Der Spaß-Törn für kleine (und große) Piraten mit Captain Jack und seiner Crew findet zwar auf Englisch statt, aber das ist zweitrangig bei der Action, die hier geboten wird! Mi, Fr, So 12–15.30 Uhr, Eintritt: Erw. 35 €, Kids 17 €, inkl. einfachem Lunch, Páfos-Hafen, Tel. 80 00 00 11, www.paphosseacruises.com

Páfos Zoo (ex Bird & Animal Park). Neben vielen (exotischen) Vögeln kann man auch Schildkröten, Schlangen, seltene Mufflons und sogar Giraffen, Löwen und Kängurus bewundern – leider sind alle Tiere in engen Käfigen untergebracht.
1. April–30. Sept. tgl. 9–18 Uhr, 1. Okt. –31. März tgl. 9–17 Uhr, Eintritt: Erw. 15 €, Kids 8 €, mit Restaurant, 15 km nördlich von Páfos an der Straße zwischen Coral Bay und Ágios Geórgios beim Kap Drepano, Tel. 26 81 38 52, www.pafosbirdpark.com, www.pafoszoo.com

Undersea Walkers. Spektakulär: Hier kann man sich wie Captain Nemo fühlen, auf dem Meeresgrund spazieren und dabei Fische füttern. Mosfilion, in Kissonerga (ca. 7 km nördlich von Páfos, im Cynthiana Hotel), Tel. 99 56 35 06, www.underseawalkers.com

ABC Dive. Die Tauchschule bietet z. B. Tauchausflüge zum Wrack der »Zenobia« (s. S. 118). Ikarou 21, Páfos, Tel. 99 81 95 29, www.abcdive.info

Viele Hotels in Néa Páfos bieten Pool-Landschaften.

In Paläa Páfos muss man seine Fantasie bemühen angesichts der wenigen Mauerreste und Ruinen – aber es lohnt sich.

3 Alt-Páfos (Paläa Páfos) mit Koúklia

Der Kult um Aphrodite und ihren Tempel

Paläa Páfos – seit Jahrtausenden schon pilgern die Reisenden erwartungsvoll zum Heiligtum der Aphrodite, der Göttin der Liebe, Erotik und Fruchtbarkeit, und stehen heute vielleicht etwas ernüchtert vor dem von der UNESCO geschützten Ruinenfeld, das einst ein Tempel war. Das wahre Highlight der antiken Pilgerstätte wartet jedoch im winzigen archäologischen Museum: das Original-Mosaik Leda und der Schwan.

Die Ruinenstätte Paläa Páfos war vom 13./12. Jahrhundert v. Chr. bis ins 4. Jahrhundert n. Chr. ein wichtiges religiöses Heiligtum der Antike: zunächst in der Bronzezeit unter den Achäern noch zu Ehren des phönizischen Muttergottes Ishtar (auch Astarte). Einige Jahrhunderte später dann verehrten die Griechen hier ihre Liebesgöttin Aphrodite – denn ganz in der Nähe, so berichten die griechischen Sagen, wurde SIE aus dem Meer geboren, bei Pétra tou Romioú ein paar Kilometer südöstlich. Der Erbauer des Aphrodite-Tempels soll der mythisch-zyprische König und Hohepriester Kinyras gewesen sein – dessen Geliebte Aphrodite der Sage nach war – oder auch Agapenor, der griechische Held des Trojanischen Krieges.

Die florierende Stadt war oft umkämpft, etwa 498 v. Chr. von den Persern, deren eindrucksvolle Belagerungstaktik mittels einer langen Rampe im Museum anschaulich dargestellt ist. Selbst römische Kaiser zog es zur Kultstätte, etwa Kaiser Titus, der das hiesige Orakel befragte, oder Augustus, der

Geld zur Reparatur des Heiligtums spendete. Als letzter antiker König herrschte in dem Stadtkönigreich Alt-Paläa im 4. Jahrhundert Nikokles, der als ehrenvoller Hohepriester auch Aphrodite diente. Da hier wie anderswo die Steine im Laufe der Jahrtausende für andere Bauwerke wiederverwendet wurden, ist heute außer ein paar Grundmauern, Monolithen und Säulenresten nicht mehr viel vom Tempel erhalten.

Orakel und »aphrodisische« Legenden

Gelegentlich tun sich bei solch kulturhistorischen Zeitreisen durch die Welt der Mythen wahre Abgründe auf. Nicht genug, dass Aphrodite nicht gerade mustergültig war als Ehefrau des hässlichen und lahmen Hephaistos, dem Gott der Schmiede und des Feuers, der ihr (der Legende zufolge vermutlich im Akámas) einen Palast aus Gold und Edelsteinen gebaut hatte. Zudem soll sie recht ausschweifend der Wollust gefrönt haben. Der griechische Historiker Herodot schilderte im 5. Jahrhundert v. Chr. entsetzt, dass in ihrem Heiligtum in Paläa Páfos sogar Tempelprostitution wie einst in Babylon stattfand!

Angesichts der wenigen Mauerreste des Tempels muss der Betrachter seiner Fantasie freien Lauf lassen, genährt von den Berichten des Herodot über das mehrtägige Frühjahrs- und Fruchtbarkeitsfest der Aphrodisien: Der Historiker schreibt von feierlichen Prozessionen der Pilger mit Musik und Blumen, von unblutigen Opfergaben mit Feuer, Parfüm, Weihrauch und honiggesüßten Getränken, von rituellen Bädern im Meer und von ebenjenem lustvollen Rund um einen schwarzen menschengroßen Kultstein, der auf Münzen aus jener Zeit abgebildet war und als Symbol der Aphrodite angebetet wurde.

AUTORENTIPP!

WANDERN UND KLETTERN

Eine der besten Klettersportecken versteckt sich im menschenleeren Hinterland, wo noch einige andere Überraschungen warten wie etwa drei venezianische Bogenbrücken als Teil einer etwa dreistündigen Wanderroute von Kaminaría bis Vretsia. Aber die Klettersportler zieht es weiter und hoch hinaus zum Kourtelorotsos: In den südwestlichen Ausläufern des Tróodos-Gebirges erhebt sich dieser rund 30 Meter hohe Kalkfelsen mit Schwierigkeitsgraden 4-7b – Streckennamen wie Drastiko und Harakiri sagen alles. Die Kletterausrüstung muss man selbst mitbringen, am besten eignen sich Frühjahr und Herbst. Pausieren und Kraft schöpfen können Climbing-Enthusiasten bei Christoph im ein Kilometer entfernten »Xtreme View Café« bei hausgemachten Broten, Kuchen und Desserts.

Kourtelorotsos. 4 km nördlich von Ágios Nikólaos, www.cyprusrocks.eu

Auf dem weitläufigen Gelände des Aphrodite-Heiligtums Paläa Páfos bei Koúklia dreht sich alles um die Legende der Aphrodite.

Als Zeus sich verkleidete: Leda und der Schwan

Was damals wirklich im Tempel geschah, ist mit dem Staub der Jahrtausende verweht. Eines ist sicher: Das berühmte römische Mosaik *Leda und der Schwan* (2./3. Jahrhundert) hat zweifellos erotischen Charme, auch wenn hier ausnahmsweise einmal nicht Aphrodite dargestellt ist (wie viele Besucher vermuten). In Gestalt des Federviehs nähert sich Göttervater Zeus seiner angebeteten Königin von Sparta, um sie zu verführen. Als Erstes kann man sich die Kopie des Leda-Mosaiks in der rechts vom Eingang gelegenen Römischen Villa ansehen. Das Original war aus dem Ruinenhaus gestohlen worden und ist seit 2002 wieder an seinem Fundort in Paläa Páfos, wo es sicher verwahrt im dortigen Museum hängt.

Wenn Steine nur reden könnten ...

Auf dem Ausgrabungsgelände wendet man sich nun nach Süden Richtung Küste: Das weite Ruinenfeld liegt oberhalb der Küste auf einem Pla-

MAL EHRLICH

APHRODITE AM MORGEN

Die Sommersonne brennt unerbittlich auf das Ausgrabungsgelände von Alt-Páfos – und es gibt keinen Schatten! Um der Mittagssonne zu entkommen, flüchten viele Besucher ins Museum. Besser man kommt ganz früh oder erst nachmittags hierher (gilt für alle Ausgrabungsstätten). Und: Je weniger Reisegruppen, desto eher spürt man die besondere Atmosphäre dieser Ruinen – und die Szenen der Aphrodisien-Feste zu Ehren der Liebesgöttin werden lebendig. Ein Regenschirm tut übrigens gute Dienste im trockenen Zypern – als Sonnenschutz.

Oben und Mitte: Vor und im Museum
Unten: Nach dem Sightseeing wartet immer eine nette Taverne, hier »Gabriel's Tavern«.
Links: Weltberühmtes Mosaik: *Leda und der Schwan* – mit Zeus als Verführer in Schwanen-Gestalt

AUTORENTIPP!

WEINROUTE IM DIARÍZOS-TAL
Immer entlang des Diarízos-Flussbettes führt ein Ausflug durch 14 Dörfer und zwei Weingüter. Die 50-Kilometer-Rundfahrt startet im Dorf Nikóklia (Straße F 616 und F 617): Die Landschaft ist geprägt von Eukalyptusbäumen, Weinbergen und Olivenhainen. Hier konnten sich traditionelle Bauernhäuser behaupten, wie in Stavrokonnou und Kelokedara. Am Wegesrand liegen verlassene türkische Siedlungen und sehenswerte Klöster, zum Beispiel die 500 Jahre alte Panagia tis Salamiotissas bei Salamiou. Rudern kann man ebenfalls im Diarízos – im April jedoch ist der Fluss meist ausgetrocknet. Bei einer Weinprobe genießt man die zyprischen Rebsorten, v. a. Mavro (rot) und Xynisteri (weiß).

Nelion Winery. Praitori, Tel. 25 44 24 45.
Lagria Winery. Salamiou, Tel. 99 46 69 90 (mit Lokal). Ausführliche Rundfahrtbroschüre erhältlich beim FVA.

teau und ist unterteilt in Heiligtum I und Heiligtum II, wobei das zweite aus römischer Zeit stammt und nach einem Erdbeben vor 2000 Jahren errichtet wurde. Angesichts der wenigen Säulenstümpfe und Mauerreste muss der Besucher seine Fantasie spielen lassen und sich hier die Säulenhallen mit Innenhof (Stoa) ebenso vorstellen wie das oben beschriebene Treiben. Im Ostflügel soll eine Art kultischer Bankettsaal gestanden haben. Etwa in der Mitte des Ruinenfeldes befinden sich die Überreste einer mittelalterlichen Zuckerrohrfabrik.

Kleines Museumsjuwel

Ins Museumskastell geht es immer geradeaus, es befindet sich unübersehbar im oberen Stock des fränkischen Château de la Covocle, einem mittelalterlichen Kastell der Lusignan-Könige. Außer dem weltberühmten, nun bewachten Leda-Mosaik sind hier Funde aus der Bronzezeit bis ins Mittelalter chronologisch ausgestellt, darunter auch ein großer schwarzer und konisch geformter Stein, der auf einem Feld in der Nähe gefunden wurde und, so vermuten die Archäologen, der angebetete Kultstein sein könnte. Außerdem sieht man Keramiken, römische Münzen (mit dem Kultstein) und Rollsiegel. Interessant ist der Vergleich der Fotos von den Ausgrabungsarbeiten im Jahr 1888 und seit 1973. Eine kleine rund 3000 Jahre alte Ton-Badewanne (13.–11. Jahrhundert v. Chr.) ist ein amüsanter Blickfang.

Auf dem Rückweg über das Ausgrabungsgelände ist die aus mythologischen oder abergläubischen Gründen mit dicken Schnüren umgürtete Katholiki-Kirche (auch Panagia Chrysopolitissa) aus dem 12. Jahrhundert zu sehen, umgeben von den Resten einer Arkadenmauer. Die Schnüre sollen böse Geister abhalten.

Infos und Adressen

ESSEN UND TRINKEN

Diarizos Tavern. Urig-ruhiges Lokal mit traditionellen Speisen, Burger und Eiscreme. Tgl. 9–23 Uhr, Apostolou Louka 21, Koúklia, Tel. 26 43 23 43.

Efraim Tavern. Traditionelle, herzliche Atmosphäre: Bei Maria und Leo ist immer was los, z. B. bei Volksmusik am Do – manchmal fangen die kostümierten Kellner hier an, zu Bouzouki-Lautenklängen zu tanzen. Tgl. 10–23 Uhr, Apostolou Louka, Tel. 26 43 20 82.

Gabriel's Tavern. Direkt am Dorfplatz wird in der familiären Gaststätte zyprische Kost serviert, einfach und lecker. Tgl. 8–23 Uhr, Koúklia, Tel. 99 63 37 45.

Leander. In dem eleganten Fine-Dining-Lokal genießt man exquisite mediterrane Küche mit französischer Finesse. Tgl. 19–22 Uhr, Aphrodite Hill Resort, Aphrodite Ave. 3, Koúklia, Tel. 26 82 90 00, www.aphroditehills.com

ÜBERNACHTEN

Aphrodite Hills. Das Luxushotel vermietet auch exklusive Villen mit bis zu fünf Schlafräumen, geeignet v. a. für Golfspieler. Koúklia, »Aphrodite Hills Resort«, Tel. 26 82 80 00, www.aphroditehills.com

InterContinental Aphrodite Hills. Luxus ohne Ende: sechs Restaurants, Spa, Golfplatz und Reitclub. Aphrodite Ave. 3, Koúklia, Tel. 26 82 90 00, www.aphroditehills.com

Vasilias Nikoklis Inn. Traditionelles Landgasthaus: In den acht Zimmern vereinen sich Stil, WLAN, Romantik und Pool. Nikoklia (4 km nordwestlich von Alt-Páfos), Tel. 26 43 22 11, www.vasilias.nikoklis.com

AKTIVITÄTEN

Aphrodite Hills Riding Club. Reitschule und Ausflüge hoch zu Ross oder auf Ponys – Patricia organisiert auch Geburtstagsfeiern und Spiele. Koúklia, Tel. 99 99 89 89, www.aphroditehillsridingclub.com

An Tavernen herrscht wahrlich kein Mangel in Koúklia, hier machen viele Reisegruppen Pause.

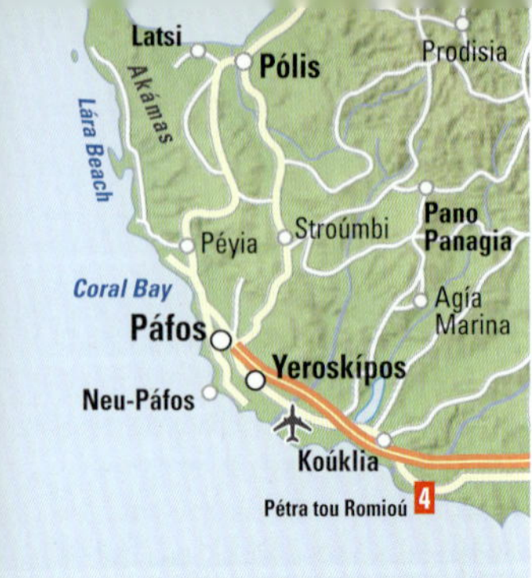

An diesem Felsen Pétra tou Romioú soll Aphrodite die Insel Zypern betreten haben – als »Schaumgeborene«.

4 Pétra tou Romioú mit Pissoúri

Trubel am Felsen der Aphrodite

Der Felsen der Aphrodite erhebt sich an der B 6 aus dem Meer und symbolisiert die Stelle, wo Aphrodite einst aus dem Wasser gestiegen sein soll: die »Schaumgeborene«. Die legendäre Geburtsstätte mit Kiesstrand ist heute ein beliebter Badestrand und kaum zu übersehen vor lauter Souvenirständen. Das wilde Fleckchen Natur blieb den Massen natürlich nicht verborgen. Denn hier sollen sich auch Träume und Wünsche erfüllen …

Pétra tou Romioú heißt heute Fels der Griechen – wobei die eigentliche Übersetzung Fels der Römer lautet, denn Türken und Araber nannten einst die Griechen des oströmischen Reiches »Römer«. Dieser Name geht auf eine Legende zurück: Hier soll der byzantinische Sagenheld Digenis Akritas vor mehr als 1000 Jahren einen Felsen gegen die arabischen Invasoren geschleudert haben. Damit versenkte der Riese die Flotte der Sarazenen.

Die »Schaumgeborene«

An der Südküste am Felsen Pétra tou Romioú trieb die Jungfrau der göttlichen Sage nach in einer Muschel an Land und entstieg als »Schaumgeborene« nackt dem Meer – nur mit einem Myrtestrauch bedeckt. Die Göttin der Liebe und Erotik betrat damit erstmals den irdischen Inselflecken, das vom Meer umflossene Kypros. Die Tochter von Gaia, der Erde, und Uranos, dem Himmel, soll aus dem abgehackten und ins Meer geworfenen, aber unsterblichen Glied des Uranos entstanden sein, nachdem dieser vom eigenen Sohn, Kronos, entmannt worden war. So berichtet der griechische Dichter Hesiod im 7. Jahrhundert v. Chr. in seiner *Theogonie*, eine der ältesten Quellen der griechischen Mythologie.

Der Aberglaube hat hier bis heute Hochkonjunktur: Wer hier bei Vollmond an einem Sonntag um Mitternacht dreimal nackt (!) um den mittleren Felsen schwimmt, soll Jugend und Schönheit ein Leben lang behalten. Wenn das nichts hilft, kann man auch einen Stofffetzen an den hiesigen Wunschbaum hängen – und hoffen.

Hügeliges Olivenland

Im Hinterland dominiert das karge Steppenbeige, wo nur die jahrhundertealten knorrigen, zerzausten Olivenbäumchen zu Tausenden in Reih und Glied stehen und ein olivgrünes Muster ergeben – charakteristisch für Zypern.

Etwas ruhiger als der Touristenfelsen präsentiert sich ca. sieben Kilometer landeinwärts Pissoúri, ein idyllisch gelegenes Dorf mit alten restaurierten Landhäusern in engen Gassen rund um die Dorfkirche – umgeben von sanft gewellten grünbeige gesprenkelten Macchia-Hügeln. Der Blick reicht hier aus 200 Metern Höhe über die Kulturlandschaft mit Olivenhainen und den Feldern mit Weinreben bis zum Meer. Viele Briten haben sich im Dorf niedergelassen, und so überraschen nicht wenige Pubs und britisch heimelige Lokale. Die gleichnamige ca. fünf Kilometer entfernte Bucht mit kleinem Kiesstrand und Promenade ist von einer Steilküste umrahmt – und von immer mehr Appartement- und Hotelanlagen. Leider ist die einstige Stille der Pissoúri-Bucht nur noch selten zu genießen – jetzt fährt man hier Jetski und bräunt sich nahtlos am FKK-Abschnitt des Strandes ...

Infos und Adressen

SEHENSWÜRDIGKEITEN

Pétra tou Romioú. Ca. 25 km südöstlich von Páfos, unterhalb der Küstenstraße B 6, Parkplatz an der landeinwärts liegenden Seite an einem Infopavillon. Ein Fußgängertunnel führt hinunter zum Meer auf einen 4 km langen Spazierweg um das Felsenkap.

ESSEN UND TRINKEN

Limanaki. Wirt Sam serviert organische Speisen, Indisches und Meeresfrüchte, So Brunch. Di–So 11–23 Uhr, Pissoúri Bucht, am Pier, Tel. 25 22 12 88, www.limanakipissouri.com

Pétra tou Romioú. Einziges Aussichtslokal oberhalb der Felsenküste an der B 6, schön bei Sonnenuntergang, aber überteuert. Tel. 26 43 23 17 und 26 99 90 05.

ÜBERNACHTEN

Columbia Beach Resort Pissouri. Die hübsche First-Class-Anlage schmiegt sich in die Felsen oberhalb der Bucht. Pissoúri Bay, Tel. 25 83 30 00, www.columbia-hotels.com

The Bunch of Grapes Inn. In dem alten Gemäuer wohnt man in elf schlichten Zimmern mit idyllischem Gartenlokal. Ioannou Erotokritou 9, Pissoúri, Tel. 25 22 12 75, www.thebunchofgrapesinn.com

Im Pétra tou Romioú

Oben: Pólis ist einer der Lieblings-Badeorte von deutschen Zypern-Touristen, v. a. von Berlinern.
Unten: Nach dem Abendessen wird es ruhig im Dorf.

5 Pólis

Man spricht Deutsch ...

Der einstige Marktflecken verteilt sich auf einem Hügel mit Blick ins weite wellige Hinterland und aufs Meer. Ein schöner Dorfplatz, ein paar Gassen und traditionell-urige Häuschen, Kafeníons und ein schöner Strand – kurzum: entspannte Atmosphäre mit hohem Chill-Faktor. Wem's langweilig wird, der besucht das hervorragende archäologische Museum und die Ágios Andronikos-Kirche. Abends um zehn allerdings werden die Bürgersteige hochgeklappt ...

Vor 3000 Jahren in der späten Bronzezeit bestand in Pólis vermutlich bereits eine Siedlung der Achäer. Sie wurde in der Antike im 5. Jahrhundert v. Chr. unter dem Namen Márion zum wichtigen Stadtkönigreich und Wirtschaftszentrum – zeitweise unter persischer Herrschaft. Die Region konnte sich so blühend entwickeln, v. a. wegen des hiesigen Kupfervorkommens: Im Hinterland bei Limni lagen die Kupferminen und Kupferbergwerke, die erst in den 1970ern versiegten, und im heutigen Nord-Zypern in der nahen Morfou-Bucht befand sich einer der antiken Verladehäfen. Márion entwickelte sich rasch zum reichen Handelszentrum der klassischen und hellenistischen Zeit mit engen Kontakten nach Athen. Unter den Römern war die Siedlung als Arsinoé (auch Arsinoi) bekannt. Die Byzantiner nannten sie schließlich Pólis tis Chrysochoú – die »Stadt des goldenen Landes« wegen der Kupfernaturschätze. Die Siedlungsspuren liegen noch heute verstreut um das Städtchen – und beim Häuserbau ist es nicht ungewöhnlich, auf das Fundament eines antiken Tempels oder einer Basilika zu stoßen. Man urlaubt sozusagen auf noch immer verborgenen

Ruinen. Auch im dünn besiedelten Hinterland trifft man nicht nur auf Ziegenherden, sondern auch auf einige verlassene Türkendörfer – Geisterstädten gleich – und Ruinen der Neuzeit. An der Küste ostwärts werden Obst und Gemüse in weiten Plantagen angepflanzt, die flussreiche Gegend ist grün und fruchtbar.

Hochburg der deutschen Urlauber

Der durchaus malerische Ort liegt auf einem Hügel oberhalb der lang gestreckten Chrysochoú-Bucht und bietet ein herrliches Panorama über die Küste und das sanft geschwungene Hinterland bis in die Tróodos-Berge und nach Nord-Zypern. Der einst von Rucksacktouristen »entdeckte« Marktflecken mit rund 4000 Einwohnern ist heute ein beliebter touristischer Ort: schöne alte Häuser mit hölzernen Balkonen und restaurierte urige Steingebäude, eine hübsche Fußgängerzone, enge verwinkelte Gassen voller Tavernen und Kafeníons, Souvenirläden, Kunsthandwerk und eine Markthalle. Unübersehbar aber sind auch die Immobilienmakler und die mehr und mehr mit Appartementhäusern verbauten Hänge im Umland. Besonders bei Deutschen ist die Gegend beliebt, insbesondere bei Berlinern, die ein Berliner Reiseunternehmen seit Jahrzehnten hierherbringt.

Das war schon vor mehr als 100 Jahren so, als der deutsche Archäologe Max Ohnefalsch-Richter hier ab den 1880er-Jahren bei Ausgrabungen Funde entdeckt hatte, die heute im kleinen Stadtmuseum ausgestellt sind. Der Antiquitäten- und Kunsthändler suchte im Auftrag seiner Geldgeber und verkaufte die gefundenen Antiquitäten auch an deutsche und britische Museen. Seine Funde im Museum für Vor- und Frühgeschichte in Berlin zählen zu den wichtigsten Sammlungen zypri-

AUTORENTIPP!

STRANDPERLEN ABSEITS DER TOURISTENPFADE

Wer gern verborgene Strandnischen und winzige Nester wie Yiannakis, Pomos und Argaka besucht, braucht nur die Küstenstraße immer weiter gen Nordosten zu fahren. Manch ein Weiler irgendwo im Nirgendwo zwischen der türkischen Enklave Kokkina und Káto Pyrgos ist nicht einmal auf Karten eingezeichnet. Etwa Mansoura in der UN-Pufferzone: ein paar Häuser, ein hinter Dünenhügeln versteckter menschenleerer Sandstrand – und die »Mansoura«-Taverne. Ein einfaches Lokal mit Plastikstühlen am Strand, aber der Blick aufs Meer ist atemberaubend, der »catch of the day« von Wirt Andreas ist frisch und lecker, z. B. die Calamaris und Haifischsteaks sowie Gemüse aus eigenem Anbau.

Mansoura. Nur im Sommer etwa Mitte März–Mitte Okt. Tgl. 10–18 Uhr (ca. 30 km nordöstlich von Pólis, ca. 5 km vor der Grenze), Tel. 26 52 24 93.

Schöne Plätze mit Cafés und Tavernen laden in Pólis zum Verweilen ein.

Oben: Romantisch: Abendstimmung im »Natura Beach Hotel«
Mitte: In Pólis kann man mitten im Städtchen übernachten oder wie hier direkt am Meer.
Unten: Die Ágios Andronikos mit ihrem Tonnengewölbe

scher Altertümer außerhalb Zyperns. Im Márion Arsinóe (Arsinoi) – Archäologischen Museum – erhält man einen anschaulichen Überblick über die fast 3000 Jahre alte Geschichte der Region mit Exponaten aus der vorchristlichen und römischen Zeit sowie Funden aus der Epoche des Kupferabbaus ab dem 10. Jahrhundert und aus einer archaischen Kultstätte bei Peristeries. Kleine Juwele der Zeitgeschichte sind darunter, viele Grabbeigaben, u.a. antiker Schmuck, Terrakottagefäße und -figuren.

Relaxte Badeferien

Die eher unauffällige Ágios Andronikos (auch Andreas-Kirche) ist im Westen in der Nähe des Flusses Chrysochoú im Stadtpark zu finden. Das Gotteshaus aus dem 16. Jahrhundert besitzt ein Tonnengewölbe und wurde während der Osmanenherrschaft zur Moschee umgewandelt, die Fresken mit Kalk übertüncht. Erst vor wenigen Jahren sind die 400-jährigen Wandmalereien wieder freigelegt worden. Sehenswert ist auch die kleine Agía Kyriaki aus dem 18. Jahrhundert, ein paar Schritte entfernt.

Zum Baden zieht es die Urlauber zum schmalen Hausstrand mit Campingplatz, der unter Eukalyptuswäldchen liegt, und kürzlich wurden einige Palmen gepflanzt. Am schönsten ist das sandige Stück östlich des Campingplatzes – der Strand ist jedoch eher steil abfallend und das Meer ungewohnt wild in dieser Ecke.

Infos und Adressen

SEHENSWÜRDIGKEITEN

Ágios Andronikos. Tgl. tagsüber geöffnet. Makariou III. 26, Tel. 26 32 29 55.

Byzantinisches Museum Arsinoi. Im Bischofssitz von Arsinoi zeigt man Ikonen aus dem 13.–19. Jh., Silbergegenstände und Webarbeiten. In Peristerona, Tel. 26 35 25 15.

Márion Arsinóe (Arsinoi) Archäologisches Museum. Mo 8–14 Uhr, Di, Do und Fr 8–15 Uhr, Sa 9–15 Uhr, Ruhetag: So, Mi, Eintritt: ca. 2 €, Makariou III. 26, Tel. 26 32 29 55.

ESSEN UND TRINKEN

Archontariki. Jeden Fr gibt es in der Villa Livemusik mit Tanz. Tgl. 17.30–23 Uhr. Makariou III. 14, Tel. 26 32 13 28, www.archontariki.com.cy

Arsinoe Fish Tavern. »Catch of the day« in unscheinbarem netten Familienlokal, man spricht sogar Deutsch. Tgl. ab 18 Uhr, Griva Digenis 3, Tel. 99 51 69 50.

Hier geht es zum alteingesessenen Finikas-Lokal, seit vielen Jahren bei den Urlaubern beliebt.

Blumenschmuck am »Natura Beach Hotel«

Finikas. Großes Open-Air-Lokal mit internationaler Speisekarte, viele einheimische Gerichte. Tgl. 9–23 Uhr, Griva Digenis, Tel. 26 32 34 03.

Moustakallis. Seit drei Generationen zyprische Kochkunst und Gastfreundschaft, immer voll. Tgl. 10–23 Uhr, Iouliou 9, Tel. 26 32 28 83, www.moustakallis.com

ÜBERNACHTEN

Marion. Das vierstöckige Schnäppchenhotel aus den 1970ern wird familiär geleitet, mit Pool und Balkonzimmern. Mariou 9, Tel. 26 32 14 59, www.marionhotel.com.cy

Natura Beach Hotel & Villas. An Strand/Wiese gelegenes Hotel mit 60 gut ausgestatteten Zimmern, Meer- oder Bergpanorama von Balkon oder Veranda, Pool, Kinderspielplatz. Papanikopoulos Ave., Pólis, Tel. 26 32 31 11, www.natura.com.cy

EINKAUFEN

Kiki's House of Gifts. Geschenkeladen und Boutique mit Schmuck, Flipflops und Handtaschen. Mo–Fr 9–19.30 Uhr, Sa 14–20 Uhr, Makariou III. 1, Tel. 26 32 29 29.

INFORMATION

Tourist Information. Vasileos Stasioikou 2, nahe Dorfplatz, Tel. 26 32 24 68.

Oben: Der Hafen von Latsí zieht viele Urlauber, Tagesausflügler und Hobby-Kapitäne an.
Unten: »Anassa«: Willkommen in der feinen Luxusherberge nahe Latsí.

6 Latsí
Venus am Strand

Das einst verschlafene Fischerdorf hat eine kleine Metamorphose hinter sich: Wo früher nur Fischerkähne vor sich hin dümpelten und am Hafen die Netze ausgebreitet lagen, blinken und blitzen heute die Yachten. Der trubelige Badeort lockt mit tiefblauem Meer am langen Strand, vielen Restaurants und Ausflügen in Motorbooten oder Wanderschuhen. Aber schon der Name klingt verheißungsvoll entspannt – man spricht ihn: Latschi.

Innerhalb eines Jahrzehnts ist der Fischerhafen Latsí (auch Latchí), der früher auch als Verladehafen für Johannisbrotfrüchte diente, zum lebhaften Touristenort mit Yachthafen und Palmen an der Promenade angewachsen. Im Hafen klappern die Segeltaue im Rhythmus der Wellen, Sonnenschirme sprenkeln als blaugelbe Farbtupfer den grauen Strand. Hier an der zyprischen Nordwestküste in der Chrysochoú-Bucht bummelt man von Strandlokal zu Strandlokal. Glasbodenboote warten auf Kundschaft. Beim Spaziergang hat hier wie auch in Páfos der Ruf »Taxi, Taxi?« den freundlichen »Kalimera«-Gruß der Zyprer ersetzt. Der mehrere Kilometer lange und breite Strand lockt beiderseits des Ortes die Sonnenbadenden an. Eine blitzblank gewienerte Chopper blubbert gemächlich die Strandstraße entlang. Sie zieht nur kurz die Blicke auf sich, denn am Strand sonnt sich hier alle paar Meter die moderne Version der Venus – im knappen Top oder Bikini, nicht selten mit leuchtend rötlicher Hauttönung. Die meisten Strandschönheiten stammen aus Großbritannien, die Kneipen zeigen Rugby-TV live – und Fish & Chips sind in aller Munde.

Baden und nasser Spaß, schmausen und wandern

Die Flyer und Infotafeln bieten jede Menge Action und Fun an, egal ob auf dem Wasser oder über der Küste schwebend: Wasserski, Bananenboot, Wakeboarding oder Parasailing – nichts scheint hier unmöglich. Der letzte Schrei sind die Tube Rides – wer's mag wird auf riesigen Luftmatratzen liegend hinter einem Motorboot hergezogen. Auf dem Meer geht es zum Kap Arnaúti und der sagenumwobenen Fontana Amoroza (s. S. 63) oder in die tatsächlich leuchtend »Blaue Lagune« (Chamili Bay). Die Bootskapitäne der Glasbodenboote versprechen bunte Korallen und Meeresfauna – viel zu sehen ist allerdings nicht. Taucher dagegen gleiten durch kleine Tunnel und Höhlen und bekommen Muränen, Tinten- und Skorpionfische, Barrakudas und manchmal sogar Delfine und Meeresschildkröten zu Gesicht. Wer lieber wandert, passiert in der Umgebung Weingärten, Limonenhaine, Olivenbaumplantagen und das eine oder andere seit 1974 verlassene türkische Dorf. Die naturgeschützte Halbinsel Akámas mit ihren populären Wanderstrecken liegt direkt vor der Haustür (s. S. 60 ff.).

Eher passive Urlaubsgenießer setzen sich an die Marina bei Fisch-Mezé und kühlem Bier, Brandy oder Cappuccino und beobachten das Bootstreiben, etwa wenn die letzten Latsí-Fischer am Vormittag mit ihrem Fang vom Törn zurückkehren. Am Abend verwandeln sich die alten Lagerhäuser und Scheunen für Johannisbrotfrüchte in hippe Lokale und Tavernen – und die Bouzouki erklingt. Die Urlauber wohnen zumeist in den Ferienhäusern des leider auch hier zunehmend zersiedelten Hinterlandes. Viele Besucher kommen aber auch als Tagesgäste – in der Saison in regelrechten Buskarawanen ...

Infos und Adressen

ESSEN UND TRINKEN

Nicandros Fish Tavern & Steakhouse. Voller Stammgäste, und das seit Jahren – was nicht nur am Blick auf den Hafen liegt. Tgl. 9–24 Uhr, Marina, Tel. 26 32 11 81, www.nicandros-tavern.com

Porto Latchí. Schönes Strandlokal mit internationaler Kost und frischen Meeresfrüchten. Tgl. 9–24 Uhr, E 713 nahe Marina, Tel. 26 32 15 30, www.portolatchi.com

ÜBERNACHTEN

Anassa. Luxusherberge am privaten Strand im Naturschutzgebiet: üppiger Garten, Suiten mit eigenem Pool, vier Restaurants und Spa. Regenas 40, E 713 (2 km westlich von Latsí), Tel. 26 88 80 00, www.anassa.com.cy

Souli Beach Hotel. 50 supergünstige Balkonzimmer mit WiFi, Pool und Tennisplatz direkt am Meer. E 713 (ca. 400 m westlich vom Hafen Latsí), Tel. 26 32 10 88, www.soulibeachhotel.com

AKTIVITÄTEN

Latsí Watersports Center. Mit der PADI-Tauchschule kann man Tag und Nacht tauchen (auch zum spektakulären Wrack der »Zenobia«, s. S. 118). Marina, Tel. 26 32 20 95, www.latchiwatersportscentre.com

Vor allem Taucher können in Latsí das Unterwasser-Treiben erleben.

Oben: Auf der Akámas-Halbinsel kann man bestens die Küste entlangwandern.
Unten: Schafe suchen in der Mittagshitze Schatten auf der Akámas-Halbinsel.

7 Akámas-Halbinsel mit Néo Chorió

Baden mit Aphrodite

Am Nordwestrand der Insel geht es auf eine mythologische Wanderung – immer auf den Spuren von Aphrodite und Adonis, die sich hier vergnügt haben sollen. Auf ihren Götter-Pfaden stiefelt man vorbei an Schafsherden und Ziegenböcken, Wacholderbüschen und Macchia, Eukalyptusbäumen, Kiefernwäldern und wilden Tulpen bis zur Steilküste und zu einsamen Stränden – stets bei herrlich blauem Panorama in der Chrysochoú-Bucht.

Die wilde bis auf rund 670 Meter ansteigende Halbinsel ist benannt nach dem sagenhaften griechischen Helden Akámas (auch Akamantas): Den Sohn der Phädra und des Theseus, König von Athen, verschlug es nach dem Trojanischen Krieg nach Zypern, wo er Akamantis (auch Akamantida) gründete. Und vielleicht lag seine legendäre Siedlung genau dort, wo heute die Kirchenruine Ágios Konon steht. Oder war es an der Ruine der Ágios Nikólaos oder der Georgious-Ruine? Denn hier wie dort wurden Spuren aus der Römerzeit bis ins Mittelalter gefunden.

Naturschönheiten auf Akámas

Die unbewohnte 17 000 Hektar große Peninsula Akámas, bis vor wenigen Jahren militärisches Sperrgebiet und Schießplatz der Briten, ist mit all ihren Naturschätzen heftig umkämpft – heute von Investoren und Naturschützern. Die Halbinsel steht teils unter Naturschutz, teils ist sie Privatgelände von umtriebigen zyprischen Geschäftsleuten und sogar des Erzbischofs von Páfos. Alle geologischen Formen Zyperns sind hier vertreten: Höhlen, Täler und Schluchten, Bäche, Strände und vorgelagerte Inseln. Hier gedeihen rund 530 Pflanzenarten, darunter Aphrodites Myrtesträucher, Strohblumen und Zistrosen, viele Orchideen, wilde Tulpen und Gladiolen – von November bis April ist die Blütenpracht besonders groß. Man wandert durch Olivenhaine und Kiefernwäldchen, am Wegesrand wachsen Johannisbrot-, Feigen- und Mandelbäume. 168 Vogelarten, zwölf Säugetierarten und 20 Reptilienspezies tummeln sich hier. Die in der Nebensaison oft menschenleere Halbinsel Akámas lässt sich zu Fuß oder mit dem Mountainbike erobern, z. B. auf pfeilmarkierten Schotterpfaden bis auf den 419 Meter hohen Pissoúromoutti, von dem die Augen weit über die Küste und die entfernte Berglandschaft des Tróodos wandern.

Legendäre Liebestümpel

Die meisten Ausflügler zieht es vom Ausflugslokal »Loútra tis Aphrodítis« im Schatten von Zypressen und Eukalyptusbäumen nur etwa 200 Meter weiter zum Bad der Aphrodite (Loútra tis Aphrodítis): den sagenumwobenen Teich, in dem Aphrodite des Öfteren beim Baden überrascht wurde. Unter einem Feigenbaum lernte sie hier ihre Liebhaber kennen, den ebenso schönen Jüngling Adonis, und Akámas, den legendären Königssohn. Zu ihren vielen Liebhabern soll laut Homer auch der Kriegsgott Ares gezählt haben: Als Ares von seinem Nebenbuhler Adonis erfuhr, verwandelte er sich in einen tobenden Eber und tötete Adonis bei dessen Jagdausflug. Aphrodite soll so viele Tränen geweint haben, wie Adonis Blut vergossen hat – sagt die Legende –, und aus dem Blut wuchsen Anemonen oder Adonis-Röschen (*Adonis annua*) und aus den Tränen weiße Rosen. Wie auch immer, heute empfangen den Wanderer hier drei

AUTORENTIPP!

TREKKEN UND SCHNORCHELN

Wer zur Fontana Amoroza gewandert ist, kann sich vom nordwestlichen Ende der Halbinsel mit einem Boot abholen und nach Latsí zurückbringen lassen. Dabei sieht man die weiß leuchtende Kalkstein-Steilküste und die Strände von ihrer schönsten Seite, etwa am goldenen Arnaoútis Beach nahe dem Kap (wo auch das »Acello«-Wrack seit 1980 in 30 Metern Tiefe liegt), um St. Georges Island oder Aphrodites Rock. Beim Schnorcheln im kristallklaren Meer um das Korallenriff in der zauberhaften »Blauen Lagune« – die ihrem Namen in schillernden Türkis- und Blautönen alle Ehre macht – begegnet einem vielleicht sogar eine Meeresschildkröte oder man stößt auf eine wertvolle römische Amphore ... In der Saison wird's voll, dann heißt es ausweichen in die Amphitheater- oder Manolis-Bucht mit Höhlen und Trompetenfischen.

Infos: z. B. Latsí Watersports Center. Latsí, Tel. 26 32 20 95, www.latchiwatersportscentre.com

Auf Schusters Rappen geht es über die Akámas-Halbinsel.

Oben: Akámas bietet herrliche Wanderlandschaften, etwa die Steilküste hoch im Norden.
Mitte: Die Halbinsel lässt sich am besten beim Wandern erobern.
Unten: Einige Ausflugslokale warten auf der Akámas-Halbinsel auf Kundschaft.

eher unscheinbare bemooste Tümpel in einer Grotte mit Quellwasser – wer daraus trinkt, dem sei baldige Verliebtheit sicher! Das Baden ist allerdings verboten ...

Weiter auf den Spuren der Aphrodite

Von hier geht es über einen teils anspruchsvollen Naturlehrpfad namens Aphrodite Trail weiter, bis dieser sich an einer byzantinischen Klosterruine unter einer riesigen Eiche mit dem Adonis Trail zu einem insgesamt 13 Kilometer langen Rundweg vereinigt. Nach einigen Steigungen blickt man unterwegs auf die weite Chrysochoú-Bucht mit Pólis und auf der Westseite auf die lang gestreckte graue Lara-Bucht. Es duftet nach Thymian und Salbei, der Wind wispert durch die Kiefern, Schmetterlinge schwirren um die Nase und fliegende Händler bieten in der Saison frische Orangen und Feigen an.

Weniger frequentiert ist der bis zu fünf Kilometer lange Smigies (auch Smiyies) Trail um den gleichnamigen 415 Meter hohen Hügel, vorbei an Feigen-, Johannisbrotbäumen und Pistazien. Oder

MAL EHRLICH

JEEP-RALLEYS IM NATURSCHUTZGEBIET

Jeeps befahren die Schotterpisten bei Sonntags-»Safaris«, illegale Jagdaktivitäten, Camper und immer mehr Bauten stören die Idylle, und so thront auch ein Luxushotel, das »Anassa«, mitten im Naturschutzgebiet. Weitere sind in Akámas geplant – gegen den Widerstand der Naturschützer! Ob sie siegen werden oder der schnöde Mammon, bleibt fraglich. Wem das nicht gefällt und die Natur am Herzen liegt, verzichtet einfach auf diese Art von Action.

Sehenswürdigkeiten und Wanderungen

INFORMATION

Akámas-Naturschutzgebiet: An der Chrysochoú-Bucht locken von Sonnenaufgang bis Sonnenuntergang fünf Wanderwege mit herrlichen Ausblicken und Sehenswürdigkeiten. Unbedingt früh starten! Forestry Dep. Nikosia, Tel. 22 81 94 66/-68 und Forest Station Stavros tis Psokas, Tel. 26 99 18 50, www.moa.gov.cy/forest

Ausrüstung: Festes Schuhwerk, Sonnenschutz und Wasser.

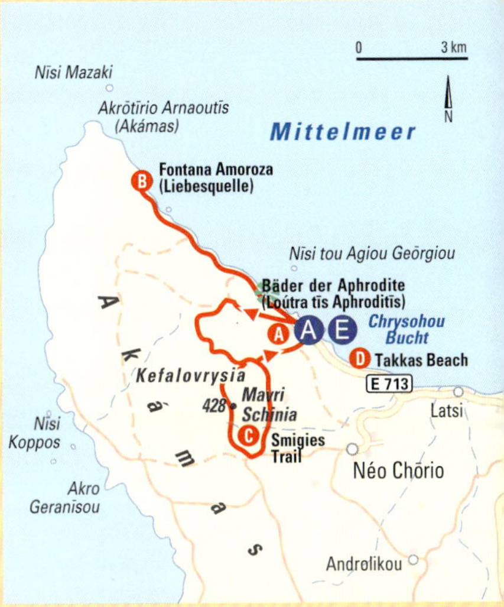

WICHTIGE STATIONEN

Ⓐ **Bad der Aphrodite (Loútra tis Aphrodítis)** – Der kleine Teich, in dem Aphrodite geplanscht haben soll, darf heute nicht mehr zum Baden benutzt werden (ca. 4 km nordwestlich von Latsí, 200 m vom gleichnamigen Restaurant). Hier beginnen die beiden mit Pfeilen markierten und jeweils 7,5 km langen Wanderwege Aphrodite Trail (um den 370 m hohen Moúttis tis Sotíras) und Adonis Trail, die beide als Rundweg miteinander kombiniert werden können (insg. 13 km, 3–4 Std.) Die Trails verheißen wundervolle Küstenblicke! Empfehlung: Am besten wandert man entgegen dem Uhrzeigersinn.

Das Bad der Aphrodite

Ⓑ **Fontana Amoroza (Liebesquelle)** – Küstenweg vom Aphrodite-Bad über kleine Badebuchten zum Kap Arnaoútis, mit einem Betonbrunnen und einer Badestelle (Hinweg: ca. 6 km, 2 Std., weiter bis zum Kap und zurück: insg. ca. 18 km, 5 Std.).

Ⓒ **Smigies Trail** – Start am Picknickplatz mit Kinderspielplatz (ca. 2,5 km von Néo Chorió), es gibt zwei nördlich verlaufende Rundwege um den 415 m hohen Smigies herum (ca. 2,5–5 km, 1–2 Std.). Der dritte Rundweg führt im Süden bis auf den 419 m hohen Pissoúromoutti-Berg (ca. 3 km, 1 Std.), wobei dieser nicht so gut ausgeschildert ist.

Ⓓ **Takkas Beach** – Hinter dem »Anassa Hotel« liegt der schöne kleine Strand mit nettem Ausflugslokal.

AUTORENTIPP!

OASE AN DER KÜSTE

Hier kann man schon mal den Tag vertrödeln – oder sich nach einem Fußmarsch auf den Spuren Aphrodites bei einem kühlen Bier erholen. Zu Füßen liegt die weite Chrysochoú-Bucht, oben thront das »Baths of Aphrodite« am Beginn des Wanderwegs: ein kleines beliebtes Lokal mit anständigen Preisen (unbedingt die Moussaka probieren). Außerhalb der Saison sitzt man hier ruhig und gemütlich bei schönstem Panorama auf der Terrasse. Wer es noch schafft, wagt die 100 Stufen runter zum Beach (und wieder hoch!) – für ein kleines Meeres- und Sonnenbad stehen Schirme und Liegen bereit. Kinder können im flachen Wasser planschen oder auf Eseln reiten. Die Fisch-Taverne ist auch bei Mondschein durchaus stimmungsvoll ...

Baths of Aphrodite. Tgl. 8–24 Uhr, ca. 4 km westlich von Latsí an der Küste, Tel. 26 32 14 57 und 99 65 55 05.

man erobert den Pissoúromoutti-Berg, der den Wanderer mit einem herrlichen 360-Grad-Panorama belohnt. In der Nähe von dem im Sommer mit dichten Rauchschwaden vernebelten, riesigen Smigies-Picknickplatz befindet sich die kleine unscheinbare Ágios Minás-Kapelle: Im Innern des einschiffigen Tonnengewölbes (12. Jahrhundert) glimmen Kerzen und Weihrauch. Man kann einige farbenfrohe Fresken und noch buntere Heiligenposter sowie eine recht schlichte Ikonostase betrachten.

Vom Aphrodite-Bad zieht sich ein fünf Kilometer langer Küstenwanderweg über kleine Badebuchten in Richtung des Kap Arnaoútis zur Fontana Amoroza, der Liebesquelle, die sich als schlichter Betonbrunnen entpuppt. Die zerklüftete Steilküste leuchtet goldfarben in der Sonne und erscheint hier wie aufeinandergestapelte Pfannkuchen. Am Ende der windumtosten Peninsula erhebt sich ein Leuchtturm – und einige Kirchenruinen stemmen sich gegen den Wind.

Mercedes statt Esel

Das idyllische Dorf Néo Chorió am Rand von Akámas befindet sich in herrlicher Lage auf einem Hügel, ideal als Ausgangsbasis für Wanderungen und Badeabstecher an die Strände. Es präsentiert sich hübsch herausgeputzt mit Brunnen und Blumentöpfen und einer großen Kirche, der 1912 erbauten Ágios Minás, entlang einer viel zu engen Hauptstraße – zumindest heutzutage für die vielen Mercedes-Limousinen. Hier investieren wohlhabende Auslands-Zyprer und viele Engländer in die sandsteinfarbenen Landhäuschen und machen daraus *luxury villas*. Gelegentlich läuft dem Fremden noch ein Alter mit Esel über den Weg, aber ansonsten heißt es hier wie so oft auf Zypern: *For sale ...*

Infos und Adressen

ESSEN UND TRINKEN

Kouppas Stone Castle. Chef Andreas serviert in seiner Kaffeehaus-Taverne leckere Hausmannskost. Tgl. 11–23 Uhr, Georgiou Paraskeu 49 A, Néo Chorió, Tel. 26 32 25 26.

Loútra tis Aphrodítis. Das Lokal ist bei Touristengruppen beliebt wegen des schönen Panoramas. Tgl. 9–18 Uhr, nahe Aphrodite-Bad, kein Tel.

Pavlaras. Mit Blick aufs Meer speist man in diesem etwas versteckten zyprischen Lokal, ruhig auf einem Hügel gelegen. Tgl. 11–22 Uhr, Kallitheas 32, Néo Chorió, Tel. 96 71 14 25.

ÜBERNACHTEN

Akámas Health Farm & Spa. Entspannung pur in einer 5-Sterne-Oase, fünf Villen haben eigenen Whirlpool und Sauna (aber auch kleine Mängel). In Droúseia, Latchí Panorama Resort, Tel. 26 33 24 24, www.cyprushealthfarm.com

Aphrodite Beach Hotel. Von einer freundlichen Familie geführtes Strandhaus, 40 ruhige Zimmer, teils mit Meerblick. 500 m vom Akámas-Eingang, Tel. 26 32 10 01, www.aphrodite-beachhotel.com

George & Nitsa's Place. Das moderne zweistöckige Ferienhaus mit Pool und Traumpanorama ist spottbillig zu haben, 5 km zum Beach. In Goudi, Tel. 26 99 60 31 und 97 88 80 39.

Sappho Manor House. Agrotourismus-Studios in einem urig restaurierten Gemäuer von 1912, mit Pool. ca. 10 km zum Strand, April–Okt. In Droúseia (ca. 15 km südlich von Akámas), Tel. 99 60 40 10 und 26 31 50 06, www.agrotourism.com.cy

Tavros Hotel Apartments. Familiäre Anlage abseits des Touristentrubels mit 26 Appartements rund um den Pool. Néo Chorió (ca. 2 km südwestlich von Latsí), Tel. 26 32 24 21, www.tavroshotel.com

Beste Lage mit fantastischem Meerespanorama: das »Aphrodite Beach Hotel«

Oben: Wanderer in der Ávakas-Schlucht.
Unten: Die Kirche von Ineia lohnt einen Besuch auf der Laoná-Hochebene.

8 Ávakas-Schlucht und Laoná-Hochebene

Zyprischer Grand Canyon

Auch auf Zypern kann man noch einen Hauch von Abenteuer erleben. Die Wanderung durch die enge Ávakas-Schlucht verspricht sogar ein bisschen Indiana-Jones-Feeling. Anschließend geht es auf die Laoná-Hochebene durch die Dörfer Droúseia, Ineía und Akourdálaia, wo ein Ausflug in Heimatkunde-Museen, Kafenions und Bauernhäuser jede Menge zyprische Alltagskultur verheißt.

Eine der spektakulärsten Wanderungen auf Zypern führt durch die drei Kilometer lange Ávakas-Schlucht (auch Ávgas) – ein zyprischer Grand Canyon en miniature. Er zerschneidet die Laoná-Hochebene in zwei Teile. Der wunderschöne, aber teils anstrengende Ausflug startet von Osten aus nahe des Dorfes Páno Aródes oder auch von Káto Aródes und verläuft schluchtabwärts.

Im Laufe der Jahrtausende hat das Wasser auf dem Weg hinab zur Küste die Schlucht aus den Felsen gespült. Wasser plätschert und gurgelt, die steilen weißen Kalksteinwände spiegeln sich in dem kleinen Fluss Ávakas wider. Es geht zuerst entlang des (im Sommer meist trockenen) Bachbettes durch das Flusstal bis in die Schlucht, die sich zunächst weit mit Orangenplantagen öffnet und dann immer enger wird. Man wandert vorbei an Kiefern, Zypressen und Eichen, Wacholderbüschen, Farnen und Wildblumen. Im Frühjahr blüht hier die seltene einheimische *Centauria akamandis* mit ihren purpurroten Blüten. Ab und zu flitzt eine Eidechse raschelnd durchs Gebüsch. Ziegenböcke mit geschwungenen Hörnern und Bärtchen schauen von den Felswänden auf die Wanderer herab. Bunte Schmetterlinge und Falken drehen ihre Runden.

Nach einem anfänglich lockeren Spaziergang unter einem Dach von rosa blühenden Oleanderbüschen verengt sich das Tal bald bis auf knapp einen Meter – es scheint, als ob sich die senkrecht abfallenden Wände in 30 Metern Höhe fast berührten. Die Felswände bieten kühlen Schatten, immer wieder glitzert die Sonne stellenweise durch. Aber mit jedem Schritt wird es immer düsterer, und man kann schließlich nur noch über teils sehr glitschige Steine und Felsen zwischen den steilen Wänden weiterkraxeln (ca. 500 Meter). Wer nicht so gut zu Fuß ist oder wem es zu eng wird, dreht einfach um.

Agrotourismus: Aus Ruinen auferstanden

Viele Dörfer Zyperns waren jahrelang vom Verfall bedroht, auch wegen der »ethnisch bereinigten« Geschichte der zerrissenen Mittelmeerinsel: 1974/75 flohen die hier lebenden Türken in den türkisch besetzten Norden und ließen ihre Häuser leer stehend zurück. So war z. B. fast ganz Krítou Téra von türkischen Zyprern bewohnt – die Moschee steht heute noch. Es kamen einige griechisch-zyprische Flüchtlinge nach Téra, ihrerseits vertrieben aus dem Norden ...

In den folgenden Jahrzehnten zog es die Jugend hinaus in die Großstädte oder gleich ins Ausland – zurück blieb nur noch eine Handvoll Alte: in Káthikas, Krítou Téra, Akourdálaia, Droúseia, Ineía, um nur einige Dörfer auf dem Laoná-Plateau zu nennen. Bis das Zauberwort Agrotourismus vor rund 20 Jahren auch diese herrliche Region und eben diese fünf Dörfer auf der Hochebene wieder

AUTORENTIPP!

LECKERE GRILLKOST MIT PANORAMA

Das schöne rustikale Panorama-Ausflugsrestaurant »Viklari« (»The Last Castle«) thront auf dem Laoná-Plateau über der Küste: Der Blick schweift von hier über grüne Pampelmusen- und Zitrusplantagen bis zur Akámas-Halbinsel und aufs tiefblaue Meer. Man speist in dem Open-Air-Lokal ein bisschen wie bei Feuersteins: an massiven Felstischen und unter einem Weinrebendach. Gegessen wird meist, was auf den Tisch kommt, traditionellerweise hier die Grillspeisen, z. B. die Spezialität: das leckere Soúvla mit Schweine- und Hühnerfleisch, riesiger Backkartoffel, Salat und Brot. Zum Fingerlecken!

Viklari – The Last Castle. Nur Mitte Mai–Ende Okt. geöffnet, tgl. 10.30–17 Uhr, Abzweigung ausgeschildert am küstennahen Eingang zur Ávakas-Schlucht, Tel. 26 99 10 88 und 99 48 90 00 (Reservierung an Wochenenden empfohlen).

Oben und Mitte: In der Ávakas-Schlucht trifft der Wanderer auf neugierige vierfüßige Wegbegleiter.
Unten: Abenteuerlich: die Ávakas-Schlucht wird irgenwann immer enger und enger.

zum Leben erweckte. Hier war beispielsweise die Umweltorganisation »Friends of the Earth« aktiv: Die alten maroden Bauernhäuser wurden mithilfe der EU und Privatinvestoren instand gesetzt und dienen mittlerweile als Landpensionen und rustikale Ferienappartements. Und so buhlen die einst verlassenen Dörfer im Hinterland der sonnenverwöhnten Küste heute mit den Strandhotels um die Urlauber.

Bauernhaus mit Pool und Kamin

Wer in den urigen Landhäusern abseits der Touristenströme einige Urlaubstage verbringt, genießt hautnah die zyprischen Traditionen und die Gastfreundschaft – und unterstützt so direkt seine Gastgeber. Die alten Gemäuer sind umgeben von sanften Hügel, Zitronenhainen oder Kirchen. Viele Herbergen sind modern restauriert, etwa mit kleinem Pool, und konnten dennoch ihren ländlich-ursprünglichen Charme bewahren – so kann man hier oft noch (oder wieder) am Kamin sitzen, was vor allem im kühl-feuchten zyprischen Winter eine feine Sache ist. In den Dörfern findet man meist auch einige Souvenirlädchen (mit traditio-

MAL EHRLICH

ABENTEUER À LA ZYPERN

Die Ávakas-Schlucht ist ein echtes zyprisches Abenteuer. Allerdings sollte man einige Hinweise beachten, denn die Warnungen für Steinschlag o. Ä. sind etwas »mediterran-lasch«. Auf keinen Fall darf man bei oder nach Regenfällen hier wandern, da dann die Gefahr von flash floods – plötzlichen Sturzbächen – groß ist. Im Winter kann der Wasserstand zu hoch sein, und die Gefahr von Steinschlag ist ebenfalls größer (wer mit dem Mountainbike hier ist, kann eventuell den Helm gleich aufbehalten ...).

nellem Kunsthandwerk der Dorfbewohner) sowie authentische Tavernen und Kafenions rund um die herausgeputzten Dorfplätze.

Auch das malerisch auf einer 700 Meter hohen Klippe gelegene Droúseia (auch Droushia) hat seinen traditionellen Charakter behalten inklusive der jahrhundertealten Steinhäuser mit hölzernen Türen, Fensterläden und Balkonen entlang der engen Gassen. Von der steilen Anhöhe kann man die gesamte Akámas-Halbinsel sehen und sich ein bisschen kühle Luft um die Nase wehen lassen (der Dorfname heißt so viel wie »kühl«). In einem kleinen Webereimuseum erfährt der Besucher Wissenswertes über die Kunst des Webens und Häkelns, die viele Hausfrauen hier über Jahrhunderte hinweg ausgeübt haben. Nur einen Kilometer weiter im südwestlichen Ineía lohnt sich ein Blick ins bescheidene kleine Korbmuseum mit einigen schönen Variationen der Korbflechterei.

Schnuppern im Kräutergarten

Auch in Akourdálaia hat der Bürgermeister im Unterdorf Káto Akourdálaia ein nettes Volkskundemuseum eröffnet. Im Oberdorf Páno Akourdálaia hat die Dorfgemeinschaft im alten Schulhaus einen kleinen, aber üppigen Garten voller Kräuter und Pflanzen nach dem Vorbild der mittelalterlichen Klöster angelegt: Es duftet nach Lavendel, Rosmarin und Minze. Von den mehr als 40 hier angepflanzten Kräutern sind nur vier nicht auf der Insel beheimatet, sechs findet man nur auf Zypern. Der Besucher erfährt einiges über Rezepte, Öle und medizinische Verwendungsmöglichkeiten, während er durch den aromatischen Garten schlendert. Anschließend kann man die getrockneten Kräuter natürlich im Dorfladen kaufen und eine idyllische Pause bei Salat, Mezédes und einigen Snacks einlegen.

AUTORENTIPP!

LARA BEACH: BRUTGEBIET DER MEERESSCHILDKRÖTEN

Im Süden Zyperns stehen die Grüne Schildkröte und die Unechte Karettschildkröte seit 1971 unter Schutz. Da diese Meeresschildkröten ihre Eier nachts legen, ist der zehn Kilometer lange Lara Beach (auch Toxeftra) auf der Akámas-Halbinsel von Juni bis Mitte August nur bis eine Stunde vor Sonnenuntergang zugänglich. Durch die Drahtgestelle der Tierschützer geschützt, können jedes Jahr mehr als 7000 Schildkrötenbabys nach dem Schlüpfen ins Meer entlassen werden. Auch das Verbot für Schirme, Liegen und Autos sollte man unbedingt beachten. Bis zum Sonnenuntergang kann man im »Lara Beach«-Strandlokal verweilen.

Lara Beach Turtle Project. Nahe der Ávakas-Schlucht, am Ende der dort beginnenden 5 km langen Sandpiste (am besten mit Jeep): zwei Schuppen mit kleiner Foto-Ausstellung und einem Becken (nur Juni–Sept.), www.akti.org.cy/turtles.html

Auch am Lara Beach kann man mit Meeresblick gut speisen.

Oben: Das Korbmuseum im Dorf Ineía gibt einen Einblick in alte Handwerkstraditionen.
Unten: Eine Erholungspause und Shopping bieten sich an im Kräutergarten in Akourdálaia auf der Laoná-Hochebene.

Die »Sterna Winery« liegt zwischen Akourdálaia und Káthikas. Hier bietet man fünf Weine gratis zur Kostprobe an, die in dem angeblich 3000 Jahre alten Kellergewölbe bei 15 bis 16 Grad lagern – allerdings wenig vertrauenerweckend gestapelt, und auch die »Weinprobe« an sich ist wohl für Kenner eher gewöhnungsbedürftig. Interessant in der etwas kitschigen Ausstellung ist der 200 Jahre alte Destillierapparat für Zivanía (Dzivanía-Trester-Schnaps). Ansonsten scheint diese Winery eher am Verkauf ihrer Weinflaschen und Souvenirs interessiert zu sein ...

Das Wasser in der südlich gelegenen Coral Bay, die nicht mehr zur Akámas-Halbinsel gehört, verlockt in tiefstem Marineblau, die Schirme stehen in Reih und Glied. Die Coral Bay wurde lange Zeit als schönste Badebucht von Páfos gerühmt. Doch im Hinterland drängen sich mittlerweile die Ferienhäuser ebenso dicht an dicht wie die Gäste des Luxushotels in dieser Korallenbucht.

Infos und Adressen

SEHENSWÜRDIGKEITEN

Chryseleousa Kräutergarten (Herb Garden). Mo, Mi, Fr, So 10.30–ca.19 Uhr, Eintritt frei, Páno Akourdálaia, Tel: 99 61 67 48.

Korbmuseum (Basket Museum) Ineía. Mo–Fr 11–13 und 16–19 Uhr, Sa 11–13 Uhr, Okt.–Mai Mo–Fr 14–17 Uhr, Eintritt frei, Tel. 26 33 25 62.

Sterna Winery. Tgl. 9.30–18 Uhr, Eintritt frei inkl. Weinprobe, zwischen Káthikas und Káto Akourdálaia, Tel. 99 69 90 82, www.sternawinery.com

Volkskundemuseum (Folk Art Musuem) Akourdálaia. Mo–Fr 9–12 und 15–17 Uhr, Eintritt: ca. 1,50 €, Káto Akourdálaia, Tel. 26 63 20 24.

Webereimuseum Droúseia. Mo–Fr 8–12 und 14–16 Uhr, Sa 8–12 Uhr, Eintritt: ca. 1 €, Droúseia, Tel. 26 33 25 61.

ESSEN UND TRINKEN

Meze Meze (ex Araouzous). In der urigen Taverne ist der Name Programm, es gibt natürlich auch viele andere deftige Grillspeisen. Georgiou Kleanthous 17, Káthikas, Tel. 26 63 20 76, www.mezemezecyprus.com

Yiannis Tavern. Zauberhafte kleine Gaststätte mit Weinrebendach und typisch zyprischen Speisen. Ruhetag: Do, Fr–Mi 10–22 Uhr, Georgiou Kleanthous 11, Káthikas, Tel. 26 63 33 53 und 99 91 40 67.

ÜBERNACHTEN

Ayii Anargyri Natural Healing Spa Resort. Wellness-Boutique-Hotel in altem Kloster mit Schwefelquelle, 150 Zimmern, Bungalows und Pool. In Miliou, Tel. 26 81 40 00, www.aasparesort.com

Azurro Luxury Holiday Villas. Moderne Ferienanlage mit Villen und Appartements, Besitzerin Angela gibt gern Tipps. In Pegeia, nahe Kap Drepano, Tel. 26 62 29 32, www.azzurrohomes.com

Karydhia Cottage. In dem 150 Jahre alten Steinhaus mit drei Zimmern, Kamin und Pool lässt es sich gut aushalten. Páno Aródes, Tel. 99 65 99 28, www.karydhia.synthasite.com

INFORMATION

Tourist Information. Beim Dorf Páno Aródes gibt es ein kleines Infobüro am östlichen Eingang zur Schlucht.

Smalltalk in der Taverne der »Sterna Winery«, in der es auch ein kleines Museum gibt

9 Páno Panagiá
Bei Makários III. zu Hause

Das Heimatdorf von Makários III. liegt in den grünen Hügeln des Tróodos auf 800 Metern Höhe inmitten von Weingärten, Oliven und Walnussbäumen – bis heute ein Wallfahrtsort für viele Zyprer aus der Republik Zypern. Ein kleiner Winzerort mit zwei Museen und einem bekannten Weingut. Die Kiefernwälder in der Umgebung eignen sich hervorragend zum Wandern.

Hier grüßt eine historische Persönlichkeit, das erste Staatsoberhaupt des unabhängigen Zypern: Makários III.

Páno Panagiá (auch Panayiá) ist der Geburtsort des Erzbischofs und späteren ersten Staatsoberhaupts des unabhängigen Zypern: Makários III. (1913–1977), der Ethnarch – Volksfürst –, der Verbannung, Bürgerkrieg und ein halbes Dutzend Mordanschläge überlebt hatte. Das Bergdorf mit rund 500 Einwohnern liegt an den westlichen Hängen des Tróodos, umgeben von Kiefernwald. Eine große Bronzestatue von Makários wacht über den meist verwaisten Dorfplatz und scheint die Besucher mit einem lauten Hallo zu begrüßen.

Dass der große Kirchenmann und Staatsgründer gerade hier geboren wurde, erscheint nicht verwunderlich: Die Gegend ist geradezu übersät mit kleinen und großen, wichtigen und unwichtigen Kirchen, Klöstern und Kapellen zu Ehren der Jungfrau Maria – oder auch des großen Landesvaters. Ganz in der Nähe befinden sich die bedeutenden Kloster Chrysorrogiátissa (s. S. 76 ff.) und Kýkko (s. S. 158 ff.). Politisch und historisch Interessierte können gleich zwei Museen besuchen: Das Geburtshaus kann allerdings nur in Begleitung von offiziellen Führern besichtigt werden. Die Schlüssel und einen solchen Begleiter erhält man beim Makários Cultural Center am Dorfplatz. In diesem

1700 Jahre alt: Kloster Agia Moni

Kulturzentrum wiederum kann man sich erst einmal einstimmen mit Büchern und Porträts, Schwarz-Weiß-Fotos, Gedenkmünzen und Medaillen, Bannern und prächtigen Ornat-Gewändern des Erzbischofs und seiner Familie.

Vom Bauernsohn zum Präsidenten

Die Atmosphäre aus den Kindheitsjahren des späteren Kirchenfürsten, des geistlichen und weltlichen Führers Zyperns, lässt in seinem Geburtshaus ein paar Schritte südlich des Dorfplatzes erspüren: Es handelt sich um zwei sehr einfache Räume in einem Bauernhaus mit schönem Garten. Auf dem festgestampftem Lehmboden steht das Bett in der ärmlich wirkenden Hütte – die noch ärmlicher wirkt, sobald einem klar wird, dass in den 1920ern im hinteren Raum noch die Hühner und Schafe gehalten wurden, vorn lebte die Familie. In der Küchenecke sind einige Gerätschaften und Teller ausgestellt.

Als Sohn eines Bauern am 13. August 1913 in Páno Panagiá geboren, wurde Michális Christó-

AUTORENTIPP!

AUF DEM VOÚNI-TRAIL

Páno Panagiá ist umgeben von einigen vergleichweise hohen Bergen, wie dem Voúni-Profitis-Elias (auch Rogia, 1146 m), Moutti tis Koutsoullas im Nordwesten (842 m), Axylofos im Süden (807 m) und Agios Ioannis im Südwesten (879 m). Der Voúni-Rundweg führt als Feldweg entlang an Weinbergen und Kiefernwäldern zu einigen schönen Aussichtspunkten, etwa gleich südwestlich des Dorfausgangs nach nicht mal einem Kilometer. Der ausgeschilderte Pfad beginnt bei der Kirche am Dorfplatz auf 850 Metern, steigt dann aber rasch und steil an und gipfelt in schönster Weinrebenkulisse nach ca. drei Kilometern auf dem Voúni-Berg bei der kleinen Profitis-Elias-Kapelle (bis hierher ca. 1,5 Std.).

Voúni-Rundweg. Plan hängt neben der Kirche am Dorfplatz, insg. 8,5 km, 2–3 Std., 300 Höhenmeter.

Oben: Hinter dieser unscheinbaren Mauer lebte der erste Staatschef von Zypern als Bauernsohn.
Mitte: Herstellung einer Süßigkeit aus der Region
Unten: Straßenzug in Páno Panagiá

doulou Moúskos zur berühmtesten zyprischen Persönlichkeit – seine steile Karriere rückte ihn auch ins politische Rampenlicht. Nach dem Tod der Mutter schickte der Vater den erst 13-jährigen Jungen als Novizen ins Kýkko-Kloster. Nach seiner Weihe zum Diakon nannte er sich Makários (»der Gepriesene«). Mit nur 37 Jahren wurde er zum Bischof auf Zypern.

Makários III. engagierte sich für die *Enosis*, den Anschluss Zyperns an Griechenland, und für den bewaffneten Unabhängigkeitskampf der EOKA gegen die Briten ab 1955. Dafür verbannten ihn die Kolonialherren auf die Seychellen. Nach seiner Rückkehr aus dem Exil wurde er am 13. Dezember 1959 zum ersten Präsidenten Zyperns gewählt und erreichte im August 1960 die Unabhängigkeit des Landes. Dafür jedoch hatte Makários dem Zypern-Plan zugestimmt, der den Briten auf unbegrenzte Zeit die Hoheitsrechte auf ihren Militärbasen Akrotíri und Dekélia zusicherte. Nach dem mithilfe der Militärdiktatur in Griechenland gegen ihn durchgeführten Putsch floh Makários 1974 nach Großbritannien, woraufhin die Türkei den Norden besetzte. Am 3. August 1977 starb Makários im Alter von fast 64 Jahren an einem Herzinfarkt. Seine letzte Ruhestätte liegt oberhalb des Klosters Kýkko.

In der Kindheit von Makários lebten in Páno Panagiá vorwiegend Bauern, Holzfäller und Schafshirten, heute wirkt das Dorf recht aufgeräumt und wohlhabend. Etwa sechs Kilometer nordwestlich in Richtung Kýkko kann man noch eine alte Farmruine sehen, die ebenfalls der Familie gehörte – hier in der Nähe hatte Makários als Kind die Schafe gehütet. Ein kleines Heimatkundemuseum (Folk Art Museum) in Páno Panagiá stellt einige Töpfe, verschiedene landwirtschaftliche Geräte und Textilien aus.

Infos und Adressen

SEHENSWÜRDIGKEITEN

Makários III.-Museum. Den Hausschlüssel gibt es im Historical and Cultural Center am Dorfplatz (s. u.). Di–So 9–13 und 14–16 Uhr, Eintritt: ca. 1 €, Anexartisias 4.

Makários Cultural Center. Helles zweistöckiges Gebäude am Dorfplatz. Di–So 9–13 und 14–16 Uhr.

ESSEN UND TRINKEN

Die Tavernen am Dorfplatz haben leider keinen guten Ruf ...

Cedar. Das Lokal an der Hauptstraße bietet zyprische Hausmannskost. Makáriou III. 71, Tel. 99 46 45 86.

Vouni Panayia Restaurant. Auf dem Weingut kann man auch sehr gut essen und hat von der Terrasse aus ein tolles Panorama. Tgl. 12–15 Uhr, Makáriou III. 60, Tel. 26 72 27 70 und 99 45 31 38, www.vounipanayiawinery.com

Green Leaf Restaurant. In der netten Taverne von Leonidas und Galisteni wird (fast) alles selbst hergestellt: eigene Weine, eigener Anbau, eigener Kräutergarten. Makáriou III. 88, Tel. 26 72 24 38.

ÜBERNACHTEN

Archontiko tou Meletiou (Meletious Mansion). Ein 200 Jahre altes Anwesen neben dem Makários-Museum mit drei Appartements um einen schattigen Patio. Anexartisias 11, Tel. 99 51 80 00 und 26 23 50 11, www.agrotourism.com.cy

Mouskos House. Hier kann man im ehemaligen Haus von Makários wohnen, in dem er die letzten 43 Jahre lebte – sogar mit einigen Originalmöbeln. Steliou Demokritou 35, Tel. 99 67 80 13, www.agrotourism.com.cy

Oniro Hotel. Recht schlichtes Hotel im Ortszentrum mit Lokal. Makáriou III. 78, Tel. 26 72 24 34.

FESTE

Ostern. Im 5 km westlich gelegenen Dorf Kannaviou findet das Osterfest mit Volksmusik und den traditionellen, ausgefallenen Osterspielen (so z. B. mit Eselswettlauf) statt.

In der »Vouni Panayia Winery« und Restaurant kann man nicht nur gut essen und Wein trinken, auch erläutern einige Gegenstände die Kultur des Weinanbaus.

Oben: Das herrlich in der Berglandschaft gelegene Kloster Chrysorrogiátissa sorgt für Weitblick.
Unten: Blick in den von Ikonen geschmückten Innenraum des Klosters Chrysorrogiátissa

10 Chrysorrogiátissa-Kloster

Zungenbrecher und Augenweide

Ein Highlight nicht nur für Klostergänger – und das im wahrsten Sinne des Wortes: Von hier oben an den Ausläufern des Tróodos-Gebirges kann man bei dem berühmten Kloster Chrysorrogiátissa die Augen herrlich über Gipfel und Täler, über Weinberge und Kiefernwälder rundwandern lassen. So müssen Orte der Erleuchtung aussehen!

In reizvoller Lage auf einem Bergkamm auf 850 Metern erhebt sich das Kloster Chrysorrogiátissa (auch Chryssoroyiatissa), das bereits im Jahr 1152 von dem Eremiten Ignátius gegründet wurde und als eines der schönsten Klöster auf Zypern gilt. Sein schier unaussprechlich wirkender Name bedeutet so viel wie »Unsere Heilige Jungfrau vom Goldenen Granatapfel«, der das Gotteshaus auch gewidmet ist. Die Gebäude wurden im Jahr 1770 errichtet, allerdings zerstörten die Türken während ihrer Herrschaft 1821 das Gotteshaus wieder teilweise, darüber hinaus tat ein Feuer sein Übriges.

Von fleißigen Mönchen, Ikonen und Weinen

Man betritt das Kloster unter einem zierlichen Schindeldach, mit schmückenden Fresken über einer schweren alten Holztür. Von dem grün bewachsenen Innenhof aus, von zweistöckigen Arkaden und Säulengang umgeben (den Klosterzellen), geht es zur Klosterkirche: Auf der von Opfergaben umrahmten Ikonostase aus dem 18. Jahrhundert ist auch die Muttergottes dargestellt. Ein legendenumwobenes Bild, das vom Evangelisten und Apostel Lukas gemalt worden sein soll und von dem sich Kranke, Schiffbrüchige und sogar Verbrecher Hilfe und Wundertätigkeit versprechen. Ein Museum mit Ikonenbildern schließt sich an: Die klösterliche Schatzkammer beherbergt eine bedeutende Ikonensammlung sowie lithurgisches Gerät. In den Werkstätten restaurieren die Mönche die wertvollen historischen Ikonen aus dem ganzen Land – auf Nachfrage kann man sie eventuell besichtigen und den Mönchen über die Schulter schauen. Die Weinkellerei verarbeitet einige der ältesten Rebsorten der Insel, wie Xynisteri, Mavro, Maratheftiko, und kann im Herbst vormittags besichtigt werden. Den preisgekrönten Wein gibt's im Klostershop bzw. in der Klostertaverne, dazu gehören zum Beispiel die beliebten Rotweine Agios Elias und Monte Royia, außerdem werden noch vier weitere Sorten angebaut und gekeltert. Wer im Klosterladen stöbert, kann auch Kerzen, religiöse Heiligenbildchen und Kräuter erwerben.

Rund zwei Kilometer südlich steht das Agía Moní-Kloster, das eng mit den Anfängen des Mönchstums auf Zypern verbunden ist und auf eine lange Geschichte zurückblickt: Bereits um 300 n. Chr. soll es vom hl. Nikólaos und Eftychios als Rückzugsort für Gebete und Meditation gegründet worden sein. Hier wurden bis 1754 eine hochverehrte Reliquie des hl. Nikólaos und ein Stück Schleier der hl. Jungfrau aufbewahrt. Heute hegen die Mönche im Klostergarten ihre Apfelbäume und empfangen Besucher. Hier gilt ebenso wie im Kloster Chryssorogiátissa und anderen religiösen Orten: Bitte unbedingt daran denken, dass es sich um eine Stätte der Andacht und des Glaubens handelt – sodass man die Shorts, Miniröcke und Spaghettiträgershirts am besten im Hotel lässt ...

Infos und Adressen

SEHENSWÜRDIGKEITEN

Agía Moní. Tgl. 10–12.30 und 14–16 Uhr, an der E 606, ca. 5 km südwestlich von Páno Panagiá.

Kloster Chrysorrogiátissa. Mai bis Aug. tgl. 9.30–12.30 und 13.30–18.30 Uhr, Sept. bis April 10–12.30 und 13.30–16 Uhr, an der E 606, ca. 2 km südwestlich von Páno Panagiá, Tel. 26 72 24 57. Bitte keine kurzen Hosen, Trägerhemdchen, Miniröcke tragen!

ESSEN UND TRINKEN

Kloster-Taverne Chrysorrogiátissa. Hier kann man die klösterlichen Weine in Kombination mit dem fantastischen Ausblick genießen, im Sommer hat eine schöne, große Cafeteria geöffnet. Während der Klosteröffnungszeiten (s. o.), Tel. 26 72 24 57.

UNTERKÜNFTE

Liakoto. Appartements in der Nachbarschaft zum Makários-Geburtshaus, rustikal eingerichtet und mit Kamin. Anexartisias 7, Tel. 26 93 55 97, www.agrotourism.com.cy

Palati tou Xylari. Traditionelles Bauernhaus mit altem Holzkern und Deckengebälk, drei restaurierten Studios um einen schönen Innenhof. Demosthenous 6, Tel. 99 43 62 57 und 99 61 46 73, www.cyprusagrotourism.net

FESTE

Mariä Himmelfahrt. Das Klosterfest, das am 15. August gefeiert wird, findet mit einer eindrucksvollen Zeremonie, Volksmusik und Zigtausenden von Pilgern statt.

SÜD-ZYPERN

Vorangehende Doppelseite: Schöne Abendstimmung am Yachthafen von Limassol
Oben: Limassols Hafen spielte in der langen Stadthistorie eine bedeutende Rolle.
Unten: Um die Mittagszeit füllen sich die Lokale in Limassol.

11 Limassol

Mittelalter, Nightclubs und Luxus

Die größte Hafenstadt Zyperns hat wohl auch die größte Restaurantdichte der Insel. Schmausen und klassisches Sightseeing werden in Limassol einfach kombiniert: von der mittelalterlichen Burg in die Taverne, vom Osmanenviertel in den Gourmettempel, von der Markthalle in den Nachtclub. Die Museen, der Karneval und das Weinfest nicht zu vergessen – in Limassol ist immer was los. Ausruhen kann man an den umliegenden Stränden.

Limassol (griechisch: Lemesós, römisch: Nemesos) wurde im 5. Jahrhundert von den Römern unter Theodosios II. gegründet, doch der Aufstieg zum Bischofssitz und zur bedeutenden Handelsstadt begann erst Jahrhunderte später in byzantinischer Zeit. Der englische König Richard Löwenherz (1157 bis 1199) eroberte die Stadt 1191, ebenso wie rund 40 Jahre später Friedrich II. (1194–1250). Ab dem frühen 14. Jahrhundert stand die Hafenstadt unter der Herrschaft der Lusignan-Könige, und die Osmanen zerstörten ab 1570 viele Bauwerke.

Ihren größten wirtschaftlichen Aufschwung erlebte Limassol jedoch, nachdem die Türken 1974 die wichtige Hafenstadt und Touristenmetropole Famagusta an der Ostküste besetzt hatten. Heute steigt rund ein Drittel aller Zypern-Urlauber in den internationalen Luxushotels ab, die sich wie an einer Kette aufgereiht am schmalen (teils aufgeschütteten) Kiesstrandstreifen nach Osten erstrecken. In der zweitgrößten Stadt Zyperns, Industriezentrum und Finanzmetropole zugleich, leben rund 242 000 Einwohner, darunter viele

Russen – Spitzname: Limassolgrad. Viele Araber schätzen die Metropole zum Shoppen und Erholen: Während des Bürgerkriegs fanden Tausende libanesische Flüchtlinge Asyl. Unübersehbar jedoch bleibt der britische Einfluss – und das ist eine (jahrhunderte-)lange Geschichte.

Das britische Erbe

Am Anfang steht eine fast 1000 Jahre alte Legende: Der sagenumwobene König Löwenherz (Richard I.) segelte 1191 auf seinem Dritten Kreuzzug gegen den Sultan Saladin gen Heiliges Land, als ein eher privater Zwischenfall ihn zur Kursänderung nach Zypern zwang. Seine zukünftige Gemahlin, die Prinzessin Berengaria von Navarra, war mit ihrem Segelschiff an der Südküste der Insel gestrandet und von dem hier herrschenden Sultansfreund Isaak Komnenos gefangen genommen worden. Der Kreuzritter eroberte kurzerhand das gesamte Eiland, heiratete im gleichen Jahr in der Burg von Limassol seine Braut und ließ sie zur Königin von England krönen. Wenig später verkaufte er Zypern an die Kreuzritter des Templerordens. Nach diesem kurzen Intermezzo dauerte es ganze 700 Jahre, bis sich die Engländer wieder auf Zypern blicken ließen: 1878 übernahmen sie de facto die Insel von den Osmanen und herrschten bis 1960 über die britische Kronkolonie im Mittelmeer.

Und heute? Die Briten besitzen rund drei Prozent des Inselterritoriums auf unbegrenzte Zeit. Dort gilt britisches Recht, und das nicht nur für die hier lebenden Briten. Die Straßen in den beiden Militärbasen auf der Halbinsel Akrotíri und in Lárnaka tragen englische Namen (Waterloo, Gibraltar ...), auf den Sportplätzen in der Soldatenwohnsiedlung Happy Valley fliegt das Rugby-Ei und die Bußgelder für Verkehrswidrigkeiten sind gesalzen. Die Mehrzahl der Zypern-Touristen sind

AUTORENTIPP!

EIN THALASSA-TAG AUF ZYPERN

Im »Le Spa« hätte sich auch Aphrodite wie neugeboren gefühlt. Das »Méridien Limassol« ist wiederholt zum Strandresort mit dem weltbesten Spa gewählt worden. In der 3000 Quadratmeter großen Spa-Oase ließ sich auch schon Alain Delon in sieben Thalasso-Becken verwöhnen. Ein Tempel des Wohlbefindens, den Ruinen und römischen Bädern von Koúrion nachempfunden: Arkaden und »antike« Mauerreste, plätschernde Kaskaden zwischen Palmen, Zypressen, Bougainvilleen und knorrigen Olivenbäumchen. Thalassa (griechisch: »Meer«) ist die Heilkunde des Meerwassers und seiner belebenden und mineralhaltigen Ingredienzien wie Seetang, Algen, Schlamm, Schlick, Sand und Gischt. Man hat die Qual der Wahl zwischen 130 Anwendungsarten, z. B. Thalasso-Bäder (ab ca. 72 €).

Le Méridien Limassol.
Tel. 25 86 20 00, Tel. in Deutschland 0800/294 40 00,
www.lemeridienlimassol.com

AUTORENTIPP!

VON WEINKELLER ZU WEINKELLER
Limassol ist das Zentrum der zyprischen Weinkelterei und des Exports. In der Nähe des Alten Hafens haben sich die vier größten Weinfirmen Zyperns angesiedelt (ETKO, SODAP, LOEL und KEO) und laden zu Kostproben ihres umfangreichen Sortiments ein. Wie wär's also mit einem Besuch bei KEO, der größten Destillerie, die auch Brandy, Ouzo, Liköre, Sherry und Bier herstellt? Im Anschluss an die Betriebsbesichtigung genießt man bei der Weinprobe die edlen Tropfen aus Zypern: etwa den Commandaria St. John aus der einheimischen Xynisteri-Traube mit süffig-kräftigem Bouquet, oder Aphrodite, einen klassisch-trockenen Weißen, oder den fast schon seidigrunden Heritage aus der Maratheftiko-Traube. Kaufen kann der Weinliebhaber im Anschluss natürlich auch ...

KEO Ltd. Touren in der Regel Mo–Fr 10 Uhr, 1 Franklin Roosevelt Ave., Tel. 25 85 31 00, www.keogroup.com

Die Ritter & Co. im Burgmuseum kann man gut mit Kindern besuchen.

Engländer und fühlen sich auf der Mittelmeerinsel ganz wie zu Hause.

Altstadtbummel: Alt und neu, windschief und modern

Zahlreiche Monumente aus der Antike, aus der byzantinischen und fränkischen Epoche und der Kolonialherrschaft bezeugen die jahrhundertealte Geschichte der Stadt. Hauptattraktion ist die relativ schlichte Burg aus dem 12. bis 14. Jahrhundert, das älteste erhaltene Bauwerk in Limassol mitten im alten »Türkenviertel«: Hier soll König Löwenherz Prinzessin Berengaria geheiratet haben.

Im Museum des Mittelalters, das sich in der Burg befindet, dokumentieren zahlreiche Exponate den damaligen Alltag – von Münzen über Waffen bis zur Olivenpresse im Hof. Man beachte auch die exquisite Keramiksammlung mit Stücken aus dem 13. bis 19. Jahrhundert, z. B. die Teller aus byzantinischer Produktion. Über die Wendeltreppe gelangt man auf das Dach mit herrlichem Rundumpanorama.

Hinter der Burg steht die alte restaurierte Johannisbrotmühle aus dem Jahr 1900. Bis in die 1960er-Jahre war Johannisbrot der Hauptexportartikel der Insel, es wurde zur Produktion von Süßwaren, Medizin und fotografischen Filmen verwendet. In dem einstigen Lagerhaus zeigt die Evagóras-Lanítis-Stiftung abends moderne Ausstellungen, z. B. über Mode, Fotografie oder auch berühmte internationale Persönlichkeiten.

Zwischen Moschee, Hamam und Kathedrale

Das alte osmanische Marktviertel, in dem bis 1974 hauptsächlich die türkische Bevölkerung wohnte,

Stadtrundgang Limassol – Auf den Spuren der Kreuzritter und Osmanen

A **Burg** – Die rund 800 Jahre alte Festung beherbergt das Museum des Mittelalters mit Ritterrüstungen, Waffen und einer Olivenpresse. Mo–Sa 9–17 Uhr, So 10–13 Uhr, Eintritt: 3,50 €, Richardou & Verengarias (beim Alten Hafen), Tel. 25 30 54 19.

B **Johannisbrotmühle (Carob Museum)** – In der restaurierten Mühle (1900) werden das alte Mahlwerk und wechselnde Ausstellungen gezeigt. Di–Fr 9–13 und 17–21 Uhr, Sa–So 14–21 Uhr, Eintritt frei, Vasilissis, Tel. 25 35 39 39, Galerie: Tgl. 18–22 Uhr, Tel. 25 34 21 23, www.lanitisfoundation.org

C **Haus des Hadjiibrahim Agha (Konak Hadjiibrahim Agha)** – Das schöne alte Türken-Haus besetzt eine ganze Ecke (nur von außen zu besichtigen). Ankara (Agkyras) Ecke Eirinis.

D **Agía Nápa** – Die Kathedrale wurde 1903 zu Ehren der hl. Jungfrau Maria erbaut. Tagsüber geöffnet, Agiou Andreou 68, Tel. 25 36 38 06.

E **Markthalle (Dimotiki Agora)** – In der alten Markthalle (1917) gibt es Obst und Gemüse, Süßes und Saures. Tgl. 6–14 Uhr, Georgiou Gennadiou.

F **Cyprus Handicraft Center** – In dem staatlichen Laden mit Werkstatt lässt es sich gut stöbern. Oft wechselnde Öffnungszeiten: Mitte Juni–Mitte Sept. Mo–Fr 7.30–14 und 17–19.30 Uhr, Mi 7.30–14 Uhr, Sa 8–13 Uhr, das restliche Jahr Mo–Fr 7.30–17.30 Uhr, Mi 7.30–14 Uhr, Sa 8–13 Uhr, Themidos 25, Tel. 25 30 51 18.

G **Volkskundemuseum** – Die Ausstellung dokumentiert in sechs Räumen zyprische Volkskunst, z. B. Trachten, Gobelins und Möbel aus dem 19. und frühen 20. Jh. Mo–Fr 8.30–15 Uhr, Eintritt: ca. 2 €, Agiou Andreou 253, Tel. 25 36 23 03.

H **Archäologisches Museum** – Hier sind u.a. 10 000 Jahre altes Steinwerkzeug und Keramiken aus Sotíra und Amathoús zu bewundern. Di–Fr 8–15 und Mi 8–17 Uhr, Sa 9–15 Uhr, Eintritt ca. 2 €, Anatassi Sioukri Ecke Vyronos 5, Tel. 25 30 51 57.

AUTORENTIPP!

GEHEIMTIPP VOM RADPROFI
Zypern ist ein Geheimtipp für alle Rennradler, Mountainbiker und Triathleten. Fast das ganze Jahr über bietet das mediterrane Klima den Radsportlern und Amateuren ideale Bedingungen. Thomas Wegmüller, ehemaliger Radprofi, lebt seit rund 20 Jahren auf Zypern, wo er sich einen Lebenstraum erfüllt hat – die eigene Firma: »bikeCyprus« bietet ein umfassendes Serviceangebot für Rennrad- und Mountainbikefahrer sowie für Triathleten. Die Gruppentouren (4–14 Personen) finden im April/Mai und Oktober/November statt (Mitte Juni bis Mitte September ist es zu heiß). Wegen der perfekt ausgebauten Autobahnen und daher verkehrsarmen Nebenstraßen hält der Schweizer die Mittelmeerinsel sogar für das reinste Radparadies.

Bike Cyprus. Emmanuel Roidis, Limassol, Tel. 25 63 40 93, www.bikecyprus.com

Limassols Schmuckstück ist die Kathedrale Agía Nápa, die 1903 im byzantinischen Stil errichtet wurde.

wurde teils restauriert und konzentriert sich heute rund um die Camii Kebir, die Große Moschee (16. Jahrhundert), und den 700 Jahre alten türkischen Hamam, der nach seiner Restaurierung heute wieder für Männer geöffnet ist.

Entlang der Ankara Street (auch Agkyras) bekommt man einen guten Eindruck der alten Wohnarchitektur mitsamt hölzernen Erkern oder schmiedeeisernen Balkonen. Ein echter Blickfang ist das zweistöckige Eckhaus des Hadjiibrahim Agha mit restaurierter osmanischer Fassade und Läden hinter Arkaden. Kurios: Einst hatte das Haus zwei getrennte Eingänge: einen für die Frauen in der Ankara Street (Harem), den anderen für die Männer in der Eirinis Street (Selamlyk). Die alte Karawanserei (Han) gegenüber dient heute als Shopping-Passage.

Es geht rechter Hand vorbei an der auffälligen orthodoxen Kathedrale von Agía Nápa, die 1903 erbaut wurde und sich heute mitten im trubeligen Einkaufsviertel mit stolzen Türmen und Kuppel im byzantinischen Baustil erhebt. Von der Agiou Andreou biegt man nach links in die Saripolou, teils eine Fußgängerzone, die zur Markthalle führt. In dem 1917 von den Briten erbauten Gebäude beeindrucken die hohen von Säulen getragenen Torbögen-Portale und eine eiserne Deckenkonstruktion. Drinnen herrscht Gewusel zwischen Bergen von Obst, Gemüse und Fisch, sich türmendem Halloumi-Käse, Marmeladen, Kräutern und Nüssen.

Abstecher in die Antike

In einem hochherrschaftlichen Gebäude im griechisch-zyprischen Stadtteil einen halben Kilometer weiter Richtung Nordosten hat das Volkskundemuseum seinen Sitz: In sechs Räumen sind mehr als 500 Ausstellungsstücke zu sehen, besonders fotogen sind die Trachten und Stickereien, alte Bauernmöbel und Webstühle, landwirtschaftliche Geräte und Schmuck. Noch etwa 500 Meter weiter präsentiert das Archäologische Museum seine Sammlung mit Funden aus der Umgebung: im ersten Saal Keramiken, im zweiten v.a. Münzen und Schmuck, im dritten imposante Skulpturen, Kapitelle, Sarkophage und Grabstelen. Für Aphrodite-Fans ist dieses Bezirksmuseum ein Muss, denn auch hier stehen einige weibliche Ton-Idole mit dem Kult der Aphrodite in Verbindung und zeigen die Göttin beim Baden.

Kunst bei Sonnenuntergang

In den vergangenen Jahren gab sich die Stadtverwaltung einige Mühe, die hoffnungslos verbaute Küstenfront (Molos) wenigstens ein bisschen zu verschönern. Auf einer künstlichen Verbreiterung mit von Palmen bestandener Promenade kann man nun parallel zur viel befahrenen Küstenstraße spätestens bei Sonnenuntergang ein wenig Meeresbrise schnuppern, joggen, Eis schlecken und den modernen Skulpturenpark mit 16 teils wirklich »schrägen« Kunstwerken bewundern.

MAL EHRLICH

THE WALL

Limassol ist keine Schönheit. Sie musste viele Flüchtlinge aufnehmen: nach 1974 die Zyprer aus dem türkischen Norden und 1975 zogen viele Araber aus Beirut hierher. Ein Bauboom war die Folge. Die dichte Reihe der Neubauten und Hochhäuser zwischen Altstadt und Meer nennen die Zyprer *The Wall*. Palmen und Bildhauerkunst auf der Uferpromenade machen die alten Bausünden heute etwas erträglicher. Der Alte Hafen harrt noch seiner Verschönerung als touristische Marina – aber bis dahin kann man sich an den alten Kuttern zumindest fotografisch erfreuen …

Oben: Keramiken im Archäologischen Museum
Mitte: Geistlicher in der Kirche Agía Nápa
Unten: Schmiedeeiserne Balkone schmücken die Häuser Limassols.

Infos und Adressen

ESSEN UND TRINKEN

Aliada. Schickes Ambiente in einer Kolonialvilla im Herzen der Stadt, man speist vom internationalen Buffet im romantischen Garten oder im eleganten Speisesaal. Ruhetag: So, Mo–Sa 20–23 Uhr, Eirinis 117, Tel. 25 34 07 58.

Artima Bistro. Italienisch-mediterrane Speisen im alten und jetzt schicken, stilvollen Johannisbrot-Lagerhaus. Tgl. 11–14 und 19–23 Uhr, Vasilissis, Tel. 25 82 04 66, www.carobmill-restaurants.com

Boho Chic. Tapas, Paella, Sangria – wer spanische Kost mag, wird hier lecker speisen, am Wochenende bei kubanischer Musik. Tgl. 15–24 Uhr, Andrea Drousioti 24 (am Grigóri Afxentiou-Platz), Tel. 25 36 42 18.

Columbia Steak House. Perfekte Steaks (und Sushi), gute Weinauswahl, effizient-freundliche Bedienung – aber gehobenes Preisniveau. Tgl. 19–23 Uhr, Agiou Andreou 223, Tel. 25 27 80 00, www.columbiaplaza.com

Ladas Fish Restaurant (Old Harbour). Die alteingesessene urige Fisch-Taverne empfängt seit 50 Jahren mit frischester Kost in einem der alten Lagerhäuser am Alten Hafen. Ruhetag: So, Mo–Sa 12–23 Uhr, Agias Theklis, Tel. 25 36 57 60.

In den Gassen der Altstadt Limassols kann man gemütlich und traditionell speisen, wie hier im »To Ouzadiko«.

The Noodle House. Zur Abwechslung mal zum angesagten Chinesen? Es soll einer der besten auf Zypern sein. Tgl. 11.30–24 Uhr, Agiou Andreou, Tel. 25 82 02 82, www.thenoodlehouse.com

Zen Room. The Place to be (wenn Geld keine Rolle spielt)! Asiatisch angehaucht mit Sushi, Sashimi und Buddha, sophisticated, durchdesignt und teuer. Tgl. 10–1 Uhr, Amathoundos Ave. 194, Tel. 25 02 55 55.

ÜBERNACHTEN

Ajax. Das Stadthotel aus den 1970ern trumpft mit beheiztem Innenpool und anständigen Preisen, 15 Min. Fußweg zum Strand. Georgiou Neophytou Ecke D. Nicolaou, Tel. 25 59 00 00, www.ajaxhotel.com

Curium Palace. Kein Palast, aber das zentrale Hotel bietet Pool, Fitness und Sauna und ordentliche Balkonzimmer. Byron St. 11, Tel. 25 89 11 00, www.curiumpalacehotel.com

Le Village Hotel. Die einfache Herberge ist geeignet für Sparfüchse: 1 km vom Altstadtzentrum, WiFi und freundlicher Service von Andreas und Familie. Leontiou A 242, Tel. 25 36 81 26.

Nikis House. In dem ruhigen rustikal-bäuerlichen Gästehaus fühlt man sich schnell wie zu Hause: fünf Zimmer mit Küchenecke, WiFi, Kamin und kleinem Garten-Patio. Pafsanio 5, im Vorort-Dorf Ágios Athanasios (ca. 4 km nordöstlich der Altstadt), Tel. 99 22 41 04 und 25 72 71 91, www.nikishouse.com

AUSGEHEN

Jazzy B Jazz Club. Einer der wenigen – wenn nicht der! – Jazz Clubs auf Zypern mit exzellenter Livemusik. Tgl. ab 21.30 Uhr, Anexartisias Ecke Athinon, Tel. 99 60 55 02.

(∏=) Pi. Die gemütliche Café-Bar-Lounge nahe der Markthalle bietet 1000 Variationen von leckeren Salaten. Tgl. 11–24 Uhr, Kitiou Kyprianou 27, Tel. 25 34 19 44.

7 Seas. Für die stylishe Disco (Di Latino-Nights) kann man sich ein bisschen in Schale schmeißen

– Flipflops müssen draußen bleiben. Ruhetag: So, Mo, Do, ansonsten ab ca. 24 Uhr, Ágiou Andreou 223 (Columbia Plaza), Tel. 25 27 80 00, www.7seaslive.com

EINKAUFEN

Die Shopping-Meile liegt rund um die Anexartisias und die Fußgängerzone in der Agiou Andreou: jede Menge Angebote an Lederwaren, Spitze, Souvenirs u.v.m. Die wichtigste Einkaufsstraße mit vielen (teuren) Boutiquen ist die Makárious III.

FESTE

Anthestiria. Die farbenprächtige Parade zum Blumenfest zieht an einem Maisonntag durch die Straßen.

Cyprus Film Days. Filmenthusiasten zieht es im April alljährlich nach Limassol, wo sich eine ganze Woche lang alles um unabhängige Filmproduktionen aus aller Welt dreht, mit Diskussionen und Lesungen – einen Preis gibt es am Ende des Wettbewerbs natürlich auch. www.cyprusfilmdays.org

Forest Park Rally. Für alle Fans von Oldtimern: Ende November rollt die Prozession der *classic cars* von der mittelalterlichen Burg über kurvenreiche Landstraßen bis in die Berge nach Platres. www.okak.org.cy

Karneval (Apokria). Alljährlich zehn Tage lang buntes Treiben im Februar oder März, wenn selbsternannte Poeten, Straßenmusikanten, Schauspieler und die Karnevalsprinzen bei einem Umzug mit figurengeschmückten Wagen die Zuschauer belustigen.

Limassol-Fest. Das Stadtfest wird den ganzen August in der Burg gefeiert mit Folklore, Tanz, Musik und Kunsthandwerksmarkt.

Weinfest. Jedes Jahr im September kann man eine Woche lang bei Volksmusik Wein genießen oder Trauben barfuß stampfen – und das fast gratis!

INFORMATION

Tourist Information (CTO). Mo–Fr 8.15–14.30 und 15–18.15 Uhr, Nov.–März nur bis 17.45 Uhr, Mi 8.15–14.30 Uhr, Sa 8.15–13.30 Uhr, Ágiou Andreou 142 (Fußgängerzone), Tel. 25 36 27 56, sowie am Hafen, Tel. 25 57 18 68. Jeden Mo 10 Uhr kostenlose zweistündige Stadtrundgänge ab dem erstgenannten CTO-Büro.

Shop till you drop – Limassol

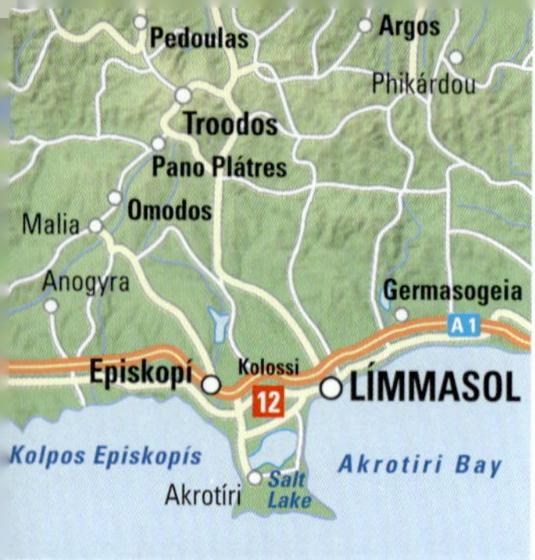

Oben: Der Kolóssi-Wehrturm war Sitz des Johanniterordens im 14. Jahrhundert.
Unten: Ein Gläschen Roter, hier genießt man ihn im Weinmuseum in Erími.

12 Kolóssi
Von Rittern und Weinen

Die berühmte Johanniterfestung ist ein mittelalterliches Prachtstück, auch wenn nur der Wehrturm erhalten blieb. Hier, wo man Wendeltreppen erklimmen kann, ist es ein Leichtes, sich in alte Ritterzeiten zurückzuversetzen, und ganz nebenher erfährt man Wissenswertes zum jahrhundertealten Commandaría-Wein. Denn die Johanniter waren auch als Winzer tätig und legten den Grundstein für die heutige Weinkultur Zyperns.

Schon 1210 hatte König Hugo I. (1195–1218) den Johannitern fruchtbare Ländereien um Kolóssi geschenkt. Die nahe dem Meer gelegene Johanniterfestung Kolóssi entstand in ihrer jetzigen Gestalt 1454 auf den Grundmauern des Vorgängerbaus aus dem 13. Jahrhundert. Der Johanniterhauptsitz wurde schließlich von Zypern erst nach Rhodos und später nach Malta verlegt – die auf Zypern verbliebene Ordenstruppe hieß Commandaría, Kolóssi war ab nun Sitz der Komtur des Johanniterordens.

Mittelalterliche Weinproduzenten

Was kaum jemand weiß: Die kleine Insel Zypern ist eine der ältesten kommerziellen Weinproduzenten der Welt. Und daran hatten die Johanniter einen großen Anteil. Schon in der Antike war der Likörwein »Commandaría« (auch Koumandaria) bekannt – damals noch unter dem Namen »Nama«. Doch erst mit den Johanniterrittern, die 1291 vor den in ihren Augen ungläubigen Türken aus dem Heiligen Land nach Zypern geflohen waren, erhielt

4000 Jahre Wein-Geschichte im Cyprus Wine Museum

er seinen bis heute gültigen Namen. Die Ritter widmeten sich nicht nur karitativen Diensten, sondern legten auch weite Weinfelder in der Umgebung ihrer Festung Kolóssi an und machten sich als erfolgreiche Winzer einen Namen: Sie kelterten und exportierten von hier aus den süßen Wein namens Vin de Commanderie. Der Ordenswein, immerhin mit 16 Vol.-%-Alkoholgehalt, fand auch Verwendung als medizinisches Heilmittel in den Ordenshospitälern.

Die Kreuzritter nahmen ihre Weinstöcke schließlich aus Zypern auch mit in den Rest Europas, und so stammen viele weltberühmte Weine von diesen Reben ab: z. B. ab dem 14./15. Jahrhundert der Madeira-Wein, der sizilianische Marsala und sogar Champagner soll Trauben zum Ursprung gehabt haben, die einst auf dem zyprischen Olympos wuchsen ... Wie auch immer, der Name des zyprischen Rotweins hielt sich 800 Jahre: Heute ist der Dessertwein »Commandaría« einer der ältesten namentlich bekannten Weine weltweit.

Zucker fürs Abendland

Eine wichtige Rolle spielte der Orden auch als einziger mittelalterlicher Zuckerproduzent der christlichen Welt – deren letzter Außenposten ab Mitte des 15. Jahrhunderts Zypern war. Die süße Luxusware war von den Arabern rund 800 Jahre zuvor mit ersten Zuckerrohrpflanzungen auf Zypern ein-

AUTORENTIPP!

WEINPAUSE IM MUSEUM

Ein privates Museum gibt Einblicke in die jahrtausendealte Kunst des Weinanbaus. Anastasia Guy, Musikerin und Komponistin, verwandelte das 150 Jahre alte Gemäuer, das an der alten »Ritterstraße« nach Kolóssi und der Weinroute liegt, in ein ebenso originelles wie interessantes Weinmuseum. Die Künstlerin hat hier bis zu 4000 Jahre alte Krüge zusammengetragen, Vasen, mittelalterliche Trinkgefäße (die für die Damen waren übrigens nur bis zur Hälfte befüllbar ...), Urkunden sowie landwirtschaftliche Gerätschaften und eine alte Weinpresse. Die Exponate demonstrieren, wie früher Wein hergestellt, gelagert und genossen wurde. Eine sehr anschauliche Ausstellung mit vielen, teils alten Fotos, einem informativen Videofilm und – nicht zu vergessen! – anschließender leckerer Verköstigung.

Cyprus Wine Museum. Tgl. 9–17 Uhr, Eintritt: 5 €, Paphou 42, Erími (ca. 12 km westlich von Limassol, ca. 1 km nordwestlich von Kolóssi), Tel. 25 87 38 08, www.cypruswinemuseum.com

Oben: Blütenpracht allerorten, auch beim Weinmuseum in Erími
Unten: Die Säle in der Johanniter-Festung sind meist leer.

geführt worden. Kolóssi und Koúklia (s. S. 46 ff.) waren die großen Zuckerzentren, von hier bezog das gesamte Abendland das »weiße Gold« bis ins 16. Jahrhundert. Neben der Burg sieht man noch heute die Ruine einer kleinen Zuckermühle.

Treppauf, treppab durch die Burg

Von der einstigen wehrhaften Burg selbst blieb nur der quadratische Hauptturm erhalten, und so ist die Burg relativ schnell besichtigt: Dort, wo einst die Zugbrücke war, führt eine Steintreppe ins erste Geschoss des zweistöckigen Wehrturms. Hoch über dem Eingang kann man noch die schön verzierte Pechnase erkennen: Von diesem Vorbau am Dach schüttete man den Eindringlingen heißes Pech über die Häupter. Man beachte das steinerne viergeteilte Wappen der Lusignans an der Ostmauer: Unter einer Krone sind die Hoheitszeichen der Königreiche Jerusalem und Zypern zu sehen sowie das Emblem der Familie Lusignan und Kleinarmeniens.

Im Innern ist das Bauwerk gut erhalten mit Lagerräumen (1. Stock) und Wohnräumen (2. Stock): Die gewölbten Säle sind relativ schlicht und meist leer, bis auf die Fensteröffnungen und die Kaminsimse. Trotzdem könnte man sich hier fast vorstellen, einem Burgfräulein oder Ritter zu begegnen, und der Aufstieg über die Wendeltreppe nach oben lohnt allein schon wegen des Rundblicks aus 23 Metern Höhe vom zinnenbewehrten Dach (mit Bogenschützen-Nischen). Vorsicht: Kopf und Bauch einziehen, es wird eng im urigen Treppengewölbe! Von oben lassen sich auch die Ruinen eines Aquädukts am besten betrachten, des Brunnens und der kleinen tonnengewölbten Rohrzuckerfabrik aus dem Mittelalter (im Osten, 14. Jahrhundert).

Infos und Adressen

SEHENSWÜRDIGKEITEN

Kolóssi. Tgl. 8–18 Uhr, Juni–Aug. 8–19.30 Uhr, Nov.–März 8–17 Uhr, Eintritt: ca. 2 €, Audioguides, 14 km westlich von Limassol, Tel. 25 93 49 07.

ESSEN UND TRINKEN

Aphrodite Restaurant. Hübsches, preiswertes Familienlokal mit libanesisch-britischen Speisen. Gallias 94, Erími, Tel. 25 93 27 24 und 99 09 17 50.

Ouzeraki Taverna. Nettes kleines Open-Air-Lokal auf der Hauptstraße mit Mezédes u. a. Klassikern. Tgl. 18–23 Uhr, Nicou Georgiou 10, Erími, Tel. 99 02 03 32.

The Buccaneer. Das typisch britische Restaurant & Pub bietet Snacks, Grillspeisen und jeden Fr Karaoke. Tgl. 9–23 Uhr, Erími (ca. 1 km nordwestlich von Kolóssi), Tel. 25 93 27 94, www.thebucc.com

ÜBERNACHTEN

Club Aphrodite. Mit schönem Garten, Pool und Balkonzimmern punktet dieses Appartementhotel für Selbstversorger, aber es gibt auch ein eigenes Lokal. Gallias 94, Erími Gardens (2 km nordwestlich von Kolóssi), Tel. 25 93 27 24 und 99 09 17 50.

EINKAUFEN

Fasouri Flohmarkt. Von Möbeln über Kleidung und Schmuck bis Videos, echt antik, unecht oder Kitsch – hier kann man drinnen und draußen stöbern. Sa und So 9–19 Uhr, in Asomatos (nahe Fasouri Waterpark), Tel. 77 77 88 28.

AKTIVITÄTEN

Baden. Die Strände in Limassol zählen sicherlich nicht zu den verlockendsten: Zum Baden eignet sich der 3 km lange Lady's Mile Beach auf der Akrotíri-Halbinsel (5 km südöstlich).

Fasouri Waterpark. Riesenrutschen, Massagecenter, Tattoos u. v. m. 1. Juni–31. Aug. 10–18 Uhr, sonst 1. Mai–31. Okt. 10–17 Uhr, Eintritt: Erw. 29 €, Kids (ab 11 J.) 16 € (!), ca. 4 km südwestlich vom Zentrum Limassols an der E 602 (3 km südöstlich von Kolóssi), Tel. 25 71 42 35, www.fasouri-watermania.com

Typisch british: »The Bucaneer Pub« in Erími

Oben: Die Ruinenstätten von Koúrion sind wirklich sehenswert, hier der Apollon-Hylates-Tempel.
Unten: Der Besuch im Koúrion-Museum wird vor dem Ruinen-Rundgang empfohlen.

13 Koúrion und Umgebung

Antikes Clubbing, Saunen und Fitness

Wer wissen will, wie die alten Römer in ihren Clubs schwoften und debattierten, im Stadion Spitzensportler anfeuerten, in der Sauna schwitzten und sich im Theater amüsierten, der muss nach Koúrion. In den Siedlungsresten des Stadtkönigreichs wandelt man auf den fast 2000 Jahre alten Spuren der Römer, etwa in der Villa des Eustólios oder im Apollon-Hylates-Heiligtum.

Die weitläufigen Siedlungsreste des römischen Koúrion (lat. Curium) befinden sich in spektakulärer Lage auf einem steil abbrechenden Hochplateau am Meer. Es zählt zu den eindrucksvollsten archäologischen Fundstätten auf Zypern. Schon vor rund 3000 Jahren wurde der Ort erwähnt, vermutlich war er damals eine Siedlung der griechischen Achäer, in der Folge herrschten hier Assyrer und Perser. Seine Blütezeit hatte das Stadtkönigreich Koúrion ab dem 5. Jahrhundert v. Chr. bis in die römische Epoche hinein, im 4. nachchristlichen Jahrhundert. Die meisten heute noch erhaltenen Bauwerke und Ruinen stammen aus dem 2. bis 5. Jahrhundert. Die römische Siedlung wird in verschiedenen historischen Schriften als *Curium* beschrieben, bis sie von den arabischen Sarazenen im 7. Jahrhundert zerstört und schließlich aufgegeben wurde.

Die rund 1600 Jahre alten Grundmauern der Patriziervillen zeugen mit ihren Mosaiken und römischen Bädern vom Reichtum der Römer. Herausragend sind v.a. die Villa des Eustólios (mit Thermen und Mosaiken aus dem 4./5. Jahrhundert), das antike und vollständig restaurierte Theater (2. Jahrhundert), die Reste einer frühchristlichen Basilika (4./5. Jahrhundert) und das Haus der Gladiatoren (mit Bodenmosaiken aus dem 3./4. Jahrhundert). Ein paar Kilometer westlich und außerhalb des Ruinengeländes befinden sich das Stadion (2. Jahrhundert) für einst 6000 Zuschauer und der Apollon-Hylates-Tempel. Zum besseren Verständnis empfiehlt sich zuvor oder im Anschluss ein Besuch im vier Kilometer entfernten Dorf Episkopí mit seinem sehenswerten Koúrion-Museum: Hier vervollständigt sich das Bild mit den Funden aus den umliegenden Ruinenstätten, etwa Keramiken, Schmuck aus der mykenischen Periode und Votivopfer-Statuen aus dem Apollon-Hylates-Tempel sowie dem berühmten Skelett aus dem Erdbebenhaus von Koúrion (s. S. 95).

Römische Schatztruhe

Allerdings lässt der Umgang mit Geschichte zu wünschen übrig, bis in die jüngere Vergangenheit: Der US-amerikanische Konsul aus Lárnaka, Luigi Palma di Cesnola, soll hier um 1873 erstmals als Schatzgräber zugange gewesen sein – oder eher als Schatzräuber, denn der Hobby-Archäologe soll ohne jegliche Genehmigung kistenweise Gold, Silber und Bronze, Statuen und unschätzbar wertvolle antike Altertümer geplündert, in die USA verschifft und weltweit verkauft haben, z.B. nach Athen, Berlin und an das Metropolitan Museum of Art in New York, dessen erster Direktor er bis zu seinem Tod war.

Theater und Villen

Der Rundgang über das beschilderte Gelände beginnt mit dem Theater aus dem 2. Jahrhundert,

AUTORENTIPP!

IM OLIVENHAUS

Nahe dem Dorf Anógyra haben Lina und Andreas Ellinas ein liebevoll gestaltetes Museum aufgebaut mit Olivenmühle und -presse, lebensgroßen Puppen und lauter Gerätschaften aus der langen Geschichte der Olivenölproduktion – vom Auspressen mit hölzernen Schuhen bis hin zu modernen Mitteln. Die beiden betreiben außerdem eine ökologische, hochmoderne Olivenmühle – die erste im Lande – die Mitte Oktober bis Februar in Betrieb ist. Im kleinen Laden kann man Oliven verköstigen und auch *virgines*, biologisches Olivenöl reinster Qualität, Olivenpaste und Seife aus dem »flüssigen Gold« sowie Kräuter und Essig erstehen.

Oleastro – Haus der Olive. Tgl. 10–19 Uhr (an Feiertagen geschlossen), Eintritt: Erw. 3 €, Kinder 2 €, Anógyra (ca. 20 km nordwestlich von Koúrion), Tel. 99 56 57 58/-68, www.oleastro.com.cy

Das Meer bei Koúrion

Oben: Villa des Eustólios: Wunderschön erhaltene Mosaike aus dem 5. Jahrhundert
Unten: Das Stadion von Koúrion ist das einzige antike Stadion von Zypern.

das sich gleich am Eingang erhebt. Archäologen hatten das im 4. Jahrhundert bei einem Erdbeben zerstörte Bauwerk ab 1961 ausgegraben und so perfekt nachgebaut, dass hier nun wieder antike Stücke gespielt und Konzerte gegeben werden, in der Vergangenheit z. B. von Nana Mouskouri oder Lena Valaitis. Die halbrunde Cavea fasste einst 3500 Zuschauer, die ihre Sitzplätze damals von hinten durch Korridore erreichen konnten. Vor jeder Aufführung soll es ein Ziegenbock-Opfer für die Götter gegeben haben.

Rechter Hand liegt die Villa des Eustólios, das Patrizierhaus eines reichen christlichen Römers. Wie auf einer modernen Fußmatte steht hier ein Willkommensspruch, der frei übersetzt lautet: »Tritt ein, bring Glück herein.« Hier kann man noch die herrlichen Mosaikböden aus dem 5. Jahrhundert bestaunen. Es sind v. a. geometrische und florale Motive deutlich zu erkennen, wie Vögel, Rebhühner und Fasane (die das Paradies symbolisieren) sowie Fische (ein frühes Christussymbol) und ein wunderschönes und architektonisch bedeutsames Bild: Die Ktisis (sie versinnbildlicht die Schöpfung und Baukunst) hält einen Maßstab in der Hand,

MAL EHRLICH

AUGEN ZU UND DURCH!

Wie schön, wie malerisch. Ein Foto nach dem anderen schießt man in den Kirchen und Bilderbuchdörfern Zyperns. Doch kaum ist der Ausgang des Dorfes passiert – wieder ein Schrottplatz, auf dem sich Fernseher, Kühlschränke, Klobrillen, Autobatterien, ja, ganze Autowracks und Wendeltreppen stapeln. Ob am einsamen »Natur«-Strand, Picknickplatz oder in den Naturschutzgebieten – nicht selten lauert eine wilde Müllkippe. Die (deutschen) Ansprüche an picobello aufgeräumte Landschaften und Mülltrennung sollte man also lieber zu Hause lassen!

ein sogenanntes Fußmaß. Die einst 30 Zimmer um den Innenhof sind vermutlich in frühchristlicher Zeit in ein öffentliches Clubhaus mit Thermen umgewandelt worden: ein Badebereich mit wohlig-warmem Thepidarium – hier sieht man noch die Reste von antiken Heizungsschächten, denen moderne Fußbodenheizungen bis heute nachempfunden sind.

Romeo und Julia aus Koúrion

Doch Reichtum, Glück und Drama liegen oft nah beieinander, wie man an zwei ganz besonderen Zeitzeugen sehen kann: Romeo und Julia von Koúrion. So nennen die Wissenschaftler das Paar, das bei dem verheerenden Erdbeben am 21. Juli 365 ums Leben kam. Ihr vom Erdbeben zerstörtes Haus liegt im Verlauf des Weges links hinter dem Theater. In den frühen Morgenstunden, so berichtete der Historiker Ammianus Marcellinus, bebte die Erde und überraschte die Bewohner Koúrions im Schlaf. Als das Dach und die schweren Steinblöcke der Wände zusammenstürzten, versuchte der Hausherr, seine Frau und sein kleines Kind zu retten, indem er sich schützend über sie warf. Aber es war vergeblich. Ihr Leben wurde innerhalb eines Wimpernschlages ausgelöscht, und dieser letzte Augenblick im Dasein der kleinen römischen Familie ist festgehalten im Archäologischen Museum von Episkopí (ca. zwei Kilometer östlich von Koúrion): in den verschlungenen Skeletten, die den Betrachter unwillkürlich in jene ferne Zeit versetzen.

Wunderschöne Mosaiken

Das frühere Römische Forum (mit Agora-Marktplatz und Nymphäum, einem Wasserspeicher) erkennt der Besucher an den einzelnen freistehenden Säulen – man beachte die fein gemeißelten

AUTORENTIPP!

KOÚRION HOCH ZU ROSS

Der familiäre Reiterhof für Jung und Alt. Hier kann jeder reiten lernen, ob Dressur- und Sprungtechniken, ob am Strand oder im Parcours. Wer hierherkommt, kann natürlich auch einfach nur zuschauen, Ponys streicheln, und süße Fohlen gibt es auch. Kinder, die noch nie auf einem Pferd saßen, bekommen den gemütlichen Jack, den nichts aus der Ruhe bringt. Aber auch Batman, Stella und Pocahontas warten auf Reitenthusiasten und Pferdeliebhaber. Die Touren dauern ein bis drei Stunden und werden von englischsprachigen Lehrern geleitet.

Curium Equestrian Center. Ruhetag: Mo, Di–So 8–18.30 Uhr, Reitunterricht nur nach telefonischer Vereinbarung (ab 4 Jahre), Tel. 99 76 72 18 (Marie) und 99 56 42 32 (Angelos), Koúrion Beach Road (B 6, gleich neben den Ruinen), Episkopí, www.curiumriding.com

Oben: Im Lokal »Koúrion Beach«: Sonne, Kaffee und Meeres-Panorama
Mitte: Das Römische Forum und die Agora, der Marktplatz, waren einst voller Römer.
Unten: Im Koúrion-Museum sind antike Statuen zu bewundern.

korinthischen Kapitelle. Früher wandelten die Römer hier durch den Stoa-Wandelgang. Gegenüber am linken Wegesrand sind die Grundmauern einer monumentalen, wahrscheinlich dreischiffigen Basilika (5. Jahrhundert) erhalten, die wohl als Bischofskirche mit Taufkapelle gedient hat – von hier aus hat man einen herrlichen Blick auf den Koúrion-Strand. Weiter geht es zum Haus der Gladiatoren, das seinen Namen von den beiden herausragend schönen Mosaiken bekam: Man sieht darauf deutlich einen erregten römischen Kämpfer namens Lytras mit Helm, gebogenem Dolch und Schild – so plastisch und fantastisch, als würde er gleich aus dem Bild herausspringen. Der Herr neben Lytras im weißen Gewand ist ein Schiedsrichter, so vermuten die Wissenschaftler, der Kontrahent zur Rechten ist leider nicht mehr zu sehen.

Zu Ehren der Götter

Etwa ein Kilometer westlich liegen die Grundmauern des fast 200 Meter langen Koúrion-Stadions (2. Jahrhundert), das einzige antike Stadion auf Zypern. 6000 Besucher sollen hier einst den Wettkämpfen beigewohnt haben, wahrscheinlich bei Ballspielen und beim Fünfkampf. Noch einmal zwei Kilometer weiter westlich sieht man die Überreste eines Tempels aus dem 1. Jahrhundert zu Ehren des Apollon Hylates, des griechischen Gottes und Beschützers von Wäldern und Tieren. Der Apollon-Kult wurde vom 8. Jahrhundert v. Chr. bis zum 4. Jahrhundert n. Chr. ausgeübt. Von dem einstigen Heiligtum mit Pilgersaal, Thermen und Palästra (Sportplatz) sind einige hervorragend rekonstruierte Tempelreste erhalten – mitsamt imposanter Säulenfront und Portikus, Opferaltar und Zisterne –, sodass man sich ein sehr gutes Bild machen kann von dem Treiben vor Ort vor rund 2000 Jahren.

Infos und Adressen

Das »Old Stables Restaurant« bei Episkopí wartet auf hungrige Gäste.

SEHENSWÜRDIGKEITEN

Apollon-Hylates-Heiligtum. Nov.–März tgl. 8–17 Uhr, Juni–Aug. 8–19.30 Uhr, April/Mai und Sept./Okt. 8–18 Uhr, Eintritt: ca. 2 €, an der B 6, ca. 2 km westlich von Koúrion, Tel. 25 99 10 49.

Koúrion-Ausgrabungsstätte. Öffnungszeiten s. Apollon-Hylates-Heiligtum, Eintritt: ca. 2 € (Dauer ca. 2–4 Std.), Audioguides, an der B 6, 19 km westlich von Limassol, Tel. 25 93 42 50.

Koúrion-Museum. Mo–Fr 8–15 und Mi 8–17 Uhr, Eintritt: 2 €, Episkopí (ca. 2 km östlich von Koúrion), Tel. 25 93 24 53.

ESSEN UND TRINKEN

Cava. Das beliebte Lokal serviert auf der schönen Terrasse zyprisch-internationale Kost in familiärer Atmosphäre. Tgl. 12–23 Uhr, Nicou Georgiou 88, Episkopí, Tel. 25 93 21 97 und 99 47 88 51.

Episkopí Village Inn. Alteingesessen und schön zu speisen: Man sitzt im malerischen Hof oder gemütlich am Kamin.
Mo–Sa 18–22 Uhr, Makariou III. 28, Episkopí, Tel. 25 93 27 51.

Old Stables Restaurant. Ob Moussaka oder butterweiches Kleftiko-Lamm – Andreas und seine Frau kochen leckere Hausmannskost. Mo–Sa 18–22 Uhr, an der B 6, Episkopí, Tel. 25 93 55 68.

Koúrion Beach. Das Fischlokal ist eines von mehreren Strandlokalen unterhalb der Ruinenstätte. Tgl. 10–ca. 20 Uhr, Episkopí, Tel. 99 65 27 81.

ÜBERNACHTEN

Antony's Garden House. Ruhige alte Landhaus-Pension mit sechs Appartements um einen Pool im Zitronengarten, eigenes Lokal. Makariou III. 30, Tel. 25 93 25 02, www.antonisgardens.com

Nicolas & Marias Cottage. Appartements in einem hübschen Dorf und 300 Jahre alten Landhaus. In Anógyra (ca. 20 km nordwestlich von Koúrion), Tel. 99 52 54 62, www.cyprusvillagehouses.net

FESTE

Koúrion-Theater. Unregelmäßig finden im Juni/Juli (klassische) Konzerte statt und das Shakespeare Festival. Tickets ca. 20 €, Tel. 99 99 05 35 und 22 77 44 70.

14 Germasógeia
Auf Wandertour im Hinterland

Wer nach dem Bade- und Sightseeingtrubel in Limassol Einsamkeit und Ruhe braucht, ist hier genau richtig. Es geht ins menschenleere Hinterland: Bei Wanderungen auf den Hügeln des Kyparissias und des Koryfi gelangt man bis an den Rand des Tróodos-Gebirges. Der Germasógeia-Stausee liegt immer im Blick, sozusagen aus der Vogelperspektive. Der Ausflug ist auch auf vier Rädern möglich – mit den klapprigen bunten Bedford-Bussen.

Oben: Germasógeia liegt idyllisch am gleichnamigen Stausee.
Unten: Germasógeia und seine zwei kleinen Kirchen sind der Ausgangspunkt für Wanderungen.

Als ruhiger Vorort von Limassol eignet sich Germasógeias Umland gut für Ausflüge in die Natur. Der 1979 erbaute Staudamm nördlich des Städtchens wird gespeist von den (im Sommer meist ausgetrockneten) Flüssen Amathos und Kyparissia und präsentiert sich als stahlblau glitzerndes Binnenmeer. Im Ortszentrum sind die Agía Paraskeví (19. Jahrhundert) mit ihrem schlanken Turm und die kleine Agía Christina (12. Jahrhundert) mit ihrem seltenen Flachdach, einem Kirchenmuseum und erst kürzlich freigelegten Wandmalereien einen Besuch wert.

Über allen Hügeln

Die Wanderungen sollten nicht im Sommer unternommen werden, wenn das gesamte Hinterland ein einziger Backofen ist, sondern von Oktober bis April. Vom Kyparissias im Nordosten (692 Meter) und vom Koryfi (382 Meter) bieten sich schöne Ausblicke auf Limassol und die Küste. Ein halbstündiger Spaziergang (eineinhalb Kilometer) führt als Rundweg an der Ostseite des Germasógeia-Staudamms entlang über eine kleine Halbinsel im See, in dem verschiedene Fischarten angesiedelt wurden – eine Angellizenz kann bei der Fischereibehörde beantragt werden. Das Baden in dem Süßwassertank ist seit einigen Jahren aber nicht mehr erlaubt. Eine etwas anspruchsvollere Wanderung verläuft z. B. auf dem markierten Kyparissa-Naturlehrpfad von Foinikária nach Nordosten über den Hügelkamm des Moútti tis Kyparissias (692 Meter, bis hierher sind es knapp vier Kilometer, man kann auch wieder umdrehen) und auf der nördlichen Seite bis zu den Dörfern Prastio oder Kelláki. Man wandert mit schönen Panorama-Aussichtspunkten über ehemals bewirtschaftete Terrassenfelder, durch Kalabrische Kiefernwälder, an Zypressen, Zistrosen und blühenden Orangen- und Olivenhainen entlang (insgesamt ca. elf Kilometer, drei bis vier Stunden). Der Fluss Kyparissia im Westen schlängelt sich parallel durch ein stellenweise imposantes Flussbett mit Steilufer, am Wegesrand stehen Windräder und das eine oder andere verlassene Klostergemäuer. Eine andere Wanderung durch Zitrushaine führt oberhalb des Staudammwestufers durch eine dünn besiedelte Gegend nach Mathikóloni und weiter auf den 640 Meter hohen Gipfel des Petralóna.

Nichts für schwache Nerven

Die Hügellandschaft erkunden Touristen auch gern im Bedford-Bus. Heute verkehren zwar nur noch wenige der äußerst fotogenen Exemplare auf vier Rädern, etwa als Tier- und Posttransporte, doch die meisten davon sind mit zweibeiniger touristischer »Fracht« zu den Sehenswürdigkeiten zwischen Stränden und Bergen oder mit zyprischen Hochzeitsgesellschaften unterwegs – laut scheppernd, urig, abenteuerlich. Eine Fahrt immer haarscharf entlang steiler Abhänge – nichts für schwache Nerven!

Infos und Adressen

ESSEN UND TRINKEN

Agrospito. Die bäuerlich-traditionelle Taverne versorgt die Gäste mit zyprischer Kost und griechischer Volksmusik. Fr–Sa 20.30–24 Uhr, Tillirias 1, Germasógeia, Tel. 25 32 32 10.

Limanaki Fish Tavern. Im eleganten »Amathus Hotel« lässt sich bei romantischer Atmosphäre – und gehobenem Preisniveau – fein speisen. Amathous Ave., Tel. 25 83 20 00, www.amathus-hotels.com

ÜBERNACHTEN

Le Meridien. 329 luxuriöse Zimmer in zweistöckigen Gartenvillen oder im vierstöckigen Hotelklotz, »antike« Badelandschaft und Riesenpool, sieben Restaurants. Amathous Ave., Tel. 25 86 20 00, in Deutschland 0800/294 40 00, www.lemeridienlimassol.com

Londa Beach. Das kleine deutsch geführte Designer-Strandhotel überzeugt mit 5-Sterne-Service. Georgiou A 72, Tel. 25 86 55 55, www.londahotel.com

Elias Beach Hotel. Am Strand erhebt sich das sechsstöckige All-incl-Hotel mit zwei Pools und Kids Club. Amathous Ave. 125, Tel. 25 63 60 00, www.kanikahotels.com

AKTIVITÄTEN

Bedford-Bustouren. Z. B. Traditional Cyprus Village Buses: Tel. 99 42 02 41 und 25 33 24 95, oder Grab that Cab: www.grabthatcab.com/weddings.htm

INFORMATION

Tourist Information (CTO). Okt. bis April jeden Mi 10 Uhr kostenlose Stadtführungen; hier gibt es auch Wanderkarten. Potamós-Germasógeia, Georgiou 22 A, Tel. 25 32 32 11.

Oben: In der hübschen Altstadtkulisse von Tóchni fühlen sich Urlauber sehr wohl – beim Agrotourismus auf dem Land.
Unten: Tóchni bietet Landurlaub abseits der Urlaubermassen.

15 Choirokoitía und Umgebung

Aus Ruinen auferstanden: Steinzeit-Chaos und Agrotourismus

Das Steinzeit-Ausgrabungsgelände Choirokoitía gehört zum Weltkulturerbe der UNESCO – für alle Archäologie-Interessierten ein lohnendes Ausflugsziel. Für alle anderen sind die Pioniere des Agrotourismus vielleicht reizvoller: In den hübschen Dörfern Tóchni und Kalavasós wohnt der Urlauber in traditionellen Unterkünften abseits der Touristenströme und genießt hautnah zyprische Tradition und Gastfreundschaft.

Nicht nur aus chronologischen, sondern auch aus »dramaturgischen« Gründen sollten Archäologie-Fans bei einer Zypernrundreise als Erstes die Steinzeitmenschen von Choirokoitía (ausgesprochen: Chirokotía) besuchen. Das hügelige Ausgrabungsgelände liegt am ausgetrockneten Flusstal des Maróni (auch Maroniou), nicht weit entfernt von der Küste und der Autobahn Limassol-Lárnaka. Hier entdeckten Archäologen 1936 die Grundmauern von insgesamt einst 60 charakteristischen Rundbauten, die im 7. Jahrtausend v. Chr. im Neolithikum, der Jungsteinzeit, errichtet worden waren. Diese sogenannten Thóloi gehören zu einer der ältesten und besterhaltenen Siedlungen der Welt und stehen seit 1998 als Weltkulturerbe unter dem Schutz der UNESCO. Außer den fünf rekonstruierten Rundhäusern aus Flusssteinen und luftgetrockneten Lehmziegeln am Eingang stößt der Besucher nach einem schweißtreibenden Treppenaufstieg auf – ein Geröllfeld! Für den

Choirokoitías Geröllfelder geben den Wissenschaftlern bis heute Rätsel auf ...

Laien ist diese Stätte trotz einiger Schilder nur schwer durchschaubar: Es sind die Reste verschiedener, einige Jahrhunderte auseinander- und übereinanderliegender Siedlungsmauern jener fernen Zeit.

Zeitreise in die Steinzeit

Wer sich in Choirokoitía (auch Khirokitia) auf die Zeitreise ins Neolithikum begibt, braucht etwas Fantasie. Also, stellen wir uns vor: wie bis zu tausend Menschen hier vor fast 9000 Jahren Schweine, Schafe und Ziegen züchteten, so beweisen es die Knochenfunde ... wie sie in den damals noch nahe liegenden, tiefen Wäldern auf die Jagd gingen ... wie sie Feigen und Oliven sammelten und auf den Feldern verschiedene Getreidearten anbauten. Das ebenfalls nahe Meer bot den Menschen außerdem frischen Fisch, Muscheln und sonstiges Meeresgetier als nahrhafte Speisen. Die Rundhäuser mit gestampftem Lehmboden und vermutlich einem Lehmziegeldach hatten einen Durchmesser von fünf bis zehn Metern und boten Platz für eine dreiköpfige Familie: mit Herdstelle

AUTORENTIPP!

OASE IM HINTERLAND

Oscar Wilde, Franz Kafka und Edgar Alan Poe waren auch schon hier – nicht als illustre Gäste, sondern als Namensgeber der elf Suiten und Zimmer. Wer pure Entspannung sucht, in Büchern schmökern will und auf eine individuelle Note wert legt, der ist hier richtig aufgehoben. »The Library« ist eine romantische Herberge, nicht nur für Pärchen: Parkett oder Mosaikböden, Whirlpools im Zimmer, eine kleine Bibliothek am Kamin. Das urige Anwesen stammt aus dem 19. Jahrhundert, die Einrichtung ist ein bisschen altmodisch-verplüscht, aber elegant im italienischen Designerstil. Lydia und ihre Schwestern kümmern sich um jeden Gast, ob bei der Teatime im Patio, bei Wellness-Wünschen oder bei Ausflügen in die Umgebung.

The Library Hotel Wellness Retreat. Anexartisias 3, im Dorf Kalavasós, Tel. 24 81 70 71, www.libraryhotelcyprus.com

Der Governor's Beach

Oben: Der Governor's Beach ist berühmt für seine weiß schimmernden Steinplatten und guten Lokale.
Mitte: In Tóchni treffen sich Touristen, die das ruhige Landleben suchen.
Unten: Trubeliger Treffpunkt: Governor's Beach

und Schlafbereich, einer Art Tisch und Sitzbank. Eventuell stützten Pfeiler eine hölzerne Zwischendecke.

Die Toten – oft nicht älter als 35 Jahre – begruben die Menschen unter ihren Häusern, sozusagen im Fußboden, und beschwerten sie mit großen Steinen, damit sie bloß nicht aus dem Reich der Toten wiederauferstanden! Bis zu 26 Skelette sind unter einigen Häusern gefunden worden. Den bestatteten Frauen legten sie Muschelketten und steinerne Gefäße bei, den Männern Werkzeuge und Waffen. Die Wissenschaftler deuten dies als Zeichen für den Glauben an ein Weiterleben nach dem Tod, manch ein Forscher munkelt gar von Menschenopfern. Es bleiben viele Fragen: Woher kamen diese Menschen, die Choirokoitíer, warum wurde die Insel um das 4. Jahrtausend v. Chr. für mehr als tausend Jahre nicht mehr bewohnt? Merkwürdigerweise finden sich nur für diese Epoche keine Besiedlungsspuren. Vieles bleibt ein Geheimnis der Jungsteinzeitler. Und ob ihre Rundhäuser ein flaches oder konisches Dach trugen, auch darüber scheiden sich die archäologischen Geister auf Zypern bis heute …

Pionierdorf im Agrotourismus

Der Agrotourismus ist mittlerweile Arbeitgeber für viele Zyprer. Zum Beispiel im kleinen idyllischen Tóchni im Hinterland, ca. sieben Kilometer vom Strand. Tóchni genießt den Ruf des ersten »Agrotourismus«-Dorfs Zyperns. Kein Wunder, denn die weiß getünchten Häuschen verteilen sich malerisch auf zwei Hügeln, fast wie übereinandergestapelt, und das Meer schimmert in der Ferne. In das 350-Seelen-Dorf und seine Gassen ist heute wieder Leben eingekehrt. Sofronis Potamitis, Inhaber der Cyprus Villages, erinnert sich: »1987 war hier alles in Ruinen.« Die Häuser verlassen, die

Jungen wanderten in die Städte ab oder nach Übersee, nur die Alten blieben zurück. Nach seiner Rückkehr vom Studium in den USA begann der Öko-Pionier die Ruinen der rustikalen Bauernhäuser in Tóchni und in den Nachbardörfern nach und nach in schnucklige Appartements umzuwandeln, heute unterstützt von EU-Zuschüssen.

Idyllische Alternative zu Strand und Badespaß

Touristen erforschen die hügelige Region hoch zu Ross – oder sich selbst in Workshops zu Yoga und Esoterik, Tango und Fotografie. Wer will, kann mit dem Fischerboot aufs Meer tuckern, bei der Oliven-, Orangen- oder Weinernte helfen oder einer Hausfrau beim traditionellen Brotbacken mit dem alten Ofen über die Schulter schauen oder auch einer Bäuerin bei der Halloúmi-Produktion: wie sie seelenruhig im Bottich voller Ziegenmilch rührt und mit der Holzkelle abschöpft, genauso wie ihre Vorfahren über Generationen hinweg.

Heute leben fast doppelt so viele Einheimische in Tóchni als noch vor 15 Jahren – bester Treffpunkt ist gleich neben der Kirche der winzige Super-

MAL EHRLICH

UNESCO-STEINZEIT-CHAOS

Der steinzeitlich Unkundige steht ratlos vor den Mauerresten und verstreuten Steinen in Choirokoitía. Modelle oder wenigstens Bilder der Grabbeigaben sucht man vergeblich auf den wenigen Hinweisschildern – dabei würden sie diese historisch bedeutende Stätte um einiges attraktiver machen. Eine Grabrekonstruktion befindet sich im Archäologischen Museum in Lárnaka. Warum nicht an Ort und Stelle?, fragt sich der (enttäuschte) Besucher, der am besten nach einem der Audioguides greift.

AUTORENTIPP!

ALAMÁNOS BEACH – EIN RUHIGER STRANDFLECKEN

Zwischen der Felsenküste versteckt sich der winzige und wenig bekannte Alamános Beach: mit Liegewiese und kleinen Felsbuchten, über einen zwei Kilometer langen Feldweg vom gleichnamigen Kloster aus zu erreichen. Der fast schwarze Strand lässt die weißen Felsenplatten umso heller leuchten. Die Meeresbrise weht Grill-Calamari-Duft von der Fisch-Taverne herüber, ein Mann steht mit Harpune im knietiefen Wasser und jagt Tintenfische. Vom Alamános Beach gelangt man nach weiteren drei Kilometern zum trubeligen Governor's Beach, zu Fuß oder mit dem Mountainbike über die Felsenküste, entlang gelb blühender Kakteenfeigen und Macchia, es duftet wie ein riesiger Kräutergarten nach Thymian und Rosmarin, Salbei und Majoran.

Alamános Beach. Ca. 15 km südwestlich von Tóchni, auf der B 1 Richtung Limassol.

Wunderschön: Tóchni

markt, in den keine drei Kunden auf einmal hineinpassen, oder das Kafeníon, in dem man den Dorfältesten beim Kartenspiel zugucken kann. Und nach zwei Tagen kennt man sie alle: Busfahrer Pambos, Taxifahrer Andreas, den Popen und den Wirt, nicht zu vergessen die Reinigungskräfte, Kellner, Köche ...

Spuren einer tragischen Vergangenheit

Nicht immer war es in Tóchni so idyllisch. Jahrzehntelang lebten hier griechische und türkische Zyprer als Nachbarn beisammen, bis sich dann 1974 ein Massaker ereignete: Die militante EOKA-B trieb 600 türkische Männer des Dorfes zusammen und erschoss sie. Eine Moschee in Ruinen direkt oberhalb der Platia, des Dorfplatzes, und ein aufgegebener türkischer Friedhof zeugen noch heute von der Tragödie. Diese Ruinen lassen sich nicht so leicht beseitigen. »Die rühren wir nicht an«, sagt Potamitis. Denn wer weiß schon, ob man sie nicht eines Tages zurückgeben müsste ...

Im Dorfzentrum Tóchnis steht die kleine, schlichte aber dennoch malerische Kirche des hl. Constantinos und der hl. Eleni (Agion Konstantinou kai Elenis) mit Turm, Kuppelchen und Arkaden, eine der ältesten Kirchen auf Zypern. Hier sind Fresken und Heiligenbilder der Kaiserin Hélena (vermutlich 248–330) zu sehen, die der Legende nach im Jahr 327 mit dem Kreuz Jesu per Schiff auf dem Heimweg von Jerusalem nach Konstantinopel war und wegen eines Sturms auf Zypern an Land gehen musste. Ein winziges von Hélena gestiftetes Stück Holz soll als Reliquie des originalen Kreuzes hier aufbewahrt sein, wie auch in Stavrovoúni (s. S. 124 ff.) und in Ómodos (s. S. 172 ff.). Ein Bild zeigt ihren Sohn Konstantin den Großen (vermutlich 270–337), römischer Kaiser von Konstantinopel.

Oben: Die markanten Rundbauten von Choirokoitía gehören zum UNESCO-Weltkulturerbe und stammen aus dem 7. Jahrtausend v. Chr. **Unten:** In Tóchni steht eine der ältesten Kirchen Zyperns, die Kirche des hl. Constantinos und der hl. Eleni.

Infos und Adressen

SEHENSWÜRDIGKEITEN

Choirokoitía (auch Khirokitia). Nov.–März tgl. 8–17 Uhr, Juni–Aug. 8–19.30 Uhr, April/Mai und Sept./Okt. 8–18 Uhr, Eintritt: ca. 2 €, Audioguides, ca. 3 km nordöstlich von Tóchni, Tel. 24 32 27 10.

ESSEN UND TRINKEN

Captain's Table Zygi. Fisch frisch aus dem Meer auf den Teller, beliebt bei Einheimischen, etwas teurer. Tgl. 11–22 Uhr, Grigori Afxentiou 48 (Marina in der Zigy-Bucht), Tel. 24 33 37 37, www.captaintable.com

Tóchni Heritage. Das rustikale Lokal trumpft mit schönem Innenhof und leckerem Essen. Tgl. 12–15 und 18–21 Uhr, Agion Konstantinou & Elenis (nahe der Kirche), Tel. 99 90 24 56.

Tóchni Taverna. Sehr gute traditionell-deftige Küche im Open-Air-Lokal mit Livemusik. Tgl. 7.30–22 Uhr, Mersinies 3, Tel. 24 33 29 98, www.cyprusvillages.de

ÜBERNACHTEN

Cyprus Villages. Rustikale Landhäuser (teils eigener Pool) mit Appartements, teils mit Veranda und schönem Ausblick (v. a. Haus Nr. 5!), Mountainbikes, Wanderkarten, Yoga usw. Tóchni, Tel. 24 33 29 98, www.cyprusvillages.de

Thalassa Resort (vormals Andreas & Melani). Familiäres Etablissement am Strand mit Liegewiese und Riesenlokal, 15 Balkonzimmer mit Meerblick. Skiathos 5, Governor's Beach, Tel. 25 63 23 14, www.thalassacyprus.com

Vasilopoulos House. Sieben Studios und Kämmerchen mit Himmelbetten verteilen sich um einen Innenhof in einem urig-alten Gemäuer. Agion Konstantinou & Elenis 45 B, Tel. 24 33 25 31, www.vasilopouloshouse.com.cy

AKTIVITÄTEN

Drapia Pferdefarm. Marisa Potamitis bietet Spaß hoch zu Ross, Unterricht, Ausleihe, Reittouren, für Kinder auch Eselreiten. Ca. 2 km von Kalavasós entfernt. Tel. 24 33 29 98, www.cyprusvillages.de

FESTE

Kirchenfest. Alljährlich in Tóchni am 20. Mai mit Jahrmarkt.

In der »Tóchni Taverna« kann man gut essen.

Oben: Aus dem Dorf Léfkara stammen die berühmten gleichnamigen Spitzenstickereien.
Unten: Die Lefkarítika-Spitzendecken gehören zu den schönsten (oft kopierten) Souvenirs in Zypern und zum immateriellen Weltkulturerbe der UNESCO.

16 Páno Léfkara
Bergidylle der »Spitzen-Klasse«

Tagsüber ist das hübsche Bergdorf ziemlich überlaufen. Doch am Nachmittag, wenn die Reisebusse wieder abgefahren sind, laden die einsamen Gassen zum Verlaufen durch das romantisch-holprige Labyrinth ein. Die traditionellen Handwerkskünste der Bewohner sind unübersehbar: Spitzenstickereien und Silberschmiedearbeiten.

Das pittoreske Bergdorf (Páno) Léfkara liegt mit seinen weiß getünchten Häusern und roten Ziegeldächern, seiner Kirche und der Moschee in 600 Metern Höhenlage inmitten von sanft gewellten Hügeln verstreut. Der Name stammt von den das Dorf umgebenden »weißen Felsen« (*lefkara*). Vor allem das Oberdorf ist seit Jahrhunderten in der ganzen Welt berühmt für seine Hohlsaumstickerei – sie soll Leonardo da Vinci bei seinem Besuch im Dorf 1481 so begeistert haben, dass er eine kunstvoll gestickte Altardecke für den Mailänder Dom bestellt hat. Die Venezianer hatten während ihrer Herrschaft auf Zypern (1489–1570) den Ort wegen des angenehm kühlen Klimas zu ihrer Sommerfrische auserkoren, und die adligen Hausdamen vertrieben sich die Zeit mit jenen Stickereien. Auf diese Weise entwickelte sich hier ein einmaliger Stil namens Lefkarítika mit geometrischen Mustern, eine Mischung aus byzantinischer, venezianischer und griechischer Stickkunst. Seit 2009 gehört die Lefkarítika-Stickerei zum immateriellen von der UNESCO geschützten Kulturerbe.

Silver & Lace, Lace & Silver

Es scheint fast so, als hätten sich bis heute alle rund 1200 Einwohner dem Sticken oder Schmie-

Im Kloster Ágios Minas gibt es Honig und Marmelade.

den verschrieben. Tagsüber herrscht im oberen Dorf touristischer Trubel zwischen Souvenirshops, Tavernen und Silberschmiede-Werkstätten: auf Schritt und Tritt Tischdecken, Taschentücher und Blusen, Silberschmuck, Tafelsilber und Kelche. Die Frauen sitzen vor ihren Haustüren und sticken fleißig oder laden wort- und gestenreich zum Kauf ein.

Doch wer einmal rechts oder links in die kleinen Kopfsteinpflaster-Gassen abbiegt, genießt auf einmal himmlische Ruhe ohne Kaufstress – nur 100 Meter vom Silver&Lace-Trubel entfernt. Dabei fallen die schmiedeeisernen oder hölzern verzierten Balkone und Erker ins Auge, die farbigen Fensterläden und Türen, die kleinen versteckten Nischen, Durchgänge und Patios mit Blumenkübeln. Manche Gasse wird kurioserweise von einem Balkon überdacht, von einem Haus zum Nachbarhaus auf der anderen Seite – ein fotogener Hingucker. Natürlich ist auch so manches windschief und rostig – selbst hier harren noch einige alte Backsteingebäude ihrer Instandsetzung. Im reizend-pittoresken Haus des Patsalos aus dem 19. Jahrhundert zeigt das Volkskundemuseum vor allem Stickereien, filigrane Silberschmiedearbeiten sowie Alltagsgegenstände und Möbel einer wohl-

AUTORENTIPP!

SHOPPING BEI DEN NONNEN

In vielen Klöstern auf Zypern werden lauter Leckereien selbst hergestellt. So auch im kleinen hübschen Nonnenkloster Ágios Minas (1740), das in seiner Kirche mit den Ikonen des Soldatenheiligen beeindruckt. Es ist eines der wenigen Frauenklöster auf der Insel. Die Nonnen beschäftigen sich hier neben ihren religiösen Pflichten mit der Bienenzucht und der Honigproduktion, sie malen außerdem wertvolle Ikonen und sticken natürlich auch fleißig. Im Klosterladen verkaufen sie selbst gemachten Honig, Marmelade aus eigener Herstellung und Orangen aus dem Garten und den klostereigenen Zitrushainen. Daneben kann man auch die farbenprächtigen Ikonen und Stickereien kaufen.

Nonnenkloster Ágios Minas. Tgl. tagsüber, für Gruppen nur Mo–Fr, von Mai–Sept. Ruhezeit 12–15 Uhr, von Okt.–Apr. 12–14 Uhr, 8 km südwestlich von Léfkara bei Vávla, Tel. 24 34 29 52 und 24 34 22 33.

Oben: Ein Bummel durch Léfkara führt schnell in Gassen abseits der Touristenströme.
Mitte: Im Kloster Ágios Minas wird der Soldatenheilige verehrt.
Unten: Die Heilig-Kreuz-Kirche mit Osterschmuck

habenden Familie vor rund 200 Jahren – es wirkt, als hätte sie das Anwesen gerade erst verlassen ...

In der großen Heilig-Kreuz-Kirche (Tou Timio Stavroú, 14. Jahrhundert) kann man im Herzen der Altstadt ein besonders wertvolles Beispiel der hohen Schmiedekunst des Ortes sehen: Neben der holzgeschnitzten Ikonenwand mitsamt Schrein (1760) ist hier das wunderschöne und seltene Silberkreuz aus dem 13. Jahrhundert zu bestaunen. In Káto Léfkara, im unteren Dorf, lohnt ein Blick in die Archangelos-/Erzengel-Michael-Kirche mit Wandmalereien aus dem 12. und 15. Jahrhundert.

Geschichte(n) in Wachs

Im acht Kilometer entfernten Dorf Skarinou widmet sich das Fatsa-Wachsfigurenmuseum mit mehr als 150 Figuren der zyprischen Geschichte: So sind hier neben den typischen traditionellen Alltagsszenen auch Persönlichkeiten aus der Osmanen-Herrschaft (1571–1878), der britischen Kolonialherrschaft (1878–1960) und der Zeit des Freiheitskampfes gegen die Briten (1955–1959) dargestellt. Natürlich fehlt auch nicht die türkische Invasion des Jahres 1974 im Landesnorden.

MAL EHRLICH

LÉFKARA-SPITZE – NICHT ZUM SPOTTPREIS!
Manch einer nennt das Stickerei-Dorf »Betrügerdorf«, da mittlerweile ein nicht unerheblicher Teil der Stickereien als (maschinell produzierte) Billigware aus Taiwan stammen soll. Die Nachfrage bestimmt den Preis und der wiederum die Qualität (je billiger, desto eher Fake). An einem echten »Spitzen«-Stück (30 x 50 cm) arbeitet eine Frau bis zu einer Woche, und es kostet nicht unter 50 bis 70 €. Über das angemessene Preisniveau informiert man sich am besten in einem der staatlichen Handicraft Center.

Infos und Adressen

SEHENSWÜRDIGKEITEN

Heilig-Kreuz-Kirche (Tou Timio Stavroú). Tagsüber geöffnet, im Zentrum von Páno Léfkara, Tel. 24 34 23 26.

Volkskundemuseum (Patsalos House). Tgl. 9.30–17 Uhr, Nov.–März 8.30–16 Uhr, Eintritt: ca. 2 €, Museum St., Tel. 24 34 23 26.

Wachsfigurenmuseum Fatsa. Tgl. 9–18.30 Uhr, 1. Okt.–31. März 9–17.30 Uhr, Eintritt: Erw. 5 €, Kinder 3,50 €, Agiou Louka 9, Skarinou, Tel. 24 62 10 48, www.cyprus-museum.com

ESSEN UND TRINKEN

Adamos Traditional Taverna. Nettes Lokal, in dem man auch vegetarisch essen kann. Ruhetag: Di, Mi–Mo 9–22 Uhr, Nikou Charambolous, Tel. 99 46 31 64.

Tasties. In dem kleinen gemütlichen Künstler-Café bekommt man Snacks, zyprische Klassiker und Eis. Tgl. 9–22 Uhr, Timiou Stavroú 38, Tel. 24 34 34 11.

In »Adamos Taverna« schmeckt nicht nur der Ouzo, auch der Kaffee.

Im »Lefkara Hotel« wohnt man in einem rustikalen Anwesen mitten in der Stadt.

ÜBERNACHTEN

Aunt Marias. Hübsches altes Gemäuer mit drei tollen Appartements und Veranda. Tel. 22 45 66 52, www.auntmarias.com

Redblue Door. Im Herzen der Altstadt: Hinter den alten rustikalen Mauern zweier Steinhäuser verstecken sich moderne Studios mit bis zu fünf Zimmern, Garten und Pool. Tel. 99 42 09 84, www.redbluedoor.com

Iosiphis Stone House. Zeitreise in einem alten Steinhaus von 1918 mit moderner Ausstattung inkl. Küche. 1st Apriliou 19, Tel.99 79 07 80 und 24 66 46 77, www.iosiphishouse.com

Lefkara Hotel. Die zehn Zimmer in dem rustikalen Haus sind herrlich altmodisch mit schmiedeeisernen Pfostenbetten eingerichtet. Timiou Stavroú 43, Tel. 24 34 21 54, www.lefkarahotels.com

FESTE

Kirchweihfest. Alljährlich im September mit Prozession, bei der das Silberkreuz durch die Straßen getragen wird.

INFORMATION

www.lefkara.org.cy

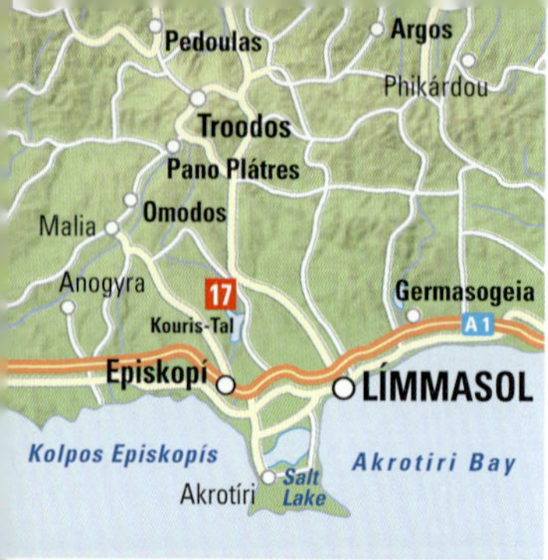

Oben: Im Koúris-Tal wird der zyprische Wein seit 4000 Jahren angebaut.
Unten: Das Dorf Vouní ist für seine alten Häuschen an steilen Gassen bekannt.

17 Koúris-Tal mit Weindörfern

Von Weindorf zu Weindorf

Von Limassol starten die Ausflüge in die Krasochoria, die Weindörfer der Umgebung: Nur 20 Autominuten entfernt findet man sich auf einmal inmitten von Weinbergen am südlichen Rande des Tróodos-Gebirges wieder. Wer nicht wenigstens eine der vielen Weinkellereien und ein Weinfest im Herbst besucht hat, der war eigentlich gar nicht richtig auf Zypern. Und auch die hübschen Klöster und Kirchen, die am Wegesrand liegen, sollte man nicht übersehen.

Weinanbau wird seit mehr als 4000 Jahren auf Zypern betrieben. Bis heute sind die Zyprer die weltweit größten Weinproduzenten – zumindest gemessen an der Bevölkerungszahl. Ab den 1980er-Jahren verbesserte man die Weine aus den einheimischen Hauptrebsorten Xynisteri (weiß) und Mavro (rot) und mischte sie mit nichteinheimischen Sorten wie Cabernet Sauvignon, Shiraz und Riesling. Heute steht der Wein nach dem Tourismus an zweiter Stelle der Deviseneinnahmen, ein Drittel aller Bauern legt Weingärten an. Die Exporte der etwa 50 zyprischen Winzer gehen vorwiegend nach England und Skandinavien. Ein Großteil des auch nach Deutschland exportierten Weines ist der mit Gewürzen versetzte Glühwein, von dessen minderer Qualität man jedoch nicht auf die Qualitätsweine Zyperns schließen sollte …

Weinproben

Wer die besten Rotweintrauben-Gebiete Zyperns erkunden möchte, kann dies zu jeder Jahreszeit tun: im Frühjahr, wenn die Weinfelder grün leuchten, im Spätsommer, wenn die golden schimmernden Weinblätter den Herbst ankündigen, oder zur Erntezeit, wenn fast jedes Dorf sein eigenes Weinfest feiert. Westlich von Limassol fährt man Richtung Tróodos (B 8) in das malerische Koúris-Tal auf 500 bis 900 Metern Höhe, in dessen Dörfern zahllose Obst- und Weingärten und einige Weinkeltereien auf die Besucher warten – etwa in Monagri die moderne Weinkelterei »Amasgos« und das alljährliche Commandaría-Fest.

Auch in den winzigen von Weinreben umgebenen Dörfern Lofou und Silikou mit der charakteristischen Steinhausarchitektur kann man in Tavernen und Weinkellern eine Rast machen und sogar übernachten, etwa in Costas Violaris' »Lofou Agrovino«, wo der Hausherr auf der Bouzouki spielt ...

Bleibt man auf der westlichen Seite der B 8, geht's weiter nach Koiláni, dem ältesten Winzerort auf Zypern – schon von Weitem sieht man die malerische weiß leuchtende Kuppel der Agía Mavri (auch Ayia Mayris, 12.–15. Jahrhundert) am Ortsrand. Heute hat die Agía Mavri-Weinkelterei in einem Gebäude im alpinen Stil ihren Sitz und einige traditionelle Tavernen im Dorf. Auch Sophocles Vlassides, der als Vordenker der modernen Winzer auf Zypern gilt, hat im früheren Krämerladen seines Großvaters seine Winzerei eingerichtet, eines von fünf Weingütern allein in Koiláni. Das Kirchenmuseum ist in der Panagía tis Eloússas-Kirche untergebracht und im Weinbaumuseum kann man sich u. a. einen alten Brennkessel für Zivania-Trester-Schnaps ansehen.

Hinter dem noch ursprünglich-idyllischen Dorf Vouní mit seinen engen und schiefen Gassen wachsen auf ausgedehnten Weinfeldern einige der besten Rotweintrauben Zyperns.

Infos und Adressen

SEHENSWÜRDIGKEITEN

Panagía tis Eloússas-Kirche und Museum. Nur nach Anmeldung. Koiláni, Tel. 99 97 95 43 und 99 60 81 96.

Weinbaumuseum (Museum of Viticulture). Nur nach Anmeldung. Koiláni, Tel. 25 47 10 08 und 99 60 81 96.

ESSEN UND TRINKEN

Kamares. In der urigen Taverne genießt man traditionelle Speisen, Gastfreundschaft und Sa Livemusik. Tgl. 12–22 Uhr, Elia Kannaorou, Lofou, Tel. 99 49 07 45.

To Korineon. Hier sitzen die Gäste mit Blick auf Dorfplatz und Berge bei Maria und Aristos' Hausmannskost. Mo–So 12–14 und 18–22 Uhr, Koiláni, Tel. 99 60 81 96 und 99 82 52 53.

ÜBERNACHTEN

Lofou Agrovino (Traditonal Taverna). 15 behagliche Appartements in einem ausgebauten Weinkeller. Tsintouri, Lofou, Tel. 25 47 02 02, www.lofou-agrovino.com

INFORMATION

Beim FVA ist eine Broschüre mit 100-km-Rundfahrt zu 14 Weindörfern im Koúris-Tal und dem Tróodos erhältlich: Zypern Weinstraße 5 – Koumandaria.

Jedes Backsteinhaus in Vouní hat Aussicht.

SÜDOST-ZYPERN

Vorangehende Doppelseite: Die Moschee Hala Sultan Tekke erhebt sich seit 200 Jahren am Ufer des Salzsees von Lárnaka.
Oben: Strand an der Festung und Kebir-Moschee
Unten: Von Lárnaka wurden einst Salze nach ganz Europa exportiert.

18 Lárnaka

Beim Heiligen Lázarus

In Lárnaka dreht sich alles um den Heiligen Lázarus. Zu Ehren des wundertätigen Schutzpatrons, der hier der Legende nach vor 2000 Jahren lebte, gibt es Feste und Kirchen, sogar mit einem eigenen Sarkophag ... Aber die älteste noch bestehende Stadt auf Zypern ist heute auch eine trubelige Hafenmetropole mit Burg, Marina und palmengesäumter Uferpromenade sowie unzähligen Bars und Cafés.

Die drittgrößte Stadt Zyperns entstand im 11. Jahrhundert v. Chr. auf den Ruinen des griechisch-achäischen und durch Erdbeben zerstörten Stadtkönigreiches Kítion (13. Jahrhundert v. Chr.). Als Nachfolgesiedlung dieses Reiches gilt Lárnaka heute als die älteste noch existierende Stadt auf der Mittelmeerinsel.

Im Laufe der Jahrtausende wechselten die Herrscher und so auch die Stadtnamen: Kítion, Salinas, Scala ... Ab dem 14. Jahrhundert entwickelte sich Lárnaka unter den Franken zur inselwichtigsten Hafenstadt, v. a. für Salzexporte, und noch heute ist der Hafen der zweitwichtigste nach Limassol. Denn nach der Besetzung Nord-Zyperns durch die Türken 1974 verlor die Republik Zypern den Hafen Famagusta und ließ Lárnaka ausbauen. Der Hafen gilt als bedeutendes Drehkreuz des Handels mit dem Nahen Osten und als Ausgangspunkt für Kreuzfahrten. Mit ihren rund 147 000 Einwohnern ist die Stadt fest in der Hand von Russen und Briten. Der Tourismus konzentriert sich auf die mit Palmen bestandene Uferpromenade, die Altstadt nahe der Burg und auf die Hotels am kilometerlangen dunklen Strand im Nordosten.

Rückkehr aus dem Reich des Hades

Wer durch Lárnaka bummelt, kommt um den Heiligen Lázarus nicht herum. Jesus erweckte den Barmherzigen vier Tage nach dessen Tod in Bethanien (heute Palästina) wieder zum Leben, so erzählt es die Bibel im Johannes-Evangelium (11, 1–45). Doch die Juden setzten Lázarus nach dem Tod Christi in einem Boot auf dem offenen Meer aus. Nach einer von vielen Heiligenlegenden trieb er ohne Ruder und Segel auf die Insel Zypern zu und ging in Lárnaka an Land, wo das Königreich von Kítion seine zweite Heimat wurde. Im 1. Jahrhundert reisten Bárnabas und Paulus auf die Insel und ernannten Lázarus zum ersten Bischof von Kítion. Er lebte noch 30 Jahre wundertätig bis zu seinem endgültigen Tod auf Zypern.

Erst 800 Jahre später, im Jahr 890, fand man einen Sarkophag mit der Aufschrift: Lázarus, der Freund Christi. An der Fundstelle ließ der byzantinische Kaiser Leo VI. der Weise vor mehr als 1000 Jahren die Ágios Lázaros-Kirche errichten. Die angeblichen Gebeine des Heiligen wurden vor rund 700 Jahren nach Konstantinopel gebracht und befinden sich heute in einer Kirche in Autun im Burgund. Kein Grund zum Verdruss für die Zyprer: Unter dem Altarraum in der Krypta der hiesigen Lázarus-Kirche wurde bei Restaurierungsarbeiten (1972–1974) mysteriöserweise der Sarkophag des Lázarus »wiederentdeckt«: Die darin enthaltene Schädelreliquie wird in einem prachtvoll vergoldeten Schrein bis heute verehrt.

Unheimlich-heiliger Auferstehungsrummel

Für Freunde makaber-skurriler Geschichten lohnt sich ein näherer Blick auf das Lázarus-Fest in Lár-

AUTORENTIPP!

ROMANTISCH SPEISEN

Ob bei Sonnenuntergang oder Mondschein: Das Lokal trumpft mit 1a-Lage inklusive Panoramablick auf den stimmungsvoll beleuchteten Lázarus-Kirch-Platz. In dem Dachlokal sitzt man gegenüber der Kirche auf einer großen Veranda und kann das Treiben unter sich vorbeiziehen lassen, während die einheimischen und internationalen Gerichte munden: Pasta & Paella, Klassiker wie Kleftiko & Stifado, Steak, Grillfisch und leckere Meeresfrüchte. Auch Vegetarier kommen auf ihre Kosten, etwa bei den riesigen gefüllten Grill-Peperoni, Pilzen in Knoblauchsauce oder überbackenen Auberginen. Die Portionen sind riesig, die Preise angemessen für Lage und Service. Im Winter speisen die Gäste übrigens bei Kaminfeuer, und an den Wochenenden lauscht man Bouzouki- oder Gitarrenklängen.

Taratsa. Tgl. 18–23 Uhr, 2. St., Lázarus Platz, Tel. 24 62 17 82.

Auf dem Lázarus-Kirch-Platz: Hier wandelt man auf den Spuren des Heiligen.

AUTORENTIPP!

ALLE MANN AN BORD!
Ob im Sommer auf dem Sonnendeck oder im Winter gemütlich im »Bauch« – in der coolen Boots-Bar mitten im Yachthafen lässt es sich aushalten. Die originelle Bar von Helen und John bietet bei stets leichter Brise ein schönes Stadtpanorama, und man kann die benachbarten Yachten bewundern, ohne gleich seekrank zu werden (die Bar bleibt angetaut!). Die Crew versteht ihren Job, es gibt was zum Knabbern zu Cocktails & Wein, eisigen Frappés & gekühltem Bier. Wer hungrig ist, sollte das BBQ-Hühnchen probieren. Die Musik passt zum Chillen und dem Sonnenuntergang, an den Wochenenden ist Tanz, Party & BBQ angesagt. Ach ja, der Name: zwei Aquarien gibt es drinnen auch ...

Aquarium Bar Café. Tgl. 11–23 Uhr, im Yachthafen, Tel. 96 82 22 12 (Reservierung für Wochenendabende empfohlen).

naka, das am Samstag vor Palmsonntag begangen wird. Der Schrein, der angeblich Lázarus' Schädel enthält, wird von den Gläubigen geküsst, und seit 1965 trägt man auch wieder die Ikone des Heiligen in feierlicher Prozession durch die Straßen der Altstadt. Das war lange Zeit nicht möglich: Viele Bewohner meinten, dies brächte Unglück über alle Kinder unter sieben Jahren, die das Bildnis zu Gesicht bekämen. Bis heute trauen sich die einheimischen Kirchgänger nicht mit ihren Kindern hinunter zum Sarkophag, und Brautpaare lassen sich nur selten in der Lázarus-Kirche trauen. Denn der Heilige soll in seinem zweiten Leben nie wieder gelacht haben – eine gespenstische Vorstellung!

Von der Marina in die Altstadt

Rund um den Europa-Platz (Platia Evropis) sind die restaurierten Lagerhäuser heute Sitz der städtischen Kunstgalerie, einem Paläontologischen Museum (z. B. mit dem Skelett eines Zwergelefanten) sowie Cafés und Lokalen. Vom nahen Yachthafen bietet sich ein Spaziergang an über die Foinikoudes-Uferpromenade (Athinon Ave.) unter ihren endlos hohen Palmen, die der Szenerie einen leichten Hauch von Miami-Beach verleihen – nur stehen hier keine Art-decó-Paläste, sondern einige britische Kolonialbauten (Ende 19. Jahrhunderts) und jede Menge Appartementhäuser. Der 500 Meter lange und breite Stadtstrand erstreckt sich zwischen Blumenbeeten, Wiesen und Beach Bars.

Auf den Spuren des Lázarus

Nun wird es Zeit, dem Heiligen persönlich einen Besuch abzustatten: Die Ágios Lázaros-Kuppelkirche steht am Rand des Altstadtviertels an der Plateia Agiou Lazarou. Das im 9./10. Jahrhundert errichtete und im 17. Jahrhundert rekonstruierte Gotteshaus beeindruckt mit fein verziertem Glo-

Stadtrundgang Lárnaka

A Platia Evropis – In den Lagerhäusern laden die städtische Kunstgalerie (Mo–Fr 9–13 und 14–19 Uhr, Sa 9–13 Uhr, Tel. 24 65 88 48), das Paläontologische Museum (Di–Fr 9–14 Uhr, Sa–So 9–12 Uhr, Tel. 24 62 85 87) sowie zahlreiche Cafés zum Bummeln, Schauen und längerem Verweilen ein, Eintritt frei.

B Uferpromenade (Athinon) – Kolonialbauten, Cafés und Lokale begleiten den Spaziergang unter Palmen am Meer und Stadstrand.

C Ágios Lázaros – Die dem hl. Lázarus geweihte Kuppelkirche (9./10. Jh.) zeigt seine hochverehrte Schädelreliquie und die Grabstätte in der Krypta. Ein kleines Kirchenmuseum mit Ikonen und alten Schriften ist angeschlossen. Mo–Fr 8–12.30 und 14.30–17.30 Uhr, Sa–So 8–17.30 Uhr (im Sommer: 18.30 Uhr), das Museum ist Mi und Sa nachmittags geschlossen, Museum-Eintritt: 1 €, Audioguides, Plateia Agiou Lázarou, Tel. 24 65 24 98, www.ayioslazaros.org

D Burg – Neben der Aussicht vom Dach bietet die Festung aus der Osmanenzeit (17. Jh.) ein kleines Mittelalter-Museum mit Kanonen, Schwertern und Keramiken. Mo–Fr 9–19.30 Uhr, Sept.–Mai Mo–Fr 9–17 Uhr, Eintritt: ca. 2 €, südliche Uferstraße Athinon Ave., Tel. 24 30 45 76.

E Künstlerviertel (Scala) – Im einstigen Türkenviertel entlang der Uferstraße Piyiale Paşa gibt es viele Kunsthandwerker und Kurse, z. B. bei Studio Ceramics: Ak Deniz 18, Tel. 24 65 03 38, www.studioceramicscyprus.com

F Laïki Geitonia (Scala) – Bummeln in alten Gassen des Basarviertels mit Markt (So 10–13 Uhr), Shops, Cafés und typischen Tavernen.

G Cyprus Handicraft Center – Hier wird Kunsthandwerk hergestellt und verkauft. Mo–Fr 10–17 Uhr, Kosma Lysioti 6, Tel. 24 30 43 27.

H Pierides-Marfin Laiki Bank Museum – Die private Sammlung beeindruckt auf zwei Etagen mit altertümlichen Exponaten und zeitgenössischer Kunst aus 9000 Jahren Geschichte. Ruhetag So, Mo und Sa 9–16 Uhr, Di–Fr 9–13 und 14–18 Uhr, Eintritt: 2 €, Zinonos Kiteos 4, Tel. 24 81 45 55, www.pieridesfoundation.com.cy

AUTORENTIPP!

ABTAUCHEN IN DIE UNTERWELT

Eines der zehn interessantesten Wracks weltweit liegt nur einige Minuten Bootsfahrt von der südzyprischen Küste entfernt: die 1980 auf mysteriöse Art gesunkene »Zenobia«. Beim Annähern an die seitlich auf den Meeresboden gekippte »Zenobia« kommt bei manchen Fahrgästen »Titanic«-Feeling auf, denn der schwedische Zwölf-Tonnen-Frachter mit 104 Lastern an Bord war ebenfalls auf seiner Jungfernfahrt. Aber auf dieser Fahrt nach Syrien war kein Eisberg der Grund für den Untergang, sondern ein Computerfehler, so heißt es jedenfalls offiziell. Die Gerüchte über Waffentransporte an die PLO oder Drogenschmuggel wollten jedoch nie so recht verstummen …

Alpha Divers. PADI-Tauchschule mit Tauch-Exkursionen auch zum Zenobia-Wrack. Dhekélia Rd. 2, Pyla Gardens (beim Lordos Beach Hotel), Tel. 24647519, www.alpha-divers.com

Die Lázarus-Kirche ist innen prächtig ausgestattet.

ckenturm (1858) und ziegelgedeckten Tonnengewölben. Die dem ersten Bischof von Kítion gewidmete dreischiffige Kirche überrascht im Innern mit einer prächtigen barockgeschnitzten und goldverzierten Ikonostase (18. Jahrhundert). Das viele Gold, die roten Teppiche und pompösen Kronleuchter bilden einen interessanten Kontrast zum groben Mauerwerk und den mächtigen Pfeilerbögen. Eine Ikone aus dem 17. Jahrhundert stellt die Auferweckung des Heiligen dar. Nicht zu vergessen: die berühmte Schädelreliquie, die in einem auffälligen goldenen, fast thronähnlichen Schrein mit Kuppelchen vor der Ikonostase neben dem Lázarus-Bild aufbewahrt wird – unter dem Glas zu sehen ist ein kostbares silbernes Gefäß. Wer will, geht nun noch die Treppe rechts des Altars hinunter in die Krypta: Man muss sich etwas ducken, um die vermeintliche Grabstätte von Lázarus auf sich wirken zu lassen – zu sehen sind allerdings nur mehrere (leere) Sarkophage im Neonlicht …

Unterwegs im alten »Türkenviertel«

Ganz in der Nähe steht die von den Osmanen vermutlich 1625 auf venezianischen Grundmauern erbaute zinnenbewehrte Burg – immer Richtung des Minaretts der benachbarten Kebir-Moschee (Büyük Camii), die vermutlich älteste Moschee auf Zypern. Die kleine propere Festung mit ihrem schönen Innenhof beherbergt einige deutsche Krupp-Kanonen auf Rädern, altertümliche Anker, Keramiken sowie Ausgrabungsstücke aus Kítion.

Am Südrand des einstigen Türkenviertels (auch Scala) haben sich Künstlerwerkstätten angesiedelt, die Workshops anbieten (z. B. in der Piyiale Paşa, Ak Deniz/Aktenis und Bozkourt) – man kann den Künstlern aber auch einfach nur über die Schulter sehen. Zurück gen Norden spaziert man über die

Laïki Geitonia-Fußgängerzone: Zwischen ein paar engen Gassen mit traditioneller Architektur und zierlichen Balkonen, der alten Markthalle, Boutiquen und Juwelieren kann man nach einem Mitbringsel stöbern. Wer hier nicht fündig wird, sollte sich im staatlichen Cyprus Handicraft Center nahe der Promenade umsehen.

Eine über 5000 Jahre alte Tonfigur ...

Es geht weiter nordwärts in die Zinonos Kiteos zur fast 200 Jahre alten Kolonialvilla der Diplomatenfamilie Pierides (Pierides-Marfin Laiki Bank Museum), eine der bekanntesten Familien Zyperns: Die Familienmitglieder haben seit 1839 über fünf Generationen hinweg eine äußerst wertvolle archäologische Sammlung zusammengetragen, darunter antike Terrakottafiguren, historische Landkarten, Schmuckstücke, Schnitzereien und Stickereien, aber auch moderne Skulpturen zyprischer Künstler. Ein Panorama aus 9000 Jahren zyprischer Geschichte. Man beachte besonders den *Schreienden Mann* aus der Kupfersteinzeit gleich im ersten Raum – eine 36 Zentimeter große kurios anmutende Tonfigur aus dem 4. Jahrtausend v. Chr.!

MAL EHRLICH

VON KARIBIK KEINE SPUR

Zwar ist selbst der Stadtstrand von Lárnaka sauber, sogar nach EU-Kriterien, und das Wasser ist klar – aber wer echte Traumstrände kennt, wird von den hiesigen dunklen Stränden nicht so richtig begeistert sein. Das Baden hier (und auch in Limassol) hat eher Industriecharme, wie etwa die Dhekéleia-Beach-Optik – irgendein rauchender Schlot oder Containerhafen ist immer in Sichtweite. Macht nichts, von Sonne und Strand allein kann hier keiner leben – das gibt immerhin Arbeitsplätze!

Oben: Venezianischer Löwe nahe der Festung
Unten: Büste im Pierides-Museum

Infos und Adressen

ESSEN UND TRINKEN

Art Café 1900. Das mit s/w-Fotos dekorierte Lokal serviert vegetarisch-zyprische Speisen in interessanten Variationen, große Weinkarte, Galerie und Livemusik. Ruhetag Di, Mi–Mo 18–1 Uhr, Stasinou 6, Tel. 24 65 30 27, www.artcafe1900.com.cy

Campanario. Für das beliebte Gartenlokal und Steak House sollte man am Wochenende reservieren. Ruhetag So, Mo–Sa 19–23 Uhr, Nicodemou Mylona 10, Tel. 24 62 61 10, www.campanario.cy.net

Monte Carlo. In dem seit Jahrzehnten populären Lokal werden Mezédes, Grillspeisen & Co. mit schönem Veranda-Meerblick serviert. Tgl. 10–24 Uhr, Piyiale Paşa 28, Tel. 24 65 38 15.

Pahit Ice. Leckeres Eis in originellen Sorten (etwa Rosenwasser) gibt es in dem kleinen Eis-Café. Tgl. 9–20 Uhr, Piyiale Paşa (am Fischhafen), Tel. 24 65 01 36.

Zephyros Beach Tavern. Wen die Kantinenatmosphäre nicht stört, der kann hier hervorragend speisen: Fisch in allen Variationen, etwa als Mezédes. Tgl. 11–23 Uhr, Piyiale Paşa 37 (am Fischhafen), Tel. 24 65 71 98.

ÜBERNACHTEN

Alkisti City Hotel. Acht anständige Schnäppchen-Zimmer im Herzen der Altstadt, teils mit Kirchenblick, bietet die winzige Herberge in einem Kolonialhaus von 1850. Agiou Lázarou 1 (Lázarus-Kirch-Platz), Tel. 24 81 51 40, www.cityalkisti.com

Augusta Beach. Zentraler geht's nicht als an der trubeligen Promenade mit Stadtstrand: zwölf Mini-Appartements mit Meerespanorama-Balkons. Athinon Ave. 102, Tel. 24 65 18 02, www.augustabeachapts.com

Lordos Beach. Gehobenes Hotel am grauen Kieselstrand mit toller Poollandschaft, Balkonzimmern, Hamam und Wassersport, auch für Hochzeiten beliebt. Dhekélaia Rd. (B 3, ca. 5 km nordöstlich), Tel. 24 64 74 44, www.lordosbeach.com.cy

Blumenschmuck vorm Hotel

Palm Beach. Älteres, aber angenehmes Strandhotel mit tropischem Garten, 228 gemütlichen Balkonzimmern, Studios oder Bungalows mit Meer- oder Gartenblick, großer Pool (und beheizter Innenpool). Dhekélaia Rd. (B 3, ca. 4 km nordöstlich), Tel. 24 84 66 00, www.palmbeachhotel.com

Louis Princess Beach. Kleine ruhige All-inclusive-Anlage mit Riesenpool und nettem Personal. Dhekélaia Rd. (B 3, ca. 4 km nordöstlich), Tel. 24 64 55 00, www.louishotels.com

AUSGEHEN

Nachts ist der Mackenzie-Beachstrip der angesagteste Hotspot mit vielen Clubs und Beach Bars (im Süden der Stadt an der Piyiale Paşa, 2013/14 jedoch tagsüber Straßenbauarbeiten).

Apothiki 79. Neue coole Galerie-Bar an der Lázarus-Kirche: die Preise für Frappés, Bier und Cocktails sind nicht der Rede wert – und es schmeckt trotzdem. Jeden Di Movie Night. Tgl. 17–23 Uhr, Agiou Lázarou 79, Tel. 24 40 00 19.

Cosmopolitan. In der neuen stylishen Lounge Bar an der Promenade kann man sich elegant-souverän auf Sofas lümmeln und chillige Musik hören. Nur Fr und Sa 22–2 Uhr, Foinikoudes-Promenade, Tel. 97 84 30 01.

Lithos Bar & Grill. Bei den Brüdern George und Miltos ist immer was los (Quiz, Partys, Shows, Konzerte wie z. B. Cliff Richard), und gut speisen kann man auch. Tgl. 11–24 Uhr, in Oroklini nahe der Hotelmeile (3 km nordöstlich von Lárnaka), Anexartisias 17, Tel. 99 79 06 78.

SHOPPING

Open-Air-Markt. Obst, Gemüse, Kunsthandwerk, T-Shirts, Souvenirs und DVD/CDs. Jeden So 10–13 Uhr, Ermou Street.

AKTIVITÄTEN

Strände. Zum Baden zieht es die meisten zum Mackenzie (McKenzie)-Strand im Süden der Stadt, es gibt einige Lokale und Wassersport – allerdings kann hier das Vergnügen durch Fluglärm beeinträchtigt werden (2013/14 auch durch Straßenbau). Auch am noch einige Kilometer südlicheren Kap Kítion liegen ein paar Strandhotels. Ein ruhigerer schmaler Strand befindet sich bei Dhekélaia einige Kilometer im Nordosten.

FESTE

Kataklysmos. Das Pfingstfest findet anlässlich der Errettung Noahs vor der Sintflut statt, mit Jahrmarkt an der Uferpromenade, Musikanten und Folkloretänzern (ab Gründonnerstag, Höhepunkt ist eine Prozession am Pfingstmontag, außerdem Bootsregatten).

Lárnaka-Festival. Im Juli treten einen Monat lang Künstler, Schauspieler und Musiker in der Festung auf: Theaterstücke, Konzerte, Ausstellungen usw.

Lázarus-Fest. Die religiöse Prozession in der Altstadt wird am Samstag eine Woche vor Palmsonntag begangen.

INFORMATION

Tourist Information (CTO). Mo–Sa 8–13.30 und 15–18 Uhr, Plateia Vasileos Pavlou, Tel. 24 65 43 22, zweistündige kostenlose Stadtführungen jeden Mi (ab o. g. CTO-Büro) und Fr (ab der Burg, Thema: Kunsthandwerk-Workshops im alten Türkenviertel, Tel. 24 30 45 76) um jeweils 10 Uhr. Eine weitere Zweigstelle befindet sich am Flughafen, tgl. 8–23 Uhr, ca. 3 km südwestlich, Tel. 24 64 35 76, www.larnakaregion.com (u. a. Buspläne, Veranstaltungsprogramm uvm.)

VERKEHRSMITTEL

Zwei Open-Air-Busse verkehren fünfmal täglich (10, 14, 16, 18, 21 Uhr) von der Promenade zwischen verschiedenen Sehenswürdigkeiten (z. B. Burg, Hala Sultan Tekke-Moschee und Tóchni). Außerdem gibt es Rad-Rikschas entlang der Promenade (2 Pers., ca. 1 Std., ca. 12 €).

Am Dhekélaia-Strand: Hier im Nordosten von Lárnaka ist es noch vergleichsweise ruhig.

Oben: Das Kap Kíti auf der Kítion-Halbinsel ist idyllisch, nur ab und zu landet ein Flugzeug.
Unten: Die Flamingos im Salzsee von Lárnaka lassen sich durch nichts aus der Ruhe bringen.

19 Kítion-Halbinsel

Ausflug zum Sultan

Die Strände am Kap Kíti sind gut geeignet für Badenixen, Stand-up-Paddler und Planespotter – wenn man die Flieger beim Landeanflug auf Lárnaka Airport beobachten will … Mit seinen Tausenden gefiederten Wintergästen wartet gleich daneben der Salzsee auf leidenschaftliche Ornithologen. Und die Moschee Hala Sultan Tekke wirkt mit ihrer Gartenoase und dem Spiegelbild im See wie ein verwunschenes Kleinod aus Tausendundeiner Nacht.

Der etwa drei Quadratkilometer große Salzsee im Süden der Stadt Lárnaka ist eines der wichtigsten europäischen Feuchtgebiete und Rastplatz für Abertausende von Zugvögeln auf ihrer Winterreise gen Osten – unter den rund 80 Wasservogelarten tummeln sich beispielsweise Wildenten, Schwäne, Störche und Ibisse. Besonders die rosafarbenen Flamingos scheinen sich hier trotz Flughafen heimisch zu fühlen.

Prähistorischer Hafen – moderner Flughafen

Am Seeufer in der Nähe der Moschee siedelten schon zur Jungsteinzeit Menschen. So diente der See als Hafen eines der großen Handelszentren in der Bronzezeit. Im Laufe der Jahrtausende ist die offene Meeresbucht durch eine Nehrung vom Meer abgetrennt worden, auf der heute die Flugzeuge landen. Bis in die 1990er-Jahre hinein ist hier Salz »geerntet« und exportiert worden: Der See trocknet von Juni bis September aus und hinterlässt eine mehrere Zentimeter dicke Salzkruste.

Auf dem Nature Trail passiert man das beeindruckende Kamares-Aquädukt: ein steinernes Bauwerk mit prächtig erhaltenen Rundbögen. Der osmanische Gouverneur Bekir Paşa hatte es 1746 errichten lassen – kaum zu glauben, dass diese archaisch wirkende Wasserleitung erst 1939 durch moderne Leitungen ersetzt wurde ...

Abstecher in die Moschee

Die Moschee Hala Sultan Tekke (1816) erhebt sich inmitten eines schönen Gartens am Südwestufer. Wegen eines Grabschreins und Mausoleums (*Tekke*) gehört sie zu den bedeutendsten islamischen Heiligtümern auf Zypern und zu den weltweit wichtigsten Pilgerorten nach Mekka, Medina und Al Aksha in Jerusalem: Hier war im Jahr 648 eine Pflegemutter bzw. Tante des Propheten Mohammed namens Hala Sultan vom Maulesel gestürzt und ist seitdem in einem hochverehrten Sarkophag hinter grünem Samt bestattet – ebenso wie die 1929 auf Zypern verstorbene Großmutter des jordanischen Königs Hussein.

Das inselschönste Mosaik

Die beim Dorf Kíti »von den Engeln erbaute« byzantinische Kreuzkuppelkirche Panagía Angelóktistos bestand bereits im 6. Jahrhundert. Von den Arabern zerstört, wurde sie vom 11. bis 13. Jahrhundert wieder neu errichtet. Hier kann man neben Fresken aus dem 12. bis 14. Jahrhundert auch das inselweit wichtigste Marienbild aus Mosaiksteinen bewundern, das vermutlich bereits im 6. Jahrhundert geschaffen wurde und in der Ost-Apsis zu sehen ist: Es zeigt unübersehbar die hl. Jungfrau in voller Lebensgröße mit dem Christuskind auf dem Arm, an ihrer Seite die beiden Erzengel Michael und Gabriel – den berühmten Mosaiken von Ravenna ebenbürtig.

Infos und Adressen

Im Innern der Hala Sultan Tekke

SEHENSWÜRDIGKEITEN

Hala Sultan Tekke. Sa–Do 8–18 Uhr, Mitte Sept.–Mitte April 8–17 Uhr, Fr kein Besuch während der Gebete 13–15 Uhr, ca. 5 km südlich von Lárnaka. Kein Zutritt in Shorts, Minirock, Trägerhemdchen; Schuhe ausziehen.

Kamares. Ca. 3 km südwestlich von Lárnaka.

Panagía Angelóktistos. Tgl. 7.30–12 und 14–16 Uhr, im Sommer bis ca. 17 Uhr, ca. 7 km südwestlich von Lárnaka im Dorf Kíti, Tel. 24 42 46 46.

ESSEN UND TRINKEN

Dipato Art Café. Beim Leuchtturm wird zyprisch-mediterrane Kost serviert. Tgl. 12–24 Uhr, Faros Rd. 1, Perivólia Beach, Tel. 24 42 33 00.

Kokos Tavern Pub. Hier speist man gemütlich unter einem Dach aus Wein. Tgl. 11–23 Uhr, Demokratias 3, Perivólia, Tel. 24 42 26 88.

ÜBERNACHTEN

E-Hotel & Spa Resort. Ruheoase am Kap: Das schöne kleine Designerhotel lässt keine Wünsche offen. Faros Rd. 1, Perivólia Beach, Tel. 24 74 70 00, Tel. in Deutschland 030/97 80 88 88, www.hotel-e.com

Oben: In schönster Berglage mit Weitsicht auf die Küste: das Männerkloster Stavrovoúni
Unten: Die kleine Kapelle Agía Katharina aus der Zeit der Lusignans im 15. Jahrhundert

20 Stavrovoúni-Kloster

Zu Gast bei orthodoxen Mönchen

Scheinbar unnahbar und einer Festung gleich thront das Kloster Stavrovoúni auf einem Berg. Und tatsächlich: Die orthodoxen Mönche lassen nicht jeden, oder besser gesagt, jede herein – Frauen müssen draußen bleiben! Nur Männer haben hier Zutritt – eine jahrtausendelange Tradition. Und das ist irgendwie auch gut so. Denn kein Souvenirstand, kein Fotoklicken oder Handyklingeln lenkt die Bruderschaft hier vom Wesentlichen ab ...

Das streng orthodoxe Kloster Stavrovoúni sitzt mit fantastischem Panorama auf dem spitzen Kegel eines fast 700 Meter hohen zerklüfteten Berggrats gleichen Namens (Kreuzesberg). Es gilt aufgrund seiner Gründung im 4. Jahrhundert als das älteste Kloster auf Zypern. Die jetzigen Gebäude stammen aus dem 17./18. und 19. Jahrhundert, vor allem aufgrund einer Feuersbrunst, die 1888 große Teile des Klosterbaus zerstört hatte.

Dass Frauen grundsätzlich keinen Zutritt in das Hauptgebäude haben, muss man selbstverständlich akzeptieren – aber es scheint ein bisschen ungerecht angesichts der Tatsache, dass dieses Kloster seine Existenz einzig einer Frau verdankt: Das Gotteshaus wurde der Legende nach im Jahr 327 von der hl. Hélena, Kaiserin und Mutter Konstantins des Großen, gegründet, die vermutlich um 248–330 lebte. Sie soll einen Splitter aus dem Kreuze Christi hier zurückgelassen haben, als sie auf ihrem Weg nach Konstantinopel wegen eines Schiffbruchs auf Zypern an Land gehen musste (s. S. 104).

Splitter vom Kreuz Jesu

Die Reliquie ist im Silberkreuz rechts in der Ikonostase aufbewahrt – einer der wenigen Orte weltweit, an dem man solch einen religiösen Schatz sehen kann. Die neueren bzw. restaurierten Kirchenmalereien stammen von dem bekannten, 2011 verstorbenen Ikonenmaler Pater Kallinikos: Sie behandeln hauptsächlich das Leben der hl. Hélena und die Geschichte des Heiligen Kreuzes. Die rund 30 weißbärtigen Mönche unter Abt Archimandrite Athanasios müssen sich an ähnlich strenge Regeln halten wie die Bruderschaft auf dem heiligen Berg Athos in Griechenland.

Die hübsche Kapelle außerhalb des Klosterbaus dürfen auch Frauen besichtigen: Eine Mischung aus grobem Felsgestein mit knallrot beziegeltem Kuppeldach, verschachtelt mit kleineren Ziegeldächern. Das Panorama vom einsamen Bergrücken ist beeindruckend: Weit wandert der Blick über die Küstenebene und Nachbarhügel bis in die Bucht von Lárnaka. Manchmal schwingen sich hier die Paraglider in die Lüfte – wie passend: Ein Kloster als Startbasis für moderne Himmelsstürmer ...

Am Fuß des Berges liegt noch das wesentlich kleinere Kloster Agía Varvára, dessen Mönche als Ikonenmaler berühmt sind (und auch von Frauen an Sonntagen besucht werden dürfen, allerdings nicht während der Ruhepause zwischen 12 und 15 Uhr).

Im nördlich gelegenen Dorf Pyrga lohnt die Königliche Lusignan-Kapelle (Agía Katharina) einen kurzen Besuch, obwohl die meisten Fresken reichlich abgeblättert sind: Die Kirche wurde 1421 von König Janus von Lusignan errichtet, der zusammen mit seiner Gemahlin Charlotte von Bourbon an der Ostseite in der Kreuzigungsszene abgebildet ist.

Infos und Adressen

Mittagspause im Dorf Pyrga

SEHENSWÜRDIGKEITEN

Kloster Stavrovoúni. Tgl. 8–12 und 15–18 Uhr, Sept.–März tgl. 8–12 und 14–17 Uhr, ca. 40 km nordwestlich von Lárnaka, Tel. 22 53 36 30. Einlass nur für Männer in langen Hosen und Hemd, Fotografieren verboten.

ESSEN UND TRINKEN

Akroyiali Beach Taverne. Kleine Stärkung zu günstigen Preisen. Tgl. 10–21 Uhr, am Mazotós Beach, Tel. 99 63 40 33.

Archontiko Papadopoulou. Abseits der Touristenpfade überrascht dieses elegante Fine-Dining-Lokal in einer Kolonialvilla. Tgl. 9.30–15 und 18–23 Uhr, Makários III. 67, in Kornos, Tel. 22 53 10 00.

ÜBERNACHTEN

Aldiana. Etwas in die Jahre gekommenes Clubhotel mit schönem Garten und Strand und tollen Freizeitangeboten. Alaminos, Tel. 24 84 90 00, Tel. in Deutschland 0234/961 03 52 04.

Kalimera. Britisch geführte B&B-Pension mit deftigem Frühstück und viel ländlicher Ruhe. Agía Anna 61, nahe Dorf Psevdas, Tel. 96 42 70 78, www.kalimeracyprus.co.uk

Der Nissi-Beach gehört zu den beliebtesten Stränden in Zypern.

21 Agía Nápa
Ibiza des Orients: Partytime!

Der Urlaubsort im äußersten Inselosten ist die Partymetropole schlechthin. Hier herrscht Trubel Tag und Nacht, ob in den Nightclubs oder am Strand. Kulturelle Abwechslung vom nächtlichen Treiben bieten ein Meeresmuseum und ein stilles Kloster, aber auch jede Menge Vergnügungsparks vom Luna Park bis Water World. Last not least: Hier sonnenbadet das zumeist junge Volk an den schönsten Stränden der Insel.

Im Südosten gedeiht der Gemüsegarten der Insel. Auf den rotbraunen Feldern wachsen Kartoffeln, Auberginen, Tomaten und Gurken. Die Zyprer nennen das rote Land auch *Kokkinochoria*. Die Windräder, sofern man sie stehen ließ, sind heute nur noch stille Zeugen jener Zeit, als die Landwirtschaft die Haupteinnahmequelle war. Als Ersatz für die Urlaubermetropole Famagusta an der türkisch besetzten Nordostküste musste nach 1974 rasch ein neues Urlaubsparadies im Süden geschaffen werden. Nichts leichter als das: Die Bilderbuchstrände Zyperns liegen gleich um die Ecke rund ums trubelige Agía Nápa: feinster Sand, goldgelb und verlockend.

Nachtschwärmer aller Länder

Der einstige Fischerhafen Agía Nápa (auch Ayía Nápa) ist mit seinen ca. 3000 Einwohnern heute die Urlaubsmetropole Nr. 1 auf Zypern – unzählige Hotels, Restaurants, Discos, Clubs, Pubs und Partyboote, sehen und gesehen werden rund um die Uhr. Die DJs kommen aus aller Welt, die Urlauber meist aus England, Russland und Schweden, die Zyprer trifft man meist nur noch als Angestellte …

Wiederauferstanden wie Lázarus von den Toten – so sieht manch ein Partylöwe in Agía Nápa aus, wenn er nachmittags zum Frühstück sein erstes Bier zu sich nimmt. Nachts ziehen die Jugendlichen von Disco zu Disco rund um die Plateia Seferi und die Louka Louka. Doch erst ab 1 Uhr geht es so richtig los, vor Morgengrauen fällt hier niemand ins Bett. Die Themen-Nightclubs stehen bei den Nachtschwärmern hoch im Kurs: Yabbadabbadooo – mit Fred Feuerstein und Wilma wagt man ein Tänzchen oder Karaoke in der Jurassic-Park-Szenerie des alteingesessenen »Bedrock Inn«. Eine Freiluftdisco, die sich was einfallen lässt, um älteren Urlaubern (ja, die gibt es hier auch!) ihre Nachtruhe zu gönnen: Ab 1.30 Uhr bekommt jeder Open-Air-Tänzer einen kabellosen *silent-disco*-Kopfhörer verpasst!

Dann geht's weiter, zuerst noch manierlich, in den Castle Club mit drei Dancefloors – wo die Manieren dann aber beim Raven schnell vergessen werden (manch einer hier nimmt Sex, Drugs & Rock'n'Roll allzu wörtlich ...). Wer stärker abrocken will, geht zum Headbanging ins »Heaven Rock Garden«, wo am Wochenende Metal-Konzerte stattfinden. Seit einigen Jahren bleiben die Party-Nationen allerdings mehr und mehr unter sich: Die jungen Russen zieht es in den »Soho Club«, die Skandinavier ins »Blue Moon«. Aber spätestens beim Chill-out zum Sonnenaufgang treffen sie sich alle wieder – am Strand.

Techno, Tattoos & Jetski

Hier würde sich sicherlich auch Georgios Kyriakos Panayiotou wohlfühlen. Wer das ist?! Kein Geringerer als George Michael, der britische Mega-Pop-Star – und aufgrund seiner Abstammung – wohl der Berühmteste aller Zyprer. Auch das ist kein Wunder, denn aus dieser Ecke Zyperns sollen die

AUTORENTIPP!

AUSZEIT IM BAUERNHAUS

Wer nicht nur Party machen will, sondern auch ein wenig über die Kultur der Region erfahren möchte, der kann einen interessanten Abstecher ins Bauernhausmuseum in der Mitte des Ortes gleich neben dem mittelalterlichen Kloster Agía Nápa unternehmen. Das Agrotospito vermittelt überschaubar und mit Liebe zum Detail einen Eindruck des traditionell ländlichen Lebensstils, der vor gar nicht allzu langer Zeit hier noch vorherrschte: bäuerliches Mobiliar, Webstuhl und fast lebensechte Figuren zeugen von einer fast vergessenen Zeit. Manchmal, etwa zum alljährlichen Stadtfestival im September, wird hier sogar demonstriert, wie man Zivanía-Schnaps, Halloumi-Käse, Loúnza-Schinken oder Brot herstellt.

Agrotospito (Cyprus Traditional Farmhouse). Tgl. 10–18 Uhr, Eintritt: ca. 2 €, kein Tel.

Am Kap Gréko hat der Wind die Steilküste zu seltsamen fotogenen Gebilden verformt

Wanderung am Kap Gréko

Mit der stellenweise markant durchlöcherten Steilküste im Nationalpark Kap Gréko wird die Insel am Leuchtturm im Südosten begrenzt. Hier kann man zu zahlreichen Wracks abtauchen oder mit dem Gleitschirm in die Luft gehen. Im Frühling blühen Chrysanthemen und Mohn, Lilien und Krokusse und die meisten der 36 auf Zypern heimischen Orchideenarten. Neun Wanderwege durchqueren das Gebiet, z. B. der E-4-Fernwanderpfad an der Küste Richtung Protarás entlang. Die Wanderung ist ausgeschildert, ca. 8 km lang und dauert ca. 3 Std.

A Ausgangspunkt – Die Wanderung startet am Parkplatz am Kap Gréko.

B Agíoi Anárgyroi – Die weiße Kirche liegt über den Felsen.

C Kónnos Bay – In der idyllischen Bucht kann man auch eine Zyklopenhöhle besichtigen.

D Agíoi Saránta – Die Kuppelkirche passiert man im Hinterland.

E Profitis Illias – Die Kapelle, die auf einem Hügel über einem schönen Garten thront, erreicht man schließlich zwei Kilometer weiter nach Norden.

Die Wanderung am Kap Gréko ist ein Erlebnis.

besten Volkssänger des Landes stammen, die *piitarides*. Kulinarisch hat man die Qual der Wahl: Sushi oder Pat Thai, Pizza, Bratwurst oder Fish&Chips. Techno, Tattoos und dröhnende Jetskis sollte man schon mögen, wenn man hier Urlaub macht. Aber dafür locken die schönsten Strände der Insel. Man sonnenbadet in Reih und Glied, die Motorboote schaukeln im türkis schimmernden Wasser, wenn sie nicht gerade Wassersportler oder jauchzende Bananenreiter durch die Wellen oder Lüfte ziehen. Doch zwischen all den Clubs und Pubs behauptet sich in Agía Nápa auch eine schöne Lázarus-Klosterkirche, und der Priester spricht allabendlich über Lautsprecher die Worte zur Nacht. Fehlt eigentlich nur noch ein Lázarus-Club mit dem ultimativen Wiederauferstehungs-Cocktail.

Eine kleine Party-Pause gefällig?!

Im arkadengeschmückten mittelalterlichen Kloster Agía Nápa (15. Jahrhundert) in der Ortsmitte können Ruhesuchende zur Abwechslung die Stille im Klostergarten genießen und einen hübsch bekuppelten Brunnenpavillon besichtigen. Die Klosterkirche mit schönen Wandmalereien ist »Unserer

MAL EHRLICH

SEX & DRUGS & ROCK'N'ROLL

In Agía Nápa werden Teenagerträume wahr: endlose House- und Techno-Beats, Alkohol in Strömen ohne Sperrstunde, unechte und echte Blondinen, viel nackte Haut, »Sex on the beach« nicht nur als Cocktail und in manchem Club sogar öffentlich ... Aber glücklicherweise ist auch dieser Ferienort in den letzten Jahren mit seinen Gästen erwachsener geworden und bietet nicht nur Kult, sondern auch Kultur und vor allem sagenhaft schöne Strände. Um die richtig genießen zu können, gilt: Partymeile meiden!

AUTORENTIPP!

STILLE ECKEN IM WESTEN

Wem der Trubel an den stadtnahen Stränden Agía Nápas' zu viel wird, sollte die weiter entfernten Strände im Westen aufsuchen: Der einzige Strand ohne Liegestühle und Sonnenschirme ist der wochentags vergleichweise verwaiste Strand von Potamós (tou Liopetríou). Der winzige Fischerort grenzt an die britische Militärbasis Dekéleia, lohnt aber dennoch einen Abstecher wegen der ruhigen Atmosphäre rund um den kleinen Hafen mit seinen bunten Kähnen und zwei Fischlokalen, die ihre Gäste auch die Duschen benutzen lassen. In der Nähe stehen die Reste eines venezianischen Wachturms (ca. 12 km westlich von Agía Nápa). Der nördliche Ort Liopétri ist bekannt für seine Korbwaren und lohnt auch einen Besuch wegen der rund 600 Jahre alten Ágios Andrónikos-Kirche mit achteckiger Kuppel und Freskenresten (ca. 15 km nordwestlich von Agía Nápa).

Ein Schmuckstück ist das mittelalterliche Kloster in Agía Nápa.

Oben: Spiel, Sport und Spaß am Nissi-Beach
Mitte: Keiner muss am Nissi-Beach verhungern oder verdursten ...
Unten: Am Strand Agía Thékla steht eine der eigentümlichsten, aber auch malerischsten Kirchen.

Lieben Frau der Wälder« (Agía Nápa) gewidmet und teilweise schon vor rund 700 Jahren unterirdisch aus dem Fels geschlagen worden. Im unteren Teil der Höhlenkirche sieht man eine Quelle und ein wundertätiges Marienbildnis. Das See-Museum Thalassa an der Hauptstraße Kryou Nerou dokumentiert die Geschichte der Seefahrt auf Zypern von der Frühzeit bis zur Gegenwart. Das größte Exponat ist die Kopie des antiken Wracks aus Kyrénia (s. S. 218). Außerdem sieht man Fossilien, ausgestopfte und konservierte Meerestiere wie Meeresschildkröten, Wasservögel und Muscheln.

Die Qual der Wahl – auch am Strand

Der Hauptstrand Kryou Nerou im Südosten des Zentrums ist breit, flach abfallend und feinsandig, aber meist voll. Schön ist der kleine windgeschützte Limnára Beach (vier Kilometer im Südosten, mit Hotel). Weiter abseits erstreckt sich die dunkelsandige Grecian Bay. Auf der westlichen Seite hinter dem Hafen in Richtung Potamós lockt einer der schönsten und populärsten Strände in der herrlich sichelförmig geschwungenen Nissi Bay (zwei Kilometer vom Zentrum), gelbsandig, flach abfallend und mit gleichnamigem Hotelkomplex – an den vielen Beach Bars geht hier am Nachmittag die Party weiter ... Es folgen die ruhigeren und feinsandigen Strände Golden Sands und Makrónissos, die bei Familien beliebt sind. Bei der kleinen, einen Kilometer weiter westlich gelegenen Agía Thékla kann man ebenfalls baden – allein wegen des bildschönen fast minimalistischen Kirchleins sollten Hobbyfotografen hierher einen Abstecher machen: Das blauweiß leuchtende Gotteshaus steht auf dem Hügel über dem Strand und wirkt wie ein Entwurf von Bauhaus-Architekten und Ikea-Designern.

Infos und Adressen

SEHENSWÜRDIGKEITEN

Agía Nápa-Kirche und Kloster. Tgl. 9.30–21 Uhr, Nov.–März 9.30–15 Uhr, Eintritt frei, nahe der Plateia Seferi, Tel. 23 72 12 84. Keine Shorts oder Trägerhemdchen.

Thalassa Museum. Mo 9–13 Uhr, Di–Sa 9–17 Uhr, So 15–10 Uhr, 1. Okt.–31. Mai Mo 9–13 und Di–Sa 9–17 Uhr (So geschlossen), Eintritt: 4 €, Kryou Nerou 14, Tel. 23 81 63 66, www.thalassamuseum.org.cy/en

ESSEN UND TRINKEN

Marquis de Nápa. Rustikales, alteingesessenes Lokal mit Frischfisch und internationalen Gerichten. Tgl. 11–24 Uhr, Kryou Nerou 22, Tel. 23 72 36 10, www.marquisdenapa.com

Vassos Fish Harbour. Eine der ältesten Tavernen mit Hafenpanorama, frischen Meeresfrüchten und Fisch. Tgl. 11–22 Uhr, Makários III. 51, Tel. 23 72 18 84.

ÜBERNACHTEN

Atlantica Aeneas. Man wohnt in zweistöckigen Häuschen im weitläufigen Garten oder um eine gigantische Poollandschaft mit Springbrunnen und Kaskaden. Nissi Ave. 40 (E 309), Tel. 23 72 40 00, www.aenas.com.cy

Nápa Plaza. Beliebtes Stadthotel mit zwei riesigen Pools, 221 etwas spärlich ausgestattete, aber anständige Zimmer, dafür endloses Frühstücksbuffet inkl. Schampus. Makários III., Tel. 23 81 65 55, www.napaplaza.com

Napa Prince. Schnäppchen-Appartements im klobigen 1970er-Stil – aber der Preis ist kaum der Rede wert und die Clubszene nur fünf Gehminuten entfernt. Tefkrou Anthia 65, Tel. 23 72 14 83, www.napaprince.com

AUSGEHEN

The Live Lounge Venue. In dem angesagten Indie-Club spielen Livebands oder DJs legen coole Beats auf. Tgl. 19–1 Uhr, Grigóriou Afxentiou, Tel. 99 27 48 05.

INFORMATION

Tourist Information (CTO). Mo–Fr 9–15.30 Uhr, theoretisch auch Sa 9–14 Uhr, Kryou Nerou 12, Agía Nápa, Tel. 23 72 17 96.

Traumhafte Aussichten

22 Paralímni mit Protarás und Pernéra

Bauernidylle, Beauty Salons und Badespaß

Angesichts der Vielzahl an Beauty Salons und romantischen bis abenteuerlichen Hochzeitsaktivitäten wird in Protarás und Pernéra offenbar pausenlos um die Wette geheiratet. Alt und Jung sind begeistert von den Stränden, die zu den saubersten und sichersten in der EU gehören – ausgezeichnet mit der »Blauen Flagge«. Auf Kulturinteressierte wartet das Provinzstädtchen Paralímni mit gleich drei bemerkenswerten Kirchen.

Oben: Paralímni bezaubert mit einem der größten und schönsten Kirchplätze Zyperns.
Unten: Luxus-Oase: das »Capo Bay Hotel« in Protarás

Das Städtchen Paralímni mit seinen 12 000 Einwohnern ist Hauptort der Region der reichen Gemüsebauern nördlich von Agía Nápa. Seit dem Einmarsch der Türken ins nahe gelegene Famagusta 1974 hat sich der Tourismus an der südöstlichen Küste enorm entwickelt. Protarás und sein Nachbarort Pernéra mauserten sich zu einem neuen, etwas ruhigeren Hotelzentrum an der mittlerweile doch arg zersiedelten Ostküste, wo vorwiegend britische, deutsche und Schweizer Familien Urlaub machen.

Zum Baden zwischen steilen Klippen verlockt die idyllische, von Felsen durchsetzte Kónnos Bay mit dem goldgelben, flachen Fig Tree Beach – einer der schönsten Strände Zyperns. Allerdings unterbrechen die Idylle zeitweise dröhnende Jetskis und Motorboote, vor allem an Sommerwochenenden wimmelt es hier von Sandburgenbauern, Sonnenanbetern und Surfern. Doch wo es im Sommer kaum noch einen Platz für ein Handtuch gibt, ist es im Winter wie ausgestorben.

Paralímni und seine Kirchen

Zu Beginn eines wahren Kirchen-Marathons könnte man die 1984 erbaute Profitis Ilias (Elias)-Kapelle in Protarás besuchen: Zwischen zwei Maulbeerbäumen steht sie unübersehbar auf einem Felsenberg über dem Ort – wer die rund 160 Stufen geschafft hat, wird mit einem Ausblick über Ferienorte und Küste belohnt.

Der Ausflug ins Hinterland nach Paralímni ist nicht gerade von architektonischen Highlights gekrönt, die Stadt hat eher quadratisch-praktischen Charme. Die eintönigen Straßenblocks werden immerhin durch farbenprächtige Gärten aufgelockert. Der größte, meist verwaiste Dorfplatz auf Zypern präsentiert sich nach einer Seite hin wie ein Gemälde mit gleich drei Kirchen: Die älteste ist die etwas gedrungen wirkende Kreuzkuppelkirche Panagía Agía Anna (teils 13. Jahrhundert) mit gotischen Einflüssen und Fresken aus dem 19. Jahrhundert. Im byzantinischen Kirchenmuseum sind Ikonen (17. Jahrhundert), religiöse Gewänder und alte Bücher ausgestellt.

Die im 19. Jahrhundert erbaute Ágios Geórgios beeindruckt mit schlankem Glockenturm und schönem Arkadengang – und gleich daneben die neue majestätische Georgs-Kirche aus den 1990ern mit großflächigen Wandmalereien im Innern (beide sind in der Regel geschlossen). Im unteren Teil zeigt die Dorf-Platia mit dem Freilichtmuseum ihre postmoderne Seite. Von einem Aussichtsturm bekommt man einen guten Gesamteindruck des Platzes bis zur Grenze nach Famagusta. Rund um die Platia kann man in einigen Keramikläden und Boutiquen stöbern (am Mittag und Mittwochnachmittag geschlossen) und beim alljährlichen Paralímni-Fest im August schwingen die berühmten Folkloretänzer die Beine auf dem Dorfplatz.

Infos und Adressen

SEHENSWÜRDIGKEITEN

Profitis Ilias. Tagsüber geöffnet, Profitis Ilias St., Protarás, kein Tel.

Panagía Agía Anna. Tagsüber geöffnet, Tel. 23 74 23 40.

ESSEN UND TRINKEN

Alati by the Sea. In dem Meereslokal speist man romantisch auf gehobenem Niveau. Tgl. 10–2 Uhr, Pernéras St. 37, Protarás, Tel. 23 83 37 40, www.alatibythesea.com

Spartiatis. Großes, hoch auf einem Hügel gelegenes Familien-Strandlokal mit frischestem Fisch. Tgl. 11.30–22 Uhr, Konnos 79 B, Protarás, Tel. 23 83 13 86.

Blue Spice. Lokal mit Pool-Bar, Tanz & Partys. Tgl. 9 Uhr–open end, Protarás, Tel. 23 83 20 88, www.bluespicerestaurant.com

ÜBERNACHTEN

Capo Bay. Die Luxus-Strand-Herberge trumpft mit 225 Balkonzimmern und Poollandschaft. Der Clou: Dauerreservierung für Liegen – nie mehr »Handtuch-Kämpfe«! Iasonos 2, Protarás, Tel. 23 83 11 01, www.capobay.com

Louis Althea Beach. Die preisgekrönte Vier-Sterne-Anlage ist bei Familien mit Kindern beliebt. Ellinon 34, Protarás, Tel. 23 81 41 41, www.louishotels.com

INFORMATION

Tourist Information (CTO). Mo–Fr 9–15.30 Uhr, Sa 9–14 Uhr (Jan.–Feb. Sa geschlossen), Protará St. 14, Protarás, Tel. 23 83 28 65.

Oben: Traditionelle Gerätschaften im Folklore-Museum in Deryneia
Unten: Von der UN Buffer Zone kann man einen Blick auf die Geisterstadt Varosha im türkisch besetzten Nordzypern werfen.

23 Deryneia mit Umgebung
Die letzte Bastion …

Das letzte Dorf der Republik Zypern liegt nur einen Steinwurf von der innerzyprischen Grenze und vom türkisch besetzten Famagusta entfernt. Hier wird jedem Badeurlauber deutlich, dass das Land, die Nation, die Insel geteilt ist – wenn man von den Aussichtspunkten in die »Geisterstadt« Varosha schaut. Die Gegend ist glücklicherweise nicht nur von Wachtürmen und Sackgassen übersät, sondern auch von schönen Kirchen.

Zum Baden zwischen steilen Klippen verlockt die idyllische, von Felsen durchsetzte Kónnos Bay mit dem goldgelben, flachen Fig Tree Beach – einer der schönsten Strände Zyperns. Allerdings unterbrechen die Idylle zeitweise dröhnende Jetskis und Motorboote, vor allem an Sommerwochenenden kann es hier voll werden. Doch wo es im Sommer kaum noch einen Platz für ein Handtuch gibt, ist es im Winter wie ausgestorben.

Fernglasblick in die »Geisterstadt«

Einige typisch zyprische Produkte kann man im Laden des kleinen etwas am Nordrand des Dorfes versteckten Cultural Center des besetzten Ammostochos sehen und erstehen. Aber die meisten kommen in dieses moderne Kulturzentrum wegen des offiziellen Aussichtspunkts auf dem Dach. Mit dem Fernglas kann man zur etwa drei Kilometer entfernten »Geisterstadt« Varósha im türkisch besetzten Famagusta (griechisch Ammostochos) in Nord-Zypern schauen: Die verlassenen, teils zerbombten Hochhäuser stehen am Meer, dazwischen unübersehbar ein Kran – als wäre gerade noch der Bau der Hotelmeile im Gange. Doch das ist 40 Jahre her! Kaum zu glauben, dass der Kran noch steht ... Eine kleine Fotoausstellung und sogar ein deutschsprachiges Video dokumentieren die Geschehnisse des Jahres 1974, als die türkischen Truppen in den Badeort einmarschierten und seither den Norden Zyperns besetzt halten.

An diesen Aussichtspunkten nahe der Grenze gerät man vielleicht mit einem der Betreiber ins Gespräch – wie etwa mit Anita in ihrem gleichnamigen Café-Outlook – und erfährt so von den Geschehnissen aus erster Hand, von einem Vertriebenen aus jenen Tagen ... Alljährlich Mitte August findet hier eine Gedenkfeier der aus Famagusta vertriebenen griechischen Zyprer statt, mit Folklore und Ausstellungen. In der Umgebung enden Straßen im Niemandsland, Protestschilder verkünden vom *No man's land*, man sieht UN-Wachtürme und Warnschilder, Stacheldraht und Zäune. Der offizielle Grenzübergang ist der Strovília-Checkpoint.

Bei den Blauhelmen

Nahe des kleinen Dorfes Pyla (ca. 20 Kilometer südwestlich von Deryneia) kann man ebenfalls die Grenze nach Norden in Pérgamos überqueren. Es ist das einzige geteilte Dorf in der UN-Pufferzone. Hier bekommt man einen Eindruck davon, wie es ist, wenn rund 700 griechische und 300 türkische Zyprer friedlich zusammenleben – allerdings unter der militärischen Obhut der UN-Blauhelme, die hier auf einem Dach in der Ortsmitte Stellung bezogen haben. Beide Volksgruppen haben ihre eigenen Schulen und eigene Bürgermeister, Kirche und Moschee, griechische Tavernen und türkische Kaffeehäuser ...

Infos und Adressen

SEHENSWÜRDIGKEITEN

Ammochostos Cultural Center. Mo–Sa 7.30–16.30 Uhr, Eintritt frei, Evagorou 35, Tel. 23 74 08 60.

Sotira-Kirchen. Tagsüber geöffnet, Tel. 23 82 39 32.

Volkskundemuseum (Folkloric Museum). Di–Sa 9–17 Uhr, Eintritt: ca. 2 €, Demetri Liperti 2, Deryneia, Tel. 23 74 03 53.

ESSEN UND TRINKEN

Lavezin. Elias serviert täglich frisch gefangenen Fisch und zyprische Grillklassiker bei Livemusik. Ruhetag Mo, Di–So 16–23 Uhr, Stadiou 52, Tel. 23 74 30 60.

Mousikos Tavern. Authentische zyprische Küche mundet in dem oft voll besetzten Lokal.
Tgl. 18.30–23 Uhr, Kyriakou Matsi 6, Sotira, Tel. 23 82 88 33.

UNTERKUNFT

Malama Beach Holiday Village. Das mittelklassige Strandhotel liegt an einer kleinen Meeresbucht: Balkonzimmer, kinderfreundliche Animation, viele Shows, Tauchbasis. Kennedy Ave. (zwischen Protarás und Deryneia), Tel. 23 82 22 00, www.malamaholidayvillage.com

Auch Deryneia besitzt eine schöne Kirche – und eine bunte Metzgerei.

ZENTRUM ZYPERN

24 Agrós

Im »Tal der Rosen«

Marzipan, Marmelade, Landwurst, Wein und Rosenlikör – das Tróodos-Gebirge ist neben seinen herrlichen Bergpanoramen auch ein Paradies für Leckermäuler. An Agrós kommt man nicht vorbei, wenn man die vielen kulinarischen Leckereien der Region ausprobieren möchte. Das Bergstädtchen hat sich weltweit einen Namen gemacht für seine vielfältigen Produkte aus Rosenwasser, für seine Glykó-Süßigkeiten, deftigen Landschinken und Weine.

Agrós liegt auf 1100 Metern im Herzen der Region Pitsiliá (Pitsylia) an den östlichen Tróodos-Ausläufern und nur 45 Kilometer von der Südküste entfernt – inmitten von Obstplantagen, Haselnuss-, Walnuss- und Mandelbäumen, Wein- und Gemüsefeldern und blühenden Rosenplantagen im Frühjahr. In der Nähe erheben sich die beiden nach dem Olympos höchsten Berge Zyperns, der Madari (1612 Meter) und der Papoutsa (1554 Meter). In dem Dorf im Tal der Damaszener-Rosen leben heute wieder rund 1000 Menschen – mit eigener Polizeistation, Post, eigenem Gymnasium, Kindergarten und sogar einem Hotel und dem Peripheral-Theater. Das war nicht immer so.

Lukullische Rosenspezialitäten

Hier, wo die Häuser wie Schwalbennester am Hang kleben, holte man die Einheimischen allmählich wieder ins Dorf zurück – manche sogar aus Übersee. Einige Familienbetriebe haben sich auf traditionelle Produkte aus der Region spezialisiert, beispielsweise aus den im April/Mai blühenden Damaszener-Rosen (*Rosa damascena*). Chris

Vorangehende Doppelseite: Bilderbuch-Berglandschaften warten im Zentrum Zyperns, hier z. B. Foini. **Oben:** In Agrós lohnt sich ein Aufenthalt zum Naschen und Wandern. **Unten:** Aus Rosenblüten wird hier nicht nur Rosenwasser gemacht, sondern Wein, Schnaps, Tees ...

Die Ágios Timios Stávros gehört zum UNESCO-Weltkulturerbe.

N. Tsolakis ist der einzige Rosenwasser-Produzent Zyperns: Er hat den Betrieb 1987 von seinem Vater Nikodemos übernommen, wie dieser wiederum von seinem Großvater. Auf der Plantage werden pro Jahr rund 7000 Kilogramm Blüten geerntet – etwa 500 Kilogramm ergeben nur ganze zwei Liter Rosenwasser. Während der Rosenblüte sieht man früh am Morgen die Pflücker, viele osteuropäische Gastarbeiter, auf den Feldern: Die Blüten müssen noch mit dem Morgentau eingesammelt werden.

Wer den Betrieb besichtigt, darf sogar in einem Meer aus Rosenblättern baden und hat nach dem Rundgang im Verkaufsraum die Qual der Wahl: der Verkaufsschlager ist das Gesichtswasser – oder nimmt man lieber knallig rosafarbenen Likör (22 Vol.-%), Wein (13 Vol.-%) oder Brandy, Öl, Kerzen, Seife, Marmelade ... alles mit Rosenaroma. Oder wie wäre es mit einem Rosentee, der traditionell gegen Kopf- und Magenschmerzen helfen soll? Auch in der zyprischen Küche verwenden die Frauen – nicht nur beim Backen – viel Rosenwasser, z.B. für Machalepi (auch Mahalepi), ein mit Rosenwassersirup angereichter Reispudding.

Nach Omas Rezepten

Ein paar Schritte weiter zaubert Niki Agathogleous »nach dem Rezept meiner Oma« in ihrer klei-

AUTORENTIPP!

UNESCO-SCHATZKÄSTCHEN

Zehn byzantinische Scheunendach-Kirchen im Tróodos gehören zum UNESCO-Weltkulturerbe, gleich zwei dieser Schätze stehen nahe Agrós: Die Ágios Timios Stávros mit Fresken über das Leben Marias aus dem 13./14. Jahrhundert. Und die kleine Heilig-Kreuz-Kirche Stávros tou Agiasmáti mit ihrem tief geneigten Satteldach (1494), die zahlreiche mehr als 600 Jahre alte Fresken beherbergt. Hier kann man die farbenprächtigen und reichsten Bilderzyklen ganz Zyperns bestaunen und den Geschichten des Neuen Testaments folgen.

Ágios Timios Stávros. Tgl. 12–17 Uhr, auch Terminvereinbarung, Tel. 25 55 23 69 und 25 81 32 04, Audioguides, ca. 15 km südwestlich von Agrós.

Stávros tou Agiasmáti. Nur nach Terminvereinbarung, Tel. 22 65 25 62 und 99 65 25 62, 15 km nordöstlich von Agrós bei Platanistása, dort im Kafenion auch der Schlüssel und Audioguides.

Oben: Agrós befindet sich in rund 1100 Metern Höhenlage in herrlicher Bergkulisse.
Mitte: Kirche in Agrós
Unten: Und zum Nachtisch gibt es eine süße Verführung.

nen Fabrik »Niki Sweets« Süßigkeiten aus Feigen, Mandeln und Walnüssen, wie das klebrigsüße Glykó, in Sirup eingelegte Früchte, und die berühmten Soudzoúko-»Würste« (auch Soutzioukos) mit Mandelkern in eingedicktem Traubenmost, die schon seit dem Mittelalter auf Zypern bekannt sind. Die Marmeladen und Glykós sind aus Wassermelone, Kürbis, Äpfeln, Aprikosen und vielen anderen Obst- und Gemüsesorten, und auch für Diabetiker geeignet. »Die Japaner sind ganz verrückt nach Süßem mit Rosenaroma«, sagt Niki, »bei den Deutschen ist unsere Weißdornmarmelade der Renner.« Zuerst hatte sie das Obst in der häuslichen Küche nur für Freunde und Bekannte eingekocht, heute exportiert die Zyprerin in die ganze Welt – bis nach Australien, wohin es viele Auswanderer verschlagen hat.

Das gilt ebenso für dem Kassler ähnlichen Loúnza, in Wein mariniertes Schweinefleisch, das man gegrillt oder gebraten auch in Sandwich isst. Diese Wurstspezialität wird seit 1978 gleich hinter ihrem kleinen Laden von Niki Kafkalia hergestellt – auf althergebrachte Weise ohne Konservierungsstoffe. Öffnet man hier die Tür zum Räucherraum, umgibt einen sofort eine verlockende Duftwolke. In der Auslage liegt auch der bekannte Räucherschinken Chiroméri und die zyprische Grillwurst Loukanika mit einem Hauch Koriander. Und so wurde aus Agrós ein regelrechter Global Player auf dem internationalen Weltmarkt – eigentlich kein Wunder, wenn mit Glafkos Klerides ein ehemaliger Staatspräsident aus dem Ort stammt …

Infos und Adressen

ESSEN UND TRINKEN

Agrós Village Taverna & Bar. Gemütlich sitzt man auf der Terrasse bei Meze & Co. Tgl. 12–15 und 18–22 Uhr, Ieforos Agrou 103, Tel. 25 52 15 58.

Seven Hills Bar & Café. In dem modernen Restaurant werden Snacks, Burger, Wraps, Salate und Grillspeisen serviert. Tgl. 11–14 und 18–23 Uhr, Steliou Hadjiptri 48, Tel. 25 52 11 52, www.sevenhills.com.cy

To Pezema. Vor allem zyprische Speisen stehen in der kleinen Taverne auf der Karte. Tgl. 11–22 Uhr, Rodon St. (E 806, nahe »Rodon Hotel«), Steliou Hadjipetri 50, Tel. 99 55 13 81.

UNTERKUNFT

Rodon Hotel. Großes Drei-Sterne-Berghotel mit tollem Panorama, v. a. die Aphrodite-Honeymoon-Suite mit Jacuzzi, 2 Pools, Fitness, Sauna, Tennisplatz. Rodon St. 1, Tel. 25 52 12 01, www.rodonhotel.com

Vlachos. Die einfache dreistöckige Familienpension bietet 18 (Balkon-)Zimmer mit TV, Gemeinschaftsküche, Garten und Lokal. Tel. 25 52 13 30.

EINKAUFEN

Kafkalia. Mo–Fr 8.30–17 Uhr, Sa 9–18 Uhr, Okt. bis März Mo–Fr 8.30–16 Uhr, Sa 9–15 Uhr, Kyriakou Apeitou 36, Tel. 25 52 14 26.

Niki Sweets. Tgl. 8–19 Uhr (Führungen Mo–Fr 8–15.30 Uhr), Triantafilou 5, Tel. 25 52 14 00, www.nikisweets.com.cy

Tsolakis. Tgl. 8–18 Uhr, Anapavseos 12, Tel. 25 52 18 93, www.rose-tsolakis.com

FESTE

Kirchweih- und Dorffest. Am 15. Aug. und 21. Nov. feiern die Bewohner mit Rummel, Musik, Tanz und vielen Besuchern, sogar Gäste aus Übersee nahmen teil.

Rosen-Festival. Im April/Mai feiert ganz Agrós eine Woche lang mit Ausstellungen, Tanz, Speisen und Trank seine Rosenblüte.

INFORMATION

Tourist Information. Im »Rodon Hotel«, sogar deutschsprachig. Allgemeine Informationen www.agros.org.cy

Das »Rodon Hotel« liegt mitten in den Bergen, von hier genießt man ein tolles Agrós-Panorama.

Eines der schönsten Dörfer in Zypern: Galáta-Kakopetriá erklimmt man auf engen, steilen Gassen.

25 Galáta-Kakopetriá
Malerisches Doppeldorf

Umgeben von Obstplantagen und Gemüsegärten drängen sich die ziegelgedeckten Häuschen des Doppelortes auf einem Felsrücken dicht aneinander – die denkmalgeschützte Altstadt, die »Stadt der Balkone«, ist wahrlich pittoresk. Und nicht mehr ganz unbekannt: Das ziemlich touristische Doppeldorf trumpft gleich mit vier schönen Kirchen, einer alten Mühle, Hotels und Pensionen und sogar mit einem Nachtclub.

Der niedliche Altstadtkern von Kakopetriá ist mittlerweile mit dem Nachbarort Galáta zusammengewachsen (ca. 3000 Einwohner) und beide thronen auf 660 Metern auf einem schmalen Felsrücken zwischen zwei Wildbächen, dem Kargótis und dem Garillis. In der hügeligen Umgebung gedeihen Obstplantagen (v.a. Äpfel) und Gemüsegärten, Oliven-, Walnuss- und weiß blühende Mandelbäume, Kiefern und Pappeln. Schon in byzantinischer Zeit war das Dorf bekannt für seine Seidenraupenzucht und Seidenherstellung – im 19. Jahrhundert arbeitete jeder zweite Bewohner in der Seidenindustrie, sogar noch bis nach dem Zweiten Weltkrieg, denn die britische Armee kam während des Krieges auf die Idee, den Stoff für ihre Fallschirme in Kakopetriá anfertigen zu lassen. Schon vor rund 100 Jahren zog es die hitzegeplagten Bewohner der Hauptstadt Nikosia wegen des kühlen Bergklimas in die Sommerfrische – die ersten Touristen kamen damals noch in der Pferdekutsche, heute haben viele hier ihr Wochenendhaus. Die wenig ansehnliche Neustadt kann man getrost links liegen lassen, der denkmalgeschützte Altstadtkern besitzt viele sehens-

Das Bergdorf trumpft mit schöner alter Architektur.

werte alte Häuser aus dem 18. und 19. Jahrhundert, die seit 1980 restauriert werden.

Gassenbummel und Gassenrummel

Die Besucher bummeln durch teils steile und immer engere Gassen, über die sich überdachte Holzbalkone und Erker beugen. Man läuft stellenweise fast wie durch einen Tunnel, vorbei an überdimensionalen Tonkrügen und allerorten Geranienblüten, Oleander und Hibiskus, die wie Wasserfälle die Wände herunterfließen. Unter den Balkonen der alten Lehmziegelhäuser sitzen Sticknadeln schwingende Frauen und grüßen lächelnd: *Kopiaste!* – »Komm her und schau!« Aber es ist wie in vielen Bilderbuchdörfern, die überlaufen sind, wenn zwei Reisebusse gleichzeitig ankommen und der Touristenrummel ausbricht: Man biegt nur zehn Meter ab von der Hauptgasse mit ihren Stickereien und Töpfereien, dem in Sirup eingelegten Glykó-Obst und Commandaría-Wein – und auf einmal herrscht Ruhe, himmlische Ruhe, so wie es sich für ein Bergdorf gehört. Man nimmt Platz auf einer Bank, vielleicht an der alten Kirche, genießt die noch grünen sirupsüßen Walnüsse, eine Dorfspezialität, und lässt den Blick

AUTORENTIPP!

GLEISE INS NIRGENDWO

Skurrile Attraktion für alle Bahn-Enthusiasten: Nördlich von Galáta liegt die einzige Bahnstation Zyperns – gottverlassen steht das hübsch restaurierte backsteinerne Haus an den Gleisen ins Nirgendwo. Es ist eine der wenigen Hinterlassenschaften der Cyprus Government Railway. Bis 1951 verkehrte tatsächlich eine britische Bahn auf der 120 Kilometer langen Strecke zwischen dem Hafen Famagusta und Lefkosia sowie den Kupferminen im Nordwesten der Insel. Die alte Endstation Evrychou aus dem Jahr 1915 wurde jetzt endlich restauriert und in ein Eisenbahnmuseum umgewandelt. Noch ist nicht viel zu sehen, außer einer alten Draisine, einem Waggon und ein paar Postern ...

Cyprus Railway Museum Evrychou (Evrykhou). Bisher keine geregelten Öffnungszeiten, ca. 8 km nördlich von Kakopetriá (westlich der B 9, Schlüssel im Kafenion), kein Tel.

Oben: Ganz in der Nähe: die UNESCO-Klosterkirche Panagía tis Podíthou
Unten: Das Dorf Kaliana mit ebenfalls sehenswerter Kirche bei Galáta-Kakopetriá

über die rostbraunen Ziegeldächer wandern und die Beine baumeln. Meist kehrt am Nachmittag, wenn die Reisebusse abgefahren sind, diese Ruhe wieder von selbst ein.

Im Freiluftmuseum

Im Altstadtkern drehten zwei historische Mühlen (Milos tis Gonias) mit ihrem hölzernen Wasserrad jahrhundertelang ihre Runden. Die eine Mühle wurde 1754 von einem Mönch erbaut und 1980 restauriert. Bis in die 1950er-Jahre haben die Bauern hier gemeinsam als Kooperative noch Getreide, Weizen und Gerste gemahlen. Entlang des kleinen Flusses findet der aufmerksame Besucher einige schöne Fotomotive mit alten Bogen- und Holzbrücken und dem Wasserturm. Über eine Holzbrücke, die über den ganzjährig rauschenden Kargótis-Bach führt, erreicht man den vierstöckigen burgähnlichen Bau des Hotels »The Mill« aus dunklem Holz und Ziegeln – ein auffällig verschachteltes Gebäude, das auch als Sitz des Dalai Lama durchgehen könnte und auf den ersten Blick nicht so recht in dieses typisch zyprische Freiluft-

MAL EHRLICH

VERSPERRTE KIRCHEN

Die UNESCO-Schätze sind gut gesichert und deshalb oft versperrt. Damit man keine Enttäuschung erlebt, sollte man Folgendes beachten: Je nach Saison stehen die Kirchen tagsüber Besuchern offen (auf jeden Fall an Sonntagen bis nachmittags). In der Nebensaison hängt meist eine Telefonnummer an der Kirchentür. Falls diese nicht mehr gilt oder es auf Englisch Verständigungsprobleme gibt, kann man sein Glück im nächstgelegenen Dorfcafé, dem Kafeníon, versuchen. Hier bekommt man den Schlüssel und wahrscheinlich einen Begleiter. Spenden sind immer gern gesehen.

museum passen möchte. Es gibt außerdem ein kleines Heimatkundemuseum in der Alten Kakopetriá Straße: Das Linos-Museum zeigt in einer Steinscheune mit drei Räumen die althergebrachte Produktion von Wein, Brot und Olivenöl – mit Olivenpresse, Krügen und alten Gerätschaften.

Kirchenpracht mit Bibelszenen

Wer Wandmalereien mag, sollte im zwei Kilometer nördlich gelegenen Ortsteil Galáta die vier schön ausgemalten Kirchen aufsuchen, die alle über Ikonen aus dem frühen 16. Jahrhundert verfügen. Diese Kirchen sind teils vom italienisch-byzantinischem Renaissancestil geprägt und weisen somit eine außergewöhnlich perspektivische Malerei auf – im Gegensatz zum sonst eher strikten byzantinischen Stil wie in der noch einmal zwei Kilometer nördlich gelegenen UNESCO-Klosterkirche Panagía tis Podíthou aus dem Jahr 1502: Man beachte hier besonders die schön ausgemalte farbenfrohe Apsis mit der Muttergottes und Christus, zu der alle Figuren und Apostel aufschauen, und die Kreuzigungsszene an der Westwand. Auch in dem wenige Schritte entfernten Scheunendach-Kirchlein Panagía Theotókou (auch Theotókos, »die Gottesgebärende«, Archángelos-Erzengel-Kirche) von 1520 gleich am Ortsausgang von Kakopetriá sind etwa die Hälfte aller Fresken erhalten geblieben: Sie stellen ebenfalls wunderschön den biblischen Zyklus und Lebenslauf Christi dar – von der Verkündung über Christi Geburt und Auferstehung bis zum Abstieg Christi in die Vorhölle. Man erkennt an der Ostwand Figuren wie die Propheten David und Jesaja und den weisen Salomon. Wie bei den meisten Kirchen dieser Zeit sind auch die Stifter, Leontios und seine Frau Lucrezia, als kleine Randfiguren irgendwo abgebildet – hier gleich über dem Eingang. Meist wirkt diese Marien-Kirche unscheinbar und verlassen, aber beim Kirchenfest

AUTORENTIPP!

FUN & ACTION FÜR DIE GANZE FAMILIE

Man muss ja nicht gleich wie beim Paintball mit Farbmunition auf andere schießen. Der Adventure Mountain Park bietet zahllose Arten der Ent- und Anspannung in der Natur sowie der Adrenalinförderung – ob beim Klettern an der Felswand, beim Kompass-Spiel oder sogar beim Indoor-Schlittschuhlaufen. In der schönen Berggegend, in der sogar oft bis in den März hinein Schnee liegt, warten auf Abenteuerlustige auch diverse Trekkingpfade mit verschiedenen Schwierigkeitsgeraden, etwa der anspruchvolle Madari-Bergtrail mit tollen Ausblicken aus 1600 Metern Höhe.

Adventure Mountain Park (Doxa si o Theos). Ruhetag Mi, Do–Di 10–22.30 Uhr, Nov.–März Do–Di 9–19.30 Uhr, Kosten z. B. 1 Std. Climbing 15 €, Bogenschießen 6 €, in Kyperounda (ca. 13 km südöstlich von Kakopetría), Tel. 99 67 41 26, Gruppenreservierung: 99 77 21 77, www.adventuremountainpark.com

Die Taverne »The Old Kakopetria« lädt zum Verweilen ein.

Oben: Die Ágios Nikólaos tis Stégis gehört zum UNESCO-Welterbe und ist eine wahre Augenweide. **Unten:** Die Kirche Panagía Theotókou ist der »Gottesgebärenden« gewidmet und wird auch Archángelos-Erzengel-Kirche genannt.

vom 1. bis 13. August sowie zu Mariä Himmelfahrt am 15. August versammeln sich hier viele Gläubige zu gemeinsamen Gebeten.

Die ältesten Fresken auf Zypern!

In der weiteren Umgebung (fünf Kilometer südwestlich von Kakopetriá) lohnt auf jeden Fall die UNESCO-Kirche Ágios Nikólaos tis Stégis einen Besuch. Die zauberhafte rustikale Kirche aus dem 11. Jahrhundert mit dem später aufgesetzten spitzen Satteldach aus hölzernen Schindeln ist verschachtelt wie ein kleines Bauernhaus. Im Innern verbirgt sich eine schöne Ikonenwand (17. Jahrhundert); die Wände sind zur Gänze mit herrlichen byzantinischen Malereien (11. bis 17. Jahrhundert) bedeckt – die ältesten erhaltenen Fresken Zyperns! So wunderschön und plastisch, dass man beispielsweise beim Anblick der *40 Märtyrer von Sebaste* fast fröstelnd zur Seite treten möchte, um der dicht gedrängten Schar Platz zu machen. Die Männer wurden zur Strafe für ihren Übertritt zum Christentum von den Römern auf einen vereisten See getrieben. Seit rund 900 Jahren schauen die erfrierenden Märtyrer nun schon auf den Besucher – und umgekehrt ...

Hervorzuheben sind auch in dieser Scheunendach-Kirche die Szenen der Kreuzigung (links), die Auferstehung sowie Christus als Pantokrator, als Weltenherrscher, der auf den Betrachter herabblickt. Oben in der Südkuppel erkennt man eine besondere Rarität: die stillende Maria auf dem Fresko *Geburt Christi* (14. Jahrhundert), das einzige derartige Bild auf Zypern. Auffallend ist auch die Personifikation der Natur, z. B. von Mond und Sonne, die auf dem Kreuzigungsbild Gesichter tragen, oder des Meeres im Eingangsbereich, wo ein kleines Mädchen auf den Wellen zu sehen ist.

Infos und Adressen

Schöne Wege laden zum Wandern ein.

SEHENSWÜRDIGKEITEN

Ágios Nikólaos tis Stégis. Ruhetag Mo (außer Feiertag), Di–Sa 9–16 Uhr, So 11–16 Uhr, Eintritt frei, Audioguides, ca. 5 km südwestlich von Kakopetriá Richtung Pedoulás, Tel. 22 92 25 83. Fotografieren und Filmen im Innern verboten.

Linos-Museum (Linos Inn). Keine geregelten Öffnungszeiten (einfach anklopfen), Eintritt frei, Palea Kakopetriá 34, Tel. 22 92 31 61.

Panagía tis Podíthou. Tgl. 9–13 und 14–17 Uhr, im Winter bis 16 Uhr, Eintritt frei, Audioguides, ca. 2 km nördlich von Galáta an der B 9, Tel. 99 72 09 18 und 99 90 89 16. 100 Meter weiter steht die Panagia Theotókou.

ESSEN UND TRINKEN

Kotsios Café & Bar. Familiäres Verandalokal, das Snacks wie Burger, Salate, asiatisch inspirierte Speisen und Kuchen anbietet. Tgl. 12–22 Uhr, Makárious III. 34 A, Tel. 22 92 34 64.

Milos (The Mill). Großes, hervorragendes Speiselokal im dritten Stock des gleichnamigen Hotels: toller Flussblick, als Spezialität wird Regenbogenforelle mit Knoblauchsauce serviert. Ruhetage alljährlich 20. Nov.–20. Dez., tgl. 12–22 Uhr, Mylos 8, Tel. 22 92 25 36.

Village Pub & Restaurant. Hier gibt's Steaks oder Forelle in netter Atmosphäre. Tgl. 11–22 Uhr, Palea Kakopetriá 2, Tel. 22 92 26 16.

ÜBERNACHTEN

Ekali. Das moderne dreistöckige Hotel liegt im neuen Teil der Stadt, online gebucht um die Hälfte billiger! Georgiou Griva Digeni 22, Tel. 22 92 25 02.

Linos Inn/Linos Villa. Urig und doch modern wohnt man in dem alten Gemäuer – aber leider auch jedes Jahr teurer. Palea Kakopetriá 34, Tel. 22 92 31 61, www.linos-inn.com.cy

Minaides Hotel. Das Neubauhotel bietet preiswerte und zweckmäßige Zimmer (Sat.-TV, Heizung). Aidonion 20, Tel. 22 92 24 21, www.minaideshotel.com

The Mill. Das außergewöhnliche Hotel beherbergt seine Gäste in 13 gemütlichen Balkonzimmern im Terrakotta-Marmor-Natursteindesign. Ruhetage alljährlich 20. Nov.–20. Dez., Mylos 8, Tel. 22 92 25 36, www.cymillhotel.com

INFORMATION

Allgemeine Infos unter www.galata.org.cy

Im Café »Serenity« genießt man die Aussicht über den Fluss.

Oben: Christus als Pantokrator, als Weltenherrscher, auch in der Panagía tis Asínou
Unten: Das UNESCO-Kirchlein ist voller biblischer Gestalten und Geschichten.

26 Panagía tis Asínou-Kirche

Das reinste Bilderbuch: Eine voll ausgemalte Kirche

Die schönste aller Scheunendach-Kirchen: Das kleine verträumte UNESCO-Kleinod mit seinen herrlichen Fresken versteckt sich in einer Waldlichtung beim Dorf Nikitári – die mittelalterlichen Wandmalereien ab dem 12. Jahrhundert gelten als die schönsten Zyperns. Das Auge kann sich wahrlich sattsehen an biblischen Szenen und Geschichten. Kurzum: Das Kirchlein darf auf keiner Rundreise fehlen.

Das Kirchlein Panagía tis Asínou (auch Panagía Forviótissa), das in den Reigen des UNESCO-Weltkulturerbes aufgenommen wurde, steht winzig klein in aller Abgeschiedenheit auf einem lichten Hügel im Wald nordöstlich von Kakopetriá. Die rustikale und typische Bergkirche stammt aus dem 12. Jahrhundert.

Byzantinisches Kleinod

Sie beherbergt die ältesten und schönsten Wandmalereien auf Zypern. Ein kunsthistorisches Juwel, auch wenn man es auf den ersten Blick kaum vermutet, so schlicht und unscheinbar wirkt die Marienkirche von außen: Mit ihrem Holzschindeldach (erst 1959 gedeckt), den rauen Felsquadern und ohne Glockenturm erscheint sie wie eine alte Scheune – daher der Name für diese charakteristischen zyprischen Kirchen, von denen es noch rund 30 weitere gibt, zehn davon gehören zum UNESCO-Weltkulturerbe. Das meist weit heruntergezogene Dach soll die Kirchen vor Wind, Regen und Schnee schützen. Der Kontrast zwischen dem rustikalen Äußeren und der Pracht im Innern dieser Gotteshäuser überrascht und bezaubert die Besucher auch hier.

Ein Who's who der Bibel

Die in der Panagía tis Asínou von Amerikanern in den 1960er-Jahren restaurierten Fresken (1105 bis 17. Jahrhundert) bedecken die gesamte innere Kirchenwand und die Pfeiler, das tonnengewölbte Schiff, die Kuppel und die halbrunden Nischen. Sie erzählen zum Beispiel aus dem Leben Marias, von der Auferstehung und dem Abendmahl. Der Besucher fühlt sich von tausend Augen beobachtet, denn zahllose Figuren blicken von den Wänden und Pfeilern, etwa die Apostelfürsten Petrus und Paulus, der hl. Konstantin und seine Mutter, die hl. Hẹlena, der hl. Mamas auf seinem Löwen, die Giftheilerin Anastasia sowie diverse Propheten, Erzengel, Krieger und Märtyrer – ein kunterbuntes biblisches Who's who. Für die zu verschiedenen Zeiten erbauten bzw. ergänzten Kirchenteile sind ab 1105 diverse Stifternamen und Jahreszahlen verzeichnet, der erste Stifter Nikiphoros Magistros ist auf einem Bild über der Tür bei der Übergabe der Kirche an die Muttergottes zu sehen.

Unter den wunderschönen in vielen Pastelltönen leuchtenden Fresken beachte man besonders die Muttergottes in der Apsis mit zwei Engelsgestalten und darunter ein Bild der Apostelkommunion, bei der Jesus Brot und Wein verteilt und sich Judas deutlich erkennbar abwendet. Bei der Südtür sind Christi Geburt und Taufe dargestellt, gegenüber der Judaskuss und die Kreuzigung. Ein weiteres drastisch-plastisches Bild heißt *Heulen und Zähneklappern* – man kann fast hören, wie die Verdammten des Jüngsten Gerichts leiden ... Der Christus Pantokrator schaut als alles schöpfender Weltenherrscher von der Kuppeldecke herab.

Infos und Adressen

SEHENSWÜRDIGKEITEN

Panagía tis Asínou (Panagía Forviótissa). Mo–Sa 9.30–13 und 14–16 Uhr, So 10.30–16 Uhr, Eintritt frei, Audioguides, ca. 5 km südlich des Dorfes Nikitári (ca. 20 km nordöstlich von Kakopetriá, Schlüssel im Kafeníon Nikitári), Tel. 22 85 29 22 und 99 83 03 29 (Father Kyriakos).

ESSEN UND TRINKEN

Forviótissa Tavern. Auf der schattigen Gartenterrasse werden zyprische Klassiker serviert. Tgl. 11–18 Uhr, Asínou St. (nördlich der Kirche an der F 932), Nikitári, Tel. 22 85 52 33.

Stávros tis Asínou. Man speist zyprisch, draußen auf Holzbänken oder drinnen im großen Lokal mit dem Charme einer Bahnhofshalle. Tgl. 9.30–18 Uhr, an der Kirche, Tel. 22 85 20 00.

ÜBERNACHTEN

Camping. Im Sommer kann man hier wie die Zyprer – mehr oder weniger geduldet – sein Zelt aufschlagen (kein offizieller Zeltplatz).

FESTE

Kirchweihfest. Das Fest findet alljährlich am ersten Wochenende im September statt, mit einer Vielzahl an Pilgern.

Ein Salat darf beim klassischen Essen nicht fehlen.

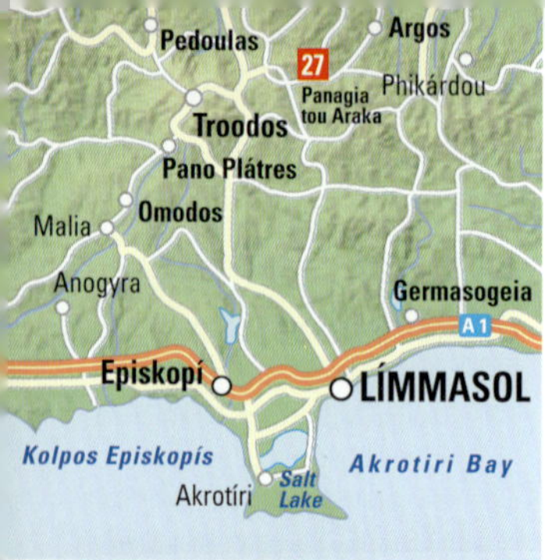

Die Fresken in der Bergkirche Panagía tou Aráka sind besonders lebendig.

27 UNESCO-Kirche Panagía tou Aráka

Die Bibel wird lebendig

Farbenprächtig und leuchtend, lehrreich und fast lebendig: Die vollständig und fantastisch ausgemalte Kirche in Lagouderá hat ganze 800 Jahre auf ihrem Satteldach – ein Besuch ist wie das Blättern in einem Bilderbuch zum Leben Jesu und Marias. Die UNESCO war ebenso begeistert und nahm die Kirche 1985 in die Liste der Weltkulturerbe-Stätten auf.

Die mehr als 800 Jahre alte Bergkirche (1192 erbaut) steht im Dorf Lagouderá im Norden von Agrós auf rund 1000 Metern Höhe – inmitten einer wild zerklüfteten Bergkulisse. Mit den beiden UNESCO-Kirchen Asínou (s. S. 148 ff.) und Nikólaos tis Stégis (s. S. 146) zählt die Panagía tou Aráka (auch Arakoú) zu den bedeutendsten byzantinischen Kirchen auf Zypern. Sie ist der hl. Jungfrau gewidmet. To *arakos* (auch *arakás*) heißt »Erbse«: Maria erhielt hier einen pflanzlichen Beinamen wie auch bei der Asínou-Kirche.

Das Gotteshaus mit seinem weit heruntergezogenen Holzschindeldach erscheint weder zierlich noch gedrungen wie andere Scheunendach-Kirchen, eher quadratisch-praktisch. Ein Holzzaun schmiegt sich eng um das Mauerwerk und trägt zu dem etwas abweisenden Eindruck bei. Er bildet einen Umgang um das Gebäude, schützt das Gebälk vor Wind und Wetter – hier auf 1000 Metern kann schon mal Schnee liegen – und stützt das Satteldach. Ein kleineres separates Dächlein sitzt quasi rittlings auf dem großen Hauptdach, das vermutlich im 14. Jahrhundert über die Kreuzkuppel gebaut wurde – einzigartig in Zypern.

Die Dachkonstruktion der Kirche ist einzigartig in Zypern.

Lebendige Bibelszenen

Der Freskenstil ist komnenisch (mittelbyzantinisch) à la Konstantinopel – ein klassischer Stil, der Ende des 12. Jahrhunderts in Griechenland, auf dem Balkan und in Russland vorherrschte. Aber selbst in Konstantinopel ist heute keine derart vollständige Kirchenausmalung aus dieser Epoche mehr vorhanden. Gestiftet wurden diese 1973 zuletzt restaurierten Bilder vermutlich im Dezember 1192 von einem gewissen Leon Afthentis, dem Sohn eines byzantinischen Beamten, wie eine Inschrift an der Nordwand verrät. Gemalt wurden die Figuren wahrscheinlich vom Kirchenmaler Theodoros Apsevdis. Im Vergleich zu anderen Kirchenfresken wirken diese äußerst lebendig, es scheint hier, als würden die Figuren sich bewegen. Herrlich dynamisch zum Beispiel das Bild von Christi Geburt – man sieht die Engel geradezu herbeifliegen ... Auch dem Leben Marias wurde sich ausführlich gewidmet, etwa auf dem Bild *Mariä Tempelgang* in der Nordwand, wo das dreijährige Mädchen von seinen Eltern und sieben hebräischen, elegant gekleideten Jungfrauen begleitet wird. Ein anderes Bild aus dem 14. Jahrhundert stellt die Muttergottes sitzend, umgeben von den Engeln Gabriel und Michael, dar, darunter aufgereiht die Bildnisse von sieben zyprischen Geistlichen bzw. Heiligen. Über allem thront auch hier in der Kuppel der Pantokrator Christus mit lauter Engeln.

Infos und Adressen

SEHENSWÜRDIGKEITEN

Panagía tou Aráka (Arakoú). Tgl. 9–12 und 15.30–18 Uhr, Okt.–März 9–12 und 14–17 Uhr, Eintritt frei, Audioguides, Schlüssel beim Priester im Nebengebäude oder im Kafeníon im Dorf, am nördlichen Ortsausgang von Lagouderá, Tel. 99 55 73 69 und 96 30 15 08.

ESSEN UND TRINKEN

Madari. Das kleine schlichte Café bietet nur wenige Speisen, Backwaren und Snacks (etwa Halloumi), dafür eine schöne Aussicht. Tgl. April–Okt. geöffnet, 200 m südlich vom Ortsausgang Lagouderá, Tel. 22 65 28 77 und 22 65 29 82.

To Sama. Eine typische Taverne mit zyprischer Hausmannskost. Tgl. 11–22 Uhr, Restaurant im Winter nur Fr–So 11–18 Uhr, im Dorfzentrum von Spília nahe »Marjay Inn« (s. u.), Tel. 22 31 64 73 und 99 57 11 12.

ÜBERNACHTEN

The Marjay Inn. Kleine einfache B&B-Pension mit sechs Zimmern sowie Mountainbikes. Im Dorfzentrum von Spília (ca. 6 km westlich), Tel. 22 92 22 08, www.marjay.com

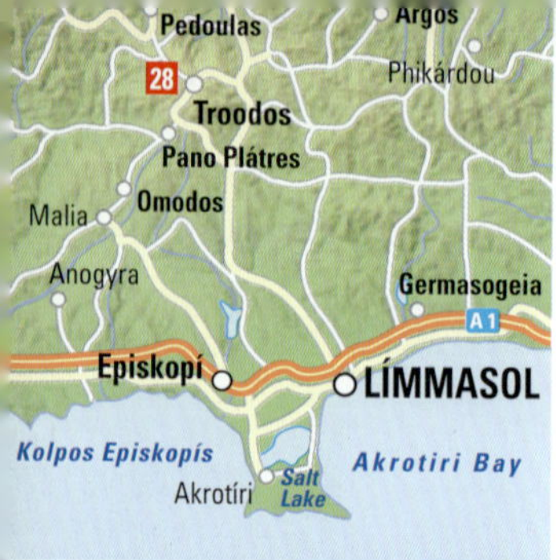

Oben: Unterwegs in den Wädern des Tróodos
Unten: Wasserfälle gehören zu den Naturattraktionen, wie hier auf dem Kalidonia-Trail

28 Tróodos-Gipfel und Umgebung

Wedeln, wandern und radeln um den Olympos

Der höchste Berg auf Zypern, der Olympos, ist zugleich Sitz der Götter. Die Feriensiedlung Tróodos lockt Urlauber vor allem im Sommer mit vielen Naturlehrpfaden, Wasserfällen und einer Mountainbikestrecke rund um den Gipfel. Aber man glaubt es kaum: Hier im Zentrum der Mittelmeerinsel fühlen sich auch Skifahrer auf knapp 2000 Metern pudelwohl, wenn im Januar/Februar Schnee auf dem Gipfel liegt!

Der Olympos (auch Chionístra) ist mit seinen 1951 Metern der höchste Gipfel auf Zypern. Das gesamte Gebirge Tróodos stieg vor 90 bis 25 Millionen Jahren bei einer Kontinentalverschiebung, die Eurasien von Afrika trennte, aus einer Tiefe von 8000 Metern aus dem Wasser auf. Es gilt als der auf der ganzen Welt am besten erhaltene und am gründlichsten erforschte Komplex der ozeanischen Erdkruste. Das Gebirge bedeckt fast ein Drittel der Insel, besonders nach Süden und Westen hin.

Schon im Altertum waren die Berge für ihre reichen Bodenschätze bekannt: In der Antike vor rund 2000 Jahren hatten die Römer bereits Asbest gefördert (für die Herstellung von Kerzendochten). Heute ist die Landschaftskulisse teilweise durch den jahrzehntelangen Tagebau zerstört und gleicht einer Mondlandschaft, die allmählich wieder aufgeforstet wird (v. a. bei Amíantos im Osten). Der »Götterberg« Olympos ist weithin zu erkennen an den Sendemasten auf seiner Spitze, ein militärisches Sperrgebiet der Briten.

Alpenkulisse mit UNESCO-Kirchen

Der kleine, eher trostlose Ort Tróodos (auch Tróodos Resort) liegt zu Füßen des Götterberges auf 1750 Metern Höhe: Hier verteilen sich um den zentralen Platz zwei Hotels, einige Lokale, Campingplätze und Souvenirbuden – das ist der ganze Ferienort, geboren aus der Retorte für Sommerurlauber und Wintersportler. Man muss nicht unbedingt hier wohnen, es gibt angenehmere Alternativen in den zahlreichen, oft noch ursprünglichen Bergdörfern in der Umgebung. Insgesamt leben rund 20 000 Menschen in dem Gebirge, und zehn byzantinische Scheunendach-Bergkirchen sind hier von der UNESCO in das Weltkulturerbe aufgenommen worden. Schon zu byzantinischer Zeit zogen sich die Mönche, Laien und Eremiten in die Berge zurück, um Schutz zu finden, ihre Kirchen und Klöster zu errichten und ihre Künste auszuüben – fernab der damals bedrohten Küsten. Mehr als 1000 Jahre später in den 1950ern verschanzten sich hier die EOKA-Kämpfer vor den Briten, viele Widerstandskämpfer fanden in den umliegenden Bergklöstern und Dörfern Zuflucht.

Botanisches Wanderparadies

Im Sommer ist Tróodos ein kühler Zufluchtsort für die von der Hitze geplagten Städter. Der Ort ist Ausgangspunkt für mehrere abwechslungsreiche Wanderungen durch intensiv nach Harz duftende Kiefernwälder, entlang an Bächen und Quellen, Wacholderbüschen und wilden Quitten, Picknickplätzen mit Grills und einigen Skiliften. Der Tróodos-Nationalpark umfasst rund 9000 Hektar, zehn markierte Wanderwege und Naturlehrpfade führen hindurch – insgesamt fast 60 Kilometer herrlichste Bergwald-Wegstrecke, auf der man anhand von Schildern Wissenswertes über Geologie und

AUTORENTIPP!

AUF DEN SPUREN DER ARTEMIS

Der Artemis Nature Trail führt auf den Spuren der Waldgöttin einmal um den Olympos herum. Die Wanderer belohnt ein 360-Grad-Panorama aus 1850 Metern Höhe – nur 100 Meter unter dem Gipfel! –, das weit über die gesamte Insel bis nach Nord-Zypern reicht. Ein paar Schilder erklären die Pflanzenwelt. Zwei mächtige 500 Jahre alte Schwarzkiefern stehen am Wegesrand, ebenso alt sind die Überreste einer Festung der Venezianer, die man unterwegs passiert: Sie diente 1571 am Ende der venezianischen Besatzungszeit Zyperns als letzte Verteidigungslinie zum Schutz vor den angreifenden Osmanen. In spektakulärer Klippenführung führt der Wanderweg als stellenweise sehr schmaler, kaum einen Meter breiter Saum am felsigen Abhang entlang – hier sollte man schwindelfrei sein ... und tief unten im Tal die Baumwipfel (Länge: 7 km, 3 Std.).

Radtour im Tróodos-Gebirge

Ausgangspunkt: Start der Radtour ist in Páno Plátres auf 1200 m, Ziel ist Karvounas auf 1180 m. Vom Startpunkt aus gelangt man zudem auf einem Naturlehrpfad zu den Kaledonia-Wasserfällen.

Schwierigkeitsgrad: Die leichte, markierte Strecke führt über Waldwege und Asphalt, bis in den April hinein kann aber Schnee oder auch Matsch liegen.
Außerdem beachten: In Zypern herrscht Linksverkehr!

Länge: Für die 16,2 km sollte man zwei Stunden einplanen – inklusive der Besichtigung der Andreas-Kirche in Kato Amiantos.

Höhenmeter: Der maximale Höhenunterschied beträgt insgesamt 219 m (5–8 %).

Ausrüstung: Am besten ausreichend Wasser und Verpflegung mitnehmen. Auf den ersten 9 km gibt es aber an sieben markierten Aussichts- und Erholungspunkten Trinkwasserquellen. Außerdem befindet sich 1 km nordöstlich von Páno Plátres am Ausgangspunkt das Restaurant »Psilo Déndro«.

Radwanderkarte: Beim FVA Zypern in Frankfurt/Main erhält man Radtour-Broschüren und Kartenmaterial, ebenso im CTO-Büro. Weitere Infos: Thomas Wegmüller, Tel. 25 63 40 93, www.bikeCyprus.com

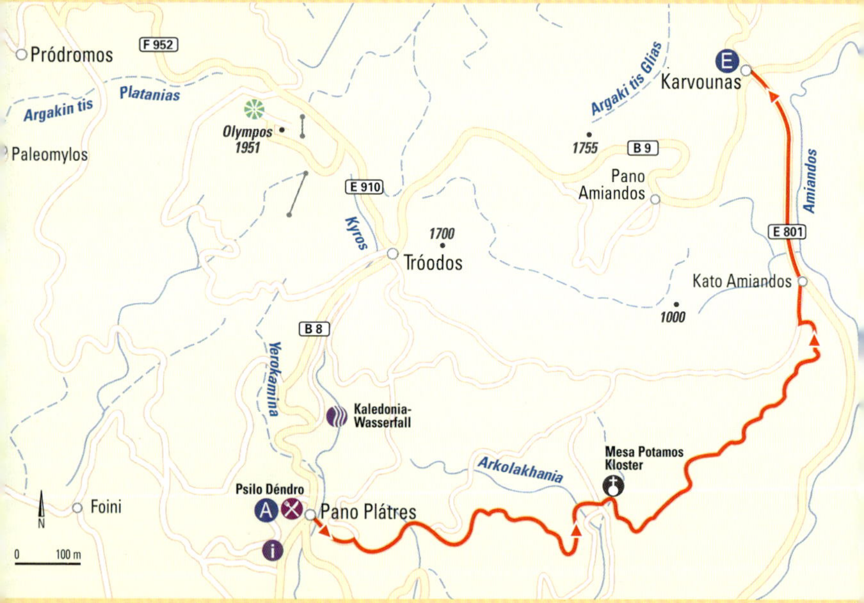

Botanik erfährt. Fast 800 Pflanzenarten gedeihen hier, davon sind 72 endemisch, kommen also nur auf Zypern vor, und zwölf wachsen ausschließlich im Tróodos – wie beispielsweise Orchideen, Steinrosen, Steinkraut, Wolfsmilch und Lavendelarten. Nach ihrem Herkunftsort benannt sind z. B. das Tróodos-Steinkraut (*Alyssum troodi*), die Tróodos-Katzenminze (*Nepeta troodi*) und die Schwarzwurzel (*Scorzonea troodi*). Neben den Schwarzkiefern wachsen auf dieser Höhe auch Zypressen, Zypern-Zedern, Pinien, Steineichen und Erdbeerbäume mit ihrer roten Rinde. Es lohnt sich, ein Fernglas mitzunehmen: Nur noch selten lassen sich der geschützte, aber fast ausgestorbene Gänsegeier oder der Habichtsadler blicken. Öfter erspäht man den bunt gefiederten Wiedehopf, eine Nachtigall oder den Zypernschmätzer, die Grasmücke oder vielleicht sogar das scheue Mufflon – das endemische Wildschaf und Nationaltier Zyperns (s. S. 183).

Wandern und Radeln mit 360-Grad-Insel-Panorama

Allein zwei Wege führen um den Gipfel des Tróodos herum. Die schönste Zeit für diese Bergumrundung ist der Winter, wenn man hier oben an einigen ausreichend kalten Tagen durch den Schnee stapfen kann und die Sicht klarer ist als zu anderen Jahreszeiten. Der Atalante Trail verläuft auf etwa derselben Route wie der Artemis Trail, wobei der Atalante-Pfad nur auf 1750 Metern Höhe liegt, d. h. 100 Meter unterhalb des Artemis-Pfads, und daher ca. sieben Kilometer bzw. ein bis zwei Stunden länger dauert. Beide Wege werden auch von Mountainbikern benutzt.

Wo deutsche und Schweizer Radprofis trainieren (und leben), kann es nur verdammt gute Radstrecken geben! Selbst Radfahren ist in diesen Bergen

AUTORENTIPP!

APRÈS-SKI AUF DER MITTELMEERINSEL

Kaum zu glauben: Die Zyprer (und viele betuchte Araber) amüsieren sich hier beim Wedeln und Après-Ski am Kamin – und könnten nur eine Stunde später schon im Meer baden ... Der Olympos wird auch Chionístra genannt, »die Schneestelle«: Im Winter präsentiert sich sein kahl geschlagener Gipfel nicht selten im weißen Kleid, und in der Skischule, an den vier Schleppliften und zwei Langlaufloipen herrscht Hochbetrieb. Die Briten waren es, die Ende der 1950er-Jahre erstmals zwei tragbare kleine Lifts installierten. Und so findet noch im März, während andere nur 50 Kilometer entfernt am Strand sonnenbaden, am Olympos ein internationaler Skiwettbewerb statt ...

Cyprus Ski Federation & Club. Nikosia, Tel. 22 44 98 37, und im Ort Tróodos in der Saison neben dem Sun Valley-Lift, Tel. 25 42 01 65, www.cyprusski.com, Tageskarten: ca. 25 €.

ein Kinderspiel: gepflasterte Serpentinen und *dirt tracks* für Mountainbiker – und nur selten ein wirklich mühsamer Anstieg der Piste. Eine Radstrecke führt in weitem Bogen rund um den Tróodos-Gipfelberg Olympos und ist aufgeteilt in drei Routen mit jeweils 16 bis 23 Kilometern. Auf der insgesamt 57 Kilometer langen Strecke gibt es maximal 400 Meter Höhengefälle.

Leicht zu bewältigen ist beispielsweise die ausgeschilderte 16-Kilometer-Radtour von Psilo Déndro (im Dorf Páno Plátres, s. S. 166 ff.) nach Karvounas in rund 1000 Metern Höhe: Der schattige Pfad führt auf den ersten neun Kilometern an einigen Aussichtspunkten vorbei mit Picknickbänken, Brunnen mit frischem Bergwasser und spektakulärer Sicht auf das Plátres-Tal bis zur Südküste. Nach 6,4 Kilometern passiert der Radler die Quelle des Flusses Mesa Potamos mit dem in der Nähe liegenden Kloster Timios Pródromos. Bei Kilometer 12,4 radelt man bequem abwärts ins Dorf Kato Amiantos, wo die malerische Andreas-Kirche mit Kuppeldach einen Besuch lohnt. Auf den letzten drei Kilometern geht es nun auf der asphaltierten E801 wieder leicht bergauf bis nach Karvounas.

MAL EHRLICH

DAS AUTO RUHIG MAL STEHEN LASSEN …

So ein Pech: Wieder kein Parkplatz nahe dem Wasserfall oder vor der Scheunendach-Kirche! Nicht wenige Leute auf Zypern beschweren sich, dass man während der Saison nicht immer in der Nähe der Sehenswürdigkeiten parken kann oder die wenigen Parkplätze besetzt sind. Diesen Ärger kann man sich ersparen, indem man die herrliche Gegend durch den Wald erwandert – statt immer nur mit dem Mietwagen von einer Sehenswürdigkeit zur nächsten zu fahren. Die Wanderbroschüren gibt es beim Fremdenverkehrsamt.

Oben: Weitsicht bis zur Küste von den Höhen des Tróodos-Gebirges
Unten: Ob im Winter oder Sommer – in den kühlen schattigen Bergen lässt es sich beim Wandern aushalten.

Infos und Adressen

In Lagoudera wird noch Brot in traditionellen Öfen gebacken, hier im Café »Madari«.

ESSEN UND TRINKEN

The Byzántio. Das höchstgelegene Lokal in Zypern versorgt seine Gäste mittags mit einem umfangreichen und preiswerten Buffet zyprischer Speisen und Klassiker. Tgl. 9–16 Uhr, am Kreisverkehr in Pródromos (5 km nordwestlich von Tróodos), Tel. 25 46 33 33 und 25 42 60 47.

Louis Kafeníon. Großes, schlichtes Terrassenlokal mit authentischer einheimischer Küche, man sollte die gegrillte Forelle probieren. Tgl. 11–18 Uhr, in Pródromos (5 km nordwestlich von Tróodos), Tel. 25 46 20 49.

ÜBERNACHTEN

Camping. Im Sommer kann man an der Straße nach Kakopetriá campen wie v. a. im Juli und August die Zyprer selbst, Tel. 25 42 16 26.

Jubilee. In dem ruhigen Hotel mit 37 gemütlichen Zimmern genießt man die Aussicht, ein sehr gutes Frühstück, die Lounge mit Kaminfeuer und Mountainbikes. 1 km nordwestlich an der Straße nach Pródromos, Tel. 25 42 01 07, www.jubileehotel.com

Tróodos. Die einfache, etwas klotzige Herberge ist beliebt bei Wanderern, mit tollem Ausblick und großen Wanderer-Portionen im Restaurant – aber auch auf Diätwünsche nimmt man hier Rücksicht ... Am zentralen Platz (Tróodos Square, B 8), Tel. 25 42 00 00, www.troodoshotel.com

AKTIVITÄTEN

Reiten. Im Frühling, Sommer und Herbst kann man hier Pferde ausleihen, die entlang des Hauptplatzes und der B 8 angeleint sind.

INFORMATION

Tourist Information/Besucherzentrum für Umweltinformation. Hier gibt es eine Naturkundeausstellung, Informationen und Karten für Wanderrouten und Radtouren sowie einen kurzen Botaniklehrpfad. Mo–Fr 10–16 Uhr, im Winter 9–15 Uhr, Eintritt: 1 €, an der Hauptstraße 200 m vom Hauptplatz, Tel. 25 42 01 44.

Der Tróodos ist ein botanisches Paradies, hier die Blüte des Goldmohns im botanischen Garten am Tróodos.

Oben: Das Kýkko-Kloster ist Hauptpilgerziel in Zypern – und eine der größten Touristenattraktionen.
Unten: Das Kloster Kýkko ist reich und im Innern vor Gold strotzend.

29 Kýkko-Kloster

Religiöse Macht, religiöse Pracht

Das religiöse Highlight auf Zypern: Kýkko ist das wichtigste, berühmteste und prächtigste Kloster der Insel, reich ausgestattet, mit einem wertvollen und hochverehrten Marienbild, einer vor Gold strotzenden Ikonostase und vielen anderen Schätzen. Der frühere Erzbischof und Staatschef Makários III. (1913–1977) war hier einst Novize, sein Grab liegt in der Nähe. In dem Kloster herrscht ständiges Kommen und Gehen – fast schon wie auf einem Rummelplatz ...

Das Kloster liegt abgeschieden auf 1200 Metern Höhe. Kýkko (auch Panagía/Panayía tou Kýkkou) wurde bereits um 1100 auf dem gleichnamigen Berg mit Finanzmitteln des byzantinischen Konstantinopel gegründet und der barmherzigen hl. Jungfrau gewidmet. Aufgrund vieler Brände und Erdbeben stammen die heutigen Gebäude aus dem 19./20. Jahrhundert. Wegen seiner wundertätigen Marien-Ikone ist das Gotteshaus unter orthodoxen Christen weltweit berühmt. Auch Makários III. lebte und betete hier als Novize wie rund 30 Mönche noch heute: Sie beziehen ein Gehalt und dürfen Privateigentum erwerben, das nach ihrem Tod in Kirchenbesitz übergeht. Geleitet wird das Kloster und die Brüderschaft vom Abt, Ihre Exzellenz der Mitropolitis von Kýkkos und Tyllira, kurz: Herr Nikiforos.

Pilger, Mönche und Kommerz

Kýkko ist unübersehbar das größte, reichste und beliebteste Kloster auf Zypern. Zum Klosterbesitz gehören Stadtvillen und ganze Ländereien. Kýkko unterstützt aber auch soziale Einrichtungen, Behindertenstätten, Krankenhäuer und Schulen. Die Mönche produzieren Wein und Schnaps, und auch sonst präsentiert sich das Kloster durchaus modern: Es hat einen Blog (auf Griechisch), und die Seifenspender auf den Toiletten funktionieren mit elektronischem Bewegungsmelder – bereits seit Jahren und lange vor manch einem internationalen Flughafen ...

Vor allem an Sonntagen und Feiertagen herrscht Gedränge und Trubel. Am 14./15. August und 7./8. September finden Kirchweihfeste mit unzähligen Gläubigen statt. Der Klostereintritt ist frei, aber das Rundherum ist durch und durch kommerzialisiert. Und so muss man den Souvenirmarkt hier auch nicht lange suchen, er umzingelt quasi das Klostergebäude und bietet lauter kunterbunte Waren an wie Marien-Bildnisse und klostereigenen Wein, Süßes und Saures – und auch die Preise sind gesalzen ... Natürlich müssen die vielen Klostertouristen und die Schar an Pilgern, die von weither anreisen, irgendwie versorgt und untergebracht werden. Und so gehört zu diesem Gotteshaus auch ein Riesenrestaurant und ein überdimensioniertes Pilgerhotel – mit 600 Betten!

Wer sich unter dem Leben im Kloster weniger weltliche Genüsse und Reichtum, sondern mehr Ruhe und Besinnlichkeit vorstellt, sollte das Troodítissa-Kloster bei Plátres aufsuchen (s. S. 167) – allerdings kommen nur gläubige orthodoxe Christen in dieses vom Tourismus völlig abgeschottete Gotteshaus hinein ...

Taufen und beten, küssen und Schnaps trinken

Der kleine Junge vor dem Altar bekreuzigt sich – doch er vergisst, die Stirn anzutippen. Der Mönch

AUTORENTIPP!

RELIGIÖSER KAUFRAUSCH

Das Kloster Kýkko ist ein wahres Shopping-Paradies. Hier gibt es für jeden etwas. Gläubige erstehen die kleinen Marien-Bildnisse für die Handtasche oder fürs Wohnzimmerregal zu Hause. Kunstsammler können sich an den farbenfrohen Ikonen erfreuen. Wer eher Hochprozentiges mag, kann sich mit Produkten aus der klösterlichen Kellerei eindecken: Die Mönche produzieren ihren Wein selbst: Beliebt sind der eher süße Commandaría-Wein (z. B. Kyprion Nama) und der rote selbst gebrannte Zivanía-Schnaps, den viele Pilger nicht verschmähen. Aber auch Kräutertees gehören zum Klostersortiment. Draußen an den endlosen Souvenir- und Imbissständen werden die Naschkatzen fündig: Besonders die traditionellen Süßigkeiten wie Loukoumi, Glykó, Soudzouko und Nüsse in allen Varianten sind begehrt. Gut zu wissen: Auch die Preise kennen hier keine Grenzen ...

AUTORENTIPP!

BESUCH BEIM MEISTER
Mit etwas Glück können Kunstinteressierte George Kepolas im Kýkko-Kloster bei der Arbeit antreffen. Der 1956 geborene Künstler hat in New York an der Academy of Fine Arts studiert und gehört zu den berühmtesten Heiligenmalern des Landes. Zusammen mit seinem Bruder Alkis malte er 1991 bis 1993 die Klostergänge von Kýkko aus. Gewöhnlich arbeitet er in der Kellerwerkstatt, wo man ihm über die Schulter gucken kann. Ansonsten fragt der Besucher einen der Mönche nach Kepolas wichtigstem Kýkko-Mosaik, für das er vier Jahre benötigte: die monumentale 8x13 Meter große Klostergründungsszene mit Kaiser Alexios I. von Komninos und der Marien-Ikone, welche die Wand im Konferenzsaal schmückt. Auf seiner Website kann man seine Malereien, Zeichnungen, Mosaiken und Bücher online erstehen und mehr über Ausstellungen erfahren.

Info: www.kepolasmosaics.com

Die Wandgemälde in Kýkko sind nicht sehr alt, aber farbenprächtig.

in seiner schwarzen Robe mit Kappe zeigt es ihm mit stoischer Gelassenheit noch einmal – ein Schnelllehrgang in religiösem Benimm und im Reliquien-Küssen im Kloster Kýkko. Noch herrscht Ruhe vor dem Sturm an der pompösen, vor Gold strotzenden Ikonostase. An Sonntagen findet hier eine wahre Fließband-Taufe statt: Es gibt ein Taufbecken für Jungs und eines für Mädchen, die kleinen Erdenbewohner schreien um die Wette, während Papa ein Foto davon schießt, wie der Priester seines Amtes waltet und seinen Segen gibt. Der Nächste bitte.

Einige Meter entfernt schiebt sich eine lange Reihe von Gläubigen an der hochverehrten Ikone der barmherzigen Gottesmutter vorbei. Sie ist angeblich vom Apostel Lukas gemalt worden und soll Regen spenden. Viele weitere Wunder werden ihr nachgesagt, und so versprechen sich nicht nur die zahlreich anreisenden Bauern endlich das erlösende Nass von ihr – ebenso erwarten kinderlose Frauen, Behinderte und Kapitäne ihren wundersamen Beistand und ihre Kraft. Dem Blitzlichtgewitter bei der Taufe folgt eine regelrechte Kuss-Karawane, die kaum einen der abgebildeten Heiligen an der endlos langen Ikonostase auslässt. Der Pantokrator-Christus schaut sich das Treiben seelenruhig von der Kuppel aus an ...

Die wundertätige Madonna

Das Madonnen-Bild in der Klosterkirche im zweiten Hof ist eines der drei erhaltenen Marien-Bildnisse, die der Überlieferung nach der Apostel und Evangelist Lukas noch zu Lebzeiten der Madonna mit göttlichem Auftrag gemalt haben soll – sieben Jahre nach Christi Tod. Es zieht zahllose Pilger und Gläubige aus aller Welt an und war über die Zeitenläufe hinweg Inspiration unzähliger Künstler. Gestiftet hat das berühmte Bildnis der byzan-

tinische Kaiser Alexios I. von Komninos in Konstantinopel zur Klostergründung von Kýkko im Jahr 1080.

Die wundertätige Ikone Eleoúsa tou Kýkkou (auch Panayia tou Kýkko), die in der gesamten orthodoxen Welt verehrt wird, wurde 1576 mit einem vergoldeten Überzug versehen – dem sogenannten Hemd –, der 1795 erneuert wurde. Ihr Gesicht ist von einem mit Goldfäden bestickten Tuch verhüllt und wird nie aufgedeckt. Sie ist in einem silber- und perlmuttverzierten Schrein eingeschlossen und vorn an der Ikonostase (18. Jahrhundert) ausgestellt – ein wunderschönes mit Gold und Silber beschlagenes Kunstwerk, geschmückt mit Edelsteinen und Halbedelsteinen.

Seit 2011 kann man in der Basilika auch den großen Saal mit dem Nordschiff besichtigen: Hier sind silberne und goldene Reliquienschreine mit den Gebeinen von Heiligen des Christentums zu sehen. Nicht versäumen sollte man das hervorragende, sehr stimmungsvolle Klostermuseum mit seinen aufwendig und modern präsentierten Kostbarkeiten.

Oben: Eine herrliche Ikonostase wartet in der Kirche – und meist eine lange Schlange Gläubiger davor ...
Unten: Das Madonnenbild kann in verschiedene Gewänder gekleidet werden.

Oben: Den Reichtum des Klosters kann der Besucher auf Schritt und Tritt bewundern.
Unten: Schon der Eingang zum Kloster verheißt eine kunterbunte religiöse Welt.

Kunterbunte Mosaiken

Zu den Kloster-Attraktionen gehören auch die farbenfrohen Wandmalereien, Mosaiken und Fresken. Das beginnt gleich im außerordentlich schönen engelsbewachten Eingangsbereich und setzt sich in den Arkaden der Innenhöfe und den Korridoren fort, die lauter biblische Geschichten und Parabeln erzählen – ob vom Abendmahl oder von der Arche Noahs. Manche knallbunt wie ein religiöser Comic mit fliegenden Engeln und geflügelt-gehörnten Teufelchen, sodass der eine oder andere Besucher über das »Disneyland-Kloster« lästert. Die Mosaiken sind gefertigt aus Emaille, Porzellan und Blattgold. Als Werke der bekanntesten zyprischen Heiligenmaler, der Gebrüder Kepolas, und anderer Künstler aus Griechenland und Rumänien entstanden sie zwischen 1991 und 1993.

Diese Fresken und Mosaiken sind somit wohl allesamt kaum älter als 20 Jahre. Rein kunsthistorisch betrachtet also keine besondere Attraktion – was die Kunstwerke allerdings nicht infrage stellen soll. Gleich beim Betreten des Klosters sieht man links vom Haupteingang ein herrliches Mosaik: Es stellt Lukas dar, der sein Madonnen-Bild malt bzw. in den Händen hält – im Angesicht der noch posierenden Gottesmutter. Auf einem anderen Bild im Verlauf des Korridors ist links das Wunder der Marien-Ikone abgebildet: Porfyrios ist vom Pferd gefallen, und die barmherzige Panagia (auch Panayía) hilft ihm, so wie sie auch immer den Seeleuten in Seenot hilft. Man beachte ebenso in den Arkaden im Erdgeschoss das wunderschöne golden leuchtende Marien-Mosaik, auf dem die Gottesmutter zärtlich ihren Sohn an sich drückt. Gegenüber vom Klosterladen im Hof ist ein übergroßes Mosaik mit der Sterbeszene der Gottesmutter zu sehen. Nicht zu vergessen das überlange Mosaik auf der oberen Empore – ebenfalls ein Meisterwerk.

Klosterschätze im Museum

Stimmungsvoll ist sowohl die Beleuchtung als auch die musikalische Untermalung mit klösterlichen Gesängen und Klängen beim Rundgang im angegliederten Klostermuseum im Nordwesttrakt. Die Säle sind edel ausgestattet mit Granit- und Marmorböden, einer Nussholzdecke und Blattgold. Gezeigt werden Sammlungen von unschätzbarem Wert, etwa Ikonen, Münzen, Bibeln, religiöse Handschriften (z. B. eine vier Meter lange Pergamentrolle aus dem 12. Jahrhundert), Weihrauchgefäße, Messgewänder und lithurgische Geräte sowie antike Fundstücke aus dem Klosterbesitz (etwa im Saal 1 die Keramiken aus der Zeit 2500 v. Chr. bis ins 4. Jahrhundert n. Chr.).

Berühmt sind auch die hübschen goldenen und silbernen Reliquienkästchen, die der Aufbewahrung von Locken und Knochensplittern der Heiligen dienen. Man beachte ebenso im zweiten Saal das wertvolle goldbestickte Grabtuch von 1703. Vor lauter Gold und Silber, Seide, Elfenbein, Perlen und Edelsteinen sollte man nicht die Biene übersehen, die im Empfangsraum im Boden eingelassen ist – das Wahrzeichen von Kýkko symbolisiert Fleiß und Ordnung.

MAL EHRLICH

IM BIKINI INS KLOSTER

Man glaubt es nicht, wenn man es nicht mit eigenen Augen sieht: Einige Klosterbesucher wollen in Tops, Miniröcken und Shorts, ja sogar im Bikinioberteil den heiligen Ort betreten! Das Kloster Kýkko vergibt für unangemessen bekleidete Besucher (d. h. unbedeckte Knie und Schultern, tiefer Ausschnitt) vor dem Eintritt sackähnliche Röcke und lila Kutten. Eine Zeit lang verkaufte hier ein cleverer fliegender Händler lange Hosen, Hemden und Blusen – hoffentlich richtig teuer ...

Oben: Die Flure sind geschmückt mit unzähligen Szenen aus der Bibel, man kann sich kaum daran sattsehen.
Unten: Im Klostermuseum von Kýkko findet man sakarale Kostbarkeiten aus verschiedenen Epochen.

Oben: Beim Klosterrundgang sollte man einen Audioguide mitnehmen. **Unten:** Das Grab von Makários III. liegt oberhalb des Klosters Kýkko.

Letzte Ruhestätte mit grandioser Aussicht

Das ebenfalls gut besuchte Grab von Makários III. liegt rund zwei Kilometer entfernt bei dem Wallfahrtsort und Berggipfel Throní tis Panagias (»Thron der Jungfrau Maria«) gleich oberhalb des Klosters. Von hier aus kann man das gesamte Bergmassiv mit Olympos bis zur Morphou-Bucht überblicken. Ein weiterer Aussichtspunkt mit Pavillon wartet noch 100 Meter höher. Hierher wird zu Dürrezeiten die wertvolle Marien-Ikone mit Bittgesängen gebracht, damit sie den ersehnten Regen hervorruft. Das in der Nähe liegende Grab befindet sich in einem Felsengewölbe: An den Mauern bewachen Heilige auf Mosaiken das Grabmal mit der bronzenen Reliefbüste von Makários, junge zyprische Soldaten halten Ehrenwache und die zyprische wie auch die griechische Flagge wehen im Wind.

Auf dem Berggipfel erinnern eine kleine Kapelle und eine zehn Meter große Makários-Statue (die bis vor einigen Jahren noch in Nikosia vor dem Erzbischöflichen Palast stand) an den ersten und drei Mal wiedergewählten Präsidenten und Erzbischof Zyperns und sein bewegtes Leben (s. S. 72 ff.). In den 1950er-Jahren unterstützte das Kloster den bewaffneten Unabhängigkeitskampf der EOKA gegen die Briten, wofür Makários 1956 schließlich auf die Seychellen verbannt wurde. Nach seiner Rückkehr und Wiederwahl führte die griechische Militärjunta in Athen am 15. Juli 1974 einen Putsch zum Sturz von Makários aus, der sich ins Kloster Kýkko retten konnte. Insgesamt überlebte der Ethnarch ein Dutzend Attentate. Schließlich starb Makários am 3. August 1977 im Alter von fast 64 Jahren an einem Herzinfarkt und fand in seinem Lieblingskloster seine letzte Ruhestätte.

Infos und Adressen

SEHENSWÜRDIGKEITEN

Kýkko-Klosterkirche. Riesige Anlage mit Restaurant, Pilgerhotel mit 600 Betten und Souvenirmarkt. Tgl. von Sonnenaufgang bis Sonnenuntergang, kein Eintritt, Audioguides, ca. 22 km nordwestlich vom Ort Tróodos (ca. 15 km westlich von Pedoulás), Tel. 22 94 27 36.
Museum. Mit Museumsshop. Tgl. 10–18 Uhr, Nov.–Mai 10–16 Uhr, Eintritt 5 €, Tel. 22 94 24 35, www.kykkos-museum.cy.net (nur auf Zyprisch).
Makários III. Grab. In Throní, ca. 2 km westlich/oberhalb des Klosters.

ESSEN UND TRINKEN

Beim Klosterparkplatz versorgen ein **kantinenähnliches Lokal** und viele **Imbissstände** die Besucher. Eine **Waldwirtschaft mit Picknickplatz** ist ca. 2 km entfernt.
Cafeteria/Tourist Pavillon. Tgl. 8–20 Uhr.

ÜBERNACHTEN

Private Unterkünfte gibt es im 3 km südlich gelegenen Dorf Mylikouri.
Gästehaus des Klosters. 150 m entfernt stehen Pilgern einige Appartements offen, nur nach Anmeldung, Tel. 22 94 27 36, sowie ein weiteres Pilgerhotel mit 600 Betten.

EINKAUFEN

Klosterladen und Souvenirstände. Hier gibt es eine überragend große Auswahl: Alles, was das Christen-Herz begehrt – und noch viel mehr, von Marien-Bildern und Ikonen über Kriegsspielzeug bis hin zu Tellern und Tassen.

FESTE

Kirchweihfest. Die Feste finden zu Maria Himmelfahrt am 14./15. August und am 7./8. September statt.

Rund um das Kýkko-Kloster werden Spezialitäten der Region angeboten.

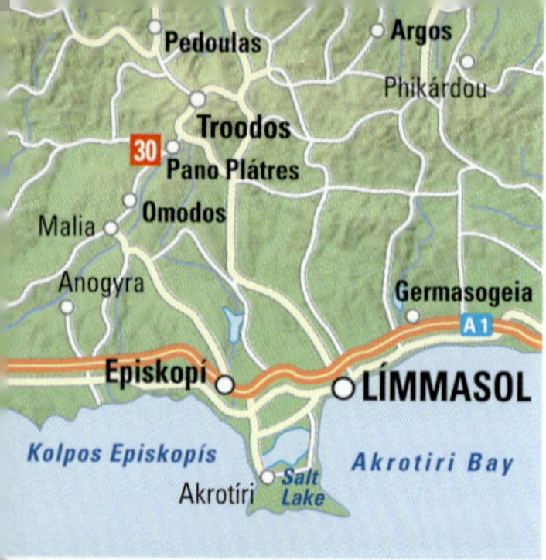

Oben: Dorfszene aus Foini bei Páno Plátres
Unten: Auf dem Kalidonia Nature Trail gelangt man zum gleichnamigen Wasserfall.

30 Páno Plátres und Umgebung

Die Sommerfrische in den Bergen

Plátres ist eine der größten Ortschaften im Tróodos – allerdings nur im Sommer. Dann herrscht in dem Urlaubsort auf 1200 Metern Höhe stetes Kommen und Gehen, die Hotels sind ausgebucht und die Ferienhäuser und Restaurants voll – denn die Zyprer entfliehen im August der Backofenhitze der Städte. Rund um den Luftkurort begegnet man den Wanderern auf schattigen und kühlen Wegen zu Wasserfällen, plätschernden Bächen und Klöstern.

Im Winter wie ausgestorben, verwandelt sich Plátres im Sommer zu einem der größten Ortschaften im Tróodos: Die Zahl von rund 300 Einwohnern schnellt im August schon mal auf 10 000 hoch! Schon die englischen Kolonialherren hatten das Dorf zu ihrem Sommersitz auserkoren, ebenso wie der 2008 verstorbene Staatspräsident Tassos Papadopoloús, der hier im Sommer stets seine Präsidenten-Villa bezog – ein Kolonialbau aus der Zeit der Briten (1878–1960). In den kühlen Luftkurort zog es im Laufe seiner Geschichte schon viele berühmte Persönlichkeiten, Schriftsteller und Staatsoberhäupter wie König Farouk aus Ägypten und Willy Brandt.

Einige rustikale Gebäude stammen noch aus der Kolonialzeit und präsentieren sich typischerweise ganz aus Fels- oder Backsteinen mit grünen Holzläden und roten Ziegeldächern – so auch die schöne Panayia Fanomeris-Kirche mit Kuppel und Glockenturm, ein Nachbau aus dem Jahr 1973. Von dem Ferienort auf 1200 Metern Höhe hat

Das Bilderbuchdorf Foini liegt auf 900 Metern in den Bergen.

man einen endlosen Blick bis an die Südküste und das Meer, allerdings mit einem kleinen, wenn auch schön-romantischen Manko: Laut dem griechischen Nobelpreisträger Giorgos Seferis, der den Ort und seine Schönheit in Gedichten besungen hat, lassen die Nachtigallen hier nachts niemanden schlafen ...

Ausflüge in die Umgebung

Der Ort selbst bietet keine Sehenswürdigkeiten, die findet man dafür aber in der Umgebung. Die orthodoxen Pilger zieht es fünf Kilometer nach Nordwesten ins Troodítissa-Kloster (1731) – im Sommer hat dort auf 1300 Metern Berghöhe auch der Bischof von Páfos seinen Sitz. Ein legendärer silberbeschlagener Gürtel (der Frauen fruchtbar machen soll) und eine als wundertätig geltende Marien-Ikone sind die verehrten Attraktionen. Das Kirchweihfest wird am 14./15. August gefeiert – allerdings ohne Touristen, für die das Kloster nicht zugänglich ist.

Am wunderschön auf 900 Metern Höhe gelegenen Dorf Foiní (auch Phini, fünf Kilometer westlich) kommt man nicht vorbei, wenn man neben edlen Tropfen auch kiloweise süßes Loukoúmia-Frucht-

AUTORENTIPP!

SCHOKOLADEN-WORKSHOP FÜR »CHOCAHOLICS«

Ob zu Weihnachten, zu Ostern oder all year round: Der englische Chocolatier John führt Interessierte in die Kunst der handgemachten Schokoladenproduktion ein – mitsamt interessanten Abstechern in die Historie der Süßigkeit. Innerhalb von zwei Stunden lernen Chocaholics diverse Techniken und leckere, überraschende, typisch zyprische Füllungen kennen – vor allem die Dekoration ist eine kleine Herausforderung. Oder man genießt in dem kleinen Laden einfach nur eine heiße Schokolade im Winter oder die handgemachten Schokosorten mit Geschmacksnoten von Kaffee über Rosenwasser bis Commandaría-Wein.

Plátres Chocolate Workshop.
Makários III. 29, Páno Plátres,
Tel. 99 76 64 46 (John) und
99 49 43 35 (Praxi),
www.cypruschocolate.com,
50 € pro Person.

Wanderung auf dem Kalidonia (Kaledonia) Nature Trail

An- und Abfahrt: Am besten gelangt man per Auto oder Taxi zum Ausgangspunkt. Es gibt zwar auch eine Buslinie Plátres – Tróodos, die jedoch nur sehr unregelmäßig verkehrt, www.limassolbuses.com

Ausgangspunkt: Die Wanderung beginnt am »Psílo Déndro«-Restaurant (ca. 1 km nordöstlich von Plátres, B 8), der Weg endet ca. 1 km südwestlich von Tróodos-Ort (B 8 oder an der schmalen Old Road).

Wegbeschaffenheit: Es geht über anspruchsvolle, stets ansteigende Pfade. Teils muss Gewässer auf rutschigen Flusssteinen überquert werden, meist aber gibt es Holzbrücken. Der Weg ist für Erwachsene mit guter Kondition geeignet, nicht aber für Kleinkinder.

Länge: Für die insgesamt 3 km lange Tour sollte man 1–2 Std. einplanen. Alternativ kann die Wanderung noch mit einem Abstecher zum Gipfel des Pouziáres auf 1629 m verlängert werden – dann muss man bei insgesamt ca. 10 km mit 4 Std. rechnen.

Höhenmeter: Man legt insgesamt ca. 400 Höhenmeter zurück.

Ausrüstung: Festes Schuhwerk ist unbedingt erforderlich, ebenso wie ein mit Wasser und Verpflegung gepackter Rucksack. Es gibt Picknickplätze am Fluss.

Wanderkarte: Entsprechendes Kartenmaterial gibt es bei der Tourist Information.

Auf dem Kalidonia Nature Trail ...

Das Kloster Troodítissa ist nur von der Straße aus zu sehen.

gelee einkaufen möchte. In dem einstigen Töpferdorf empfängt das kleine, sogar im *Guinnessbuch der Rekorde* erwähnte private Keramikmuseum von Theophanis Pilavakis seine Besucher: Dort werden u.a. die mannshohen Pitharia-Tongefäße für die kühle Aufbewahrung von Wasser, Öl, Wein und Getreide gezeigt, aber auch ihre kuriosen Verwendungsmöglichkeiten, z.B. als eine Art Sauna für Mütter nach der Geburt. Leider ist diese Handwerkskunst allmählich am Aussterben.

Zu Fuß oder mit dem Mountainbike geht es durch die Wälder zu den Wildbächen und Wasserfällen, etwa auf dem Kalidonia Nature Trail.

Unterwegs auf Schusters Rappen

Bei Mountainbiketouren auf insgesamt 57 Kilometern Radstreckennetz mit maximal 400 Metern Höhenunterschied können sportliche Rad-Enthusiasten so richtig in die Pedale treten (s. S. 154ff.). Spaziergänger oder Wanderer (auch ganztägig) in der Umgebung von Kloster zu Kloster (z.B. Troodítissa), von Wasserfall zu Wasserfall oder von Picknickplatz zu Picknickplatz ziehen.

Oben: Nach dem Wandern kommt die Belohnung, etwa beim Forellenschmaus im »Psílo Déndro«.
Unten: Kleiner fotogener »Hingucker« im Dorf Foini

Eine beliebte etwa zweistündige Wanderung führt zum Kalidonia-Wasserfall (auch Kaledonia) nordwärts Richtung Tróodos. Los geht's einen Kilometer von Plátres entfernt im Nordosten beim »Psílo Déndro«-Restaurant. Der etwas anspruchsvolle Kalidonia Nature Trail verläuft schattig durch einen Kiefernwald, immer im fröhlichen Zickzack über Holzbrücken, die über den kleinen Fluss Kryós Potamós führen, aber stetig ansteigend nach Tróodos. Der Wasserfall ist nach einem Kilometer erreicht, beeindruckend rauscht er mit seiner zwölf Meter hohen Kaskade über eine Felswand abwärts. Nach insgesamt drei Kilometern gelangt man schließlich ca. 350 Meter von der Sommerresidenz des Staatsoberhauptes entfernt wieder an die B 8. Die Wanderung kann mit dem Aufstieg auf den Pouziaris-Gipfel (1629 Meter) kombiniert werden, und natürlich kann dieser Weg auch in umgekehrter Richtung gewandert werden – es geht dann talabwärts, und am Ende wartet das Fischlokal »Psílo Déndro« als erfrischend-leckere Belohnung.

Kürzer und etwas weniger anspruchsvoll ist der ausgeschilderte halbstündige 1,2 Kilometer lange Spaziergang ab der Dorfkirche zum Myllomeris-Wasserfall (auch Millomeris), der zu jeder Jahreszeit möglich ist, auch wenn es hier oft feucht wird: Dabei geht's auf alten Eselspfaden einmal etwas talabwärts und dann wieder aufwärts, über ein paar Treppen mit Geländer und über ein Bächlein. Schließlich stürzt die hübsche Kaskade rund 15 Meter eine enge Felsspalte hinab – eine der höchsten der Insel –, und in dem Pool kann man sogar baden. Außerdem kann man auf einem dritten, neun Kilometer langen und ca. drei Stunden dauernden Ausflug über eine unbefestigte Straße das Mesapótamos-Kloster (Moni Mesa Potamou) und eine weitere kleine Kaskade im Osten besuchen.

Infos und Adressen

Die Spezialität der Gegend: Forellen vom Grill

SEHENSWÜRDIGKEITEN

Keramikmuseum Pilavakeion (Pilavakis). Tgl. 9–12 und 13–18 Uhr, in Foiní, 5 km westlich von Plátres, Anmeldung per Tel. 25 42 15 08.

ESSEN UND TRINKEN

Phiní Tavern. In dem Gartenlokal wird der Gast bei schöner Aussicht und gehobenen Preisen mit zyprischen und englischen Gerichten verwöhnt. Ruhetag Mo. Di–So 11–22 Uhr, in Foiní nahe Dorfplatz, Tel. 25 42 18 28 und 99 79 02 49.

Psílo Déndro. Im beliebten, So oft vollen Open-Air-Lokal der Forellenfarm werden Fisch und Fleisch auf riesigen langen Holzkohlegrills zubereitet. 1. Mrz.–30. Nov. tgl. 11–17 Uhr, an der B 8 1 km nordöstlich von Plátres, Tel. 25 81 31 31.

Skylight. Feine Atmosphäre, guter Service und leckere internationale Gerichte und Weine. Tgl. 12–14 und 18–23 Uhr, Makários III. 524, Tel. 25 42 22 44, www.skylight.com.cy

ÜBERNACHTEN

Edelweiss. Das kleine einfache Zweisternehotel bietet Balkonzimmer in absolut ruhiger Lage. Spyriou Kyprianou 53, Tel. 25 42 13 35, www.edelweisshotel.com.cy

Neraida. Über dieser Taverne gleich am Bach kann man privat und preiswert wohnen. In Foiní (südlicher Ortsrand), 5 km westlich von Plátres, Tel. 25 42 16 80.

Semiramis. Zeitreise in die 1920er: In einer traumhaft restaurierten Jahrhundertwende-Villa wohnen die Gäste in 15 eleganten Zimmern. Spyrou Kyprianou 55, Tel. 25 42 27 77 und 99 66 37 72, www.semiramishotelcyprus.com

Spring Hotel. Das bei Wanderern beliebte kleine Hotel liegt idyllisch am Dorfrand von Plátres. Nur Mai–Sept. und an Okt.-Wochenenden geöffnet, Tel. 25 42 13 30, www.spring-hotel.net

SHOPPING

Lambouri Winery. Panagía Faneromeni, Plátres, Tel. 25 42 25 25, www.lambouri.com

INFORMATION

Tourist Information (CTO). Wanderkarten und Radbroschüren (die Tróodos-Radwege). Mo–Fr 8.30–16 Uhr, nur April–Okt. geöffnet, an der Platia, Tel. 25 42 13 16.

Gemütlicher Familienausflug in einer Taverne in Foini

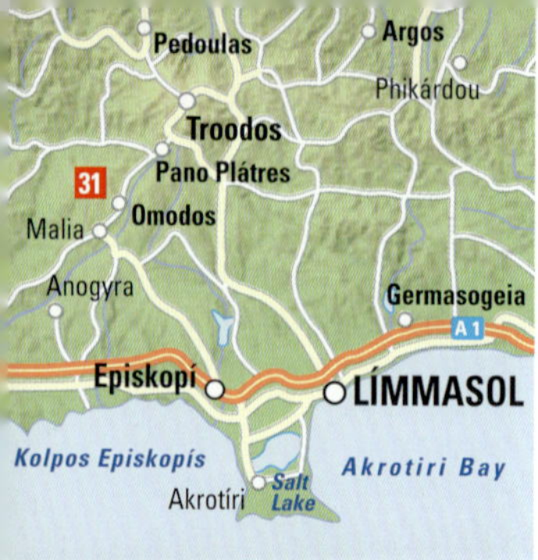

31 Ómodos

Eine zyprische Augenweide

Der Ort scheint wie aus dem Urlaubskatalog kopiert: Das schön gelegene Weinbauerndorf inmitten der Weinberge und Obstgärten bezaubert durch ein hübsches Ensemble aus uralten Gemäuern, einladenden Tavernen und Weinkellereien. Der Besucher bummelt durch die engen Gassen, die sich auf und ab, kreuz und quer durch den winzigen Ort schlängeln. Pausieren in Cafés und stöbern in Souvenirläden kann man natürlich auch.

Ómodos soll bereits zu byzantinischer Zeit vor rund 1000 Jahren als Siedlung bestanden haben. Das an den Südhängen des Tróodos auf 800 Metern gelegene Dorf ist eine Augenweide: weiß getünchte Häuschen mit blauen Holztüren, Innenhöfe, in denen Geranien, Oleander, Jacaranda- und Apfelsinenbäume üppig und farbenprächtig wuchern. Man könnte Stunden durch die Gassen schlendern: Zierliche Balkone mit Ziegeldach und holzgedrechseltem Geländer, riesige rostfarbene Pitharia-Tonkrüge, Blumentöpfe und von den Mauern wallende Geranien – klassische Postkartenmotive bietet Ómodos auf Schritt und Tritt.

Handgestickte Decken und Korbwaren hängen an den groben Hausmauern, greise Muttchen mit Kopftuch sitzen gebeugt davor und bieten ihre Stickereien an – quasi jeder der rund 500 Bewohner lebt irgendwie vom Tourismus, neben den Erträgen aus Wein- und Obstanbau. Die schiefen Gässchen schlängeln sich durch den Ort, Stöckelschuhe scheitern spätestens am holprigen Kopfsteinpflaster der bildschönen Dorf-Plátia, die zu den größten Dorfplätzen auf Zypern zählt. Inte-

Oben: Stille verwinkelte Gassen, holpriges Pflaster, zierliche Balkone, farbenprächtige Blütenranken, kurz: Fotomotive an jeder Ecke – das ist Ómodos.
Unten: Schwarz gekleidete Witwen prägen das Bild Zyperns.

Ómodos ist eines der zauberhaftesten Dörfer auf Zypern.

ressanterweise war dieser wie jeder andere Dorfmittelpunkt auch bis 1987 asphaltiert, bis die cleveren Stadtväter von Ómodos sich entschlossen haben, die 3000 Quadratmeter wieder zu rekonstruieren – so authentisch-rustikal wie einst ...

Alte Frauen und Witwen ganz in Schwarz tratschen im Hof des Heiligkreuz-Klosters, Männer, auch der Pope, tun selbiges im Kafeníon, dem Kaffeehaus unter dem Maulbeerbaum, während sie über ihren Pilotta-Karten oder beim Backgammon beisammensitzen. Auch der Fremde setzt sich dazu – in den Tavernen kommt man nicht umhin, ein Glas des hiesigen Weines zu kosten, denn die Bewohner von Ómodos gelten als berühmte Weinbauern und Hersteller des Tresterschnapses Zivanía (Dzivanía). Na dann: *Jamás!* – »Zum Wohl!«

Nicht nur Folklore und Kommerz

Man sollte den Dorfnamen wörtlich nehmen – der vermutlich vom zyprischen *modos* abstammt: »Nimm dir Zeit« ... Viele Reisegruppen hetzen durch die Hauptgasse zur Plátia und zurück, der Ort ist Schauplatz von Werbefilmen, Hochzeitsge-

AUTORENTIPP!

REBELLEN IM BERGDORF

Das kleine, aber sehenswerte EOKA-Museum in der Timiou Stavroú vermittelt einen Einblick in die Bürgerkriegszeit. Es dokumentiert mit persönlichen Erinnerungsstücken, Kleidung und Fotografien den Unabhängigkeitskampf gegen die britischen Kolonialherren 1955 bis 1959, als die Rebellen auch hier in Ómodos Zuflucht fanden: wie z. B. Nikos Spanos in einem unterirdischen Raum im Haus von Maroulla oder Aristos Theodorou. Doch der 22-jährige Student Nikos wurde entdeckt und musste sich ergeben, wie so viele andere, die sogar mit 5000 Pfund Kopfgeld gesucht wurden. Das Urteil für Nikos lautete lebenslänglich, Aristos kam für acht Jahre hinter Gitter, sein Haus wurde gesprengt ...

Klostermuseum Timiou Stavroú (Heiligkreuz-Kirche), Mo–Sa 9.30–13 und 14–19 Uhr, Nov.–März bis 16 Uhr, kein Eintritt, am Dorfplatz, Tel. 25 42 26 68.

AUTORENTIPP!

DRINK, WINE & DESIGN
Make wine not war – Wine is bottled poetry: Die moderne Weinkellerei »Ktima Gerolemo« aus Ómodos ist eine der jüngsten Weinproduzenten der Region und präsentiert sich hip und originell. Auch beim Weingenuss muss man schließlich mit der Zeit gehen und junges Publikum gewinnen. Zu den preisgekrönten edlen Tropfen und Rebsorten des Familienbetriebes gehören Riesling und Muskat sowie die einheimischen Xynisteri und Maratheftiko aus organischer Produktion. Bei einem kostenlosen Rundgang mit anschließender Weinprobe lernt man die Geheimnisse der Weinkultivierung kennen, so das Versprechen der Winzer. Und die hauseigene Vini Bar am Dorfplatz lädt bei einem Glas Commandaria-Portwein zum Entspannen ein.

Ktima Gerolemo Winery. Tgl. 10–17 Uhr, 1 km nördlich von Ómodos, Tel. 25 42 21 22 und 99 69 60 31, www.ktimagerolemo.com

lagen und Konferenzen – aber auch von gelebten religiösen Traditionen wie beispielsweise der Karfreitagsprozession und dem alten Brauch des (Oster-)Feuers Kouzalos. Auch wenn das Bilderbuchdorf mittlerweile ziemlich kommerzialisiert und im Sommer überlaufen ist, begeistert es noch jeden Besucher. Rund um die malerische Dorf-Plátia verdecken die Wände aus weißen Tüchern und Spitzenstickereien zwar fast schon das Heiligkreuz-Kloster. Aber im Gotteshaus selbst herrscht meist andächtige Ruhe abseits des Touristentrubels. Gott sei Dank, möchte man fast sagen, steht sogar in Ómodos noch die eine oder andere baufällig bröckelnde Ruine eines vor langer Zeit verlassenen Hauses. Doch in den vielen historischen, herrlich restaurierten Wohnhäusern verbergen sich nicht nur Weinkellereien, Tavernen, Appartements, Cafés und Shops – die Zyprer leben auch tatsächlich noch hier. Wer gern in Souvenir- und Kunsthandwerksläden stöbert, wird hier auf Schritt und Tritt fündig: Schmuck und Ikonen, Lederwaren, Stickereien, Spitze und Häkeleien, mundgeblasene Glaskunst, Honig und andere lukullische Süßigkeiten, Nusswaren und getrocknetes Obst aus der Region, Olivenöl sowie Kräuter, Zivanía-Schnaps und: natürlich Wein.

Wein, Wein, Wein …

Kein Wunder, handelt es sich doch um ein uraltes Weinbauerndorf! Hier werden jährlich rund 4000 Tonnen Weintrauben geerntet. In Ómodos halten viele Reisebusse auch, um die Weinkellerei »Olympus« (ETKO) am Nordrand des Ortes zu besichtigen. Einkehren kann man ebenso bei der »Marion Winery« oder »Linos Winery« (der Inhaber letzterer entstammt der alten Winzerfamilie Herodotou) an der südlichen Ausfallstraße sowie in einer Reihe kleinerer Weinbaubetriebe und Tavernen. Im August wird hier ein großes Weinfest gefeiert.

Auch in der Umgebung findet der Wein-Liebhaber einige lohnenswerte Ziele: Im Süden liegen die Dörfer Malia und das winzige Arsos, wo der berühmte Commandaría des Kýkko-Klosters produziert wird. In jedem Herbst findet in Arsos das Palouze-Weinfestival statt. Wer auf dem Weg zurück nach Limassol durch Ágios Ambrosios kommt, kann schließlich noch Zyperns führende ökologische Weinkelterei »Gaia« besichtigen.

Heiligkreuz-Kloster mit wundertätigen Reliquien

Das vermutlich bereits im 4. Jahrhundert gegründete Kloster des Heiligen Kreuzes, Timiou Stavroú, ist 1816 neu am Dorfplatz erbaut worden und weithin sichtbar wegen des schön verzierten zweiteiligen Glockenturms. Mönche leben hier nicht mehr. Es besitzt im Innern neben seiner vergoldeten Ikonostase (1817) einige hervorragende Holzschnitzereien im Rokokostil (man beachte auch die fein gearbeitete Zedernholz- und Walnussdecke aus Tausenden winziger Holzstücke).

Ein bisschen gruselig muten die hochverehrten Reliquien an: Dabei handelt es sich angeblich um

MAL EHRLICH

WALDBRANDGEFAHR!

Vor allem während der trockenen Sommermonate besteht in den zyprischen Wäldern Brandgefahr. Schon ein unachtsam weggeworfener Zigarettenstummel kann hier in sprichwörtlicher Windeseile ganze Wälder vernichten! Daher sollte man Zigaretten mit Wasser löschen (bei Wanderungen am besten sammeln), kein Glas liegen lassen (wirkt wie Brennglas) und keine offenen Feuer machen. Bei einem Brand ruft man sofort die 1407 (bzw. 177 in Nord-Zypern) an.

Oben: Wer auf Souvenirsuche ist, wird reichlich fündig in Ómodos.
Unten: Die Klosterkirche Timiou Stavroú in Ómodos

Oben: Friedhof in Ómodos
Mitte: Spornblumen an einer Mauer in Ómodos
Unten: Kreuzgang an der Klosterkirche Timiou Stavroú in Ómodos

einen blutgetränkten Splitter und einen Fesselrest vom Kreuz Jesu, die im Jahr 327 von der hl. Hélena ins damalige Zypern gebracht worden waren und heute eingearbeitet im silber- und goldbeschlagenen Heiligen Kreuz in der Ikonenwand aufbewahrt werden. Außerdem verwahrt das Kloster eine Schädelreliquie des Apostel Philip in einem silber-goldenen pyramidenförmigen Kasten, dessen Echtheit noch im Jahr 1204 von den byzantinischen Kaisern in Konstantinopel mit Siegeln bestätigt wurde. Nach mehreren Jahrhunderten verschlungener Wege inklusive Irrfahrt und Diebstahl landete die Reliquie 1788 hier in Ómodos.

Mönchszellen als Museum

Außerdem kann man in den ehemaligen Mönchszellen gleich mehrere kleine Museen besichtigen sowie eine interessante historische Fotoschau und eine zeitgenössische Kunstausstellung. Das Museum Byzantinischer Kunst zeigt alte Ikonen und ein Volkskunstmuseum Landwirtschaftsgeräte und Pipila-Spitze (z.B. ein geradezu chic-aufreizendes Spitzennachthemd hinter Glas). In einem weiteren Heimatkundemuseum stehen alte Möbel wie ein schönes Himmelbett.

Einige alte Gemäuer rund um die Klosterkirche sind als quasi bewohnte Museen zugänglich: In Linos' Haus in der Hauptgasse kann neben dem antiken Bauernmobiliar auch eine alte traditionelle Weinpresse besichtigt werden, die bis vor einigen Jahren noch in Betrieb war – kaum zu glauben angesichts des archaisch anmutenden Gerätes. Auch die mit alten Gerätschaften wie Kupfer- und Tontöpfen, einer beeindruckenden Dolchsammlung und s/w-Fotos liebevoll ausgestatteten Häuser von Sokrates Sokratoú (mit Weinkeller) und von Nikos können besucht werden – freilich wollen die Gastgeber auch ihre Waren verkaufen ...

Infos und Adressen

Die grüne Suite im »Stou Kir Ylanni«

SEHENSWÜRDIGKEITEN

Timiou Stavroú (Heiligkreuz-Kirche). Tgl. Mo–Sa 9.30–13 und 14–19 Uhr, Nov.–März bis 16 Uhr, kein Eintritt, am Dorfplatz, Tel. 25 42 26 68.

Sokratous Haus/Linos' Haus. Tgl. 10.30–12.30 und 15–17 Uhr, im Winter bis 16 Uhr, beide in der Linou-Gasse links vom Kloster.

Nikos' Haus. Tgl. geöffnet, gegenüber der Kirche, Tel. 25 42 12 97.

ESSEN UND TRINKEN

Katoi. In der Weinkeller-Taverne herrscht urig-mittelalterliches Flair. Ruhetag Mo abends; tgl. 7–24 Uhr, im Winter bis 17 Uhr, Linou 25, Tel. 99 67 44 44, www.omodosvillagehomes.com

Stavros Café Restaurant. Nahe am großen Parkplatz speisen die Gäste bei tollem Dorfpanorama. Tgl. 11–14 Uhr, 18–22 Uhr, Demokratia 24, Tel. 25 42 26 47 und 99 61 27 72.

Themistokli's Tavern. Ein traditionelles Gartenlokal mit leckeren Grillspeisen unterm Walnussbaum. Ruhetag: Mo, Di–So 12–15 und 19–23 Uhr, Panagia Chalkidiki 39, 25 42 26 49 und 99 40 52 97.

ÜBERNACHTEN

Arsorama Village Homes. Die rustikal-schicken Appartements im alten Gemäuer weisen viel Liebe zum Detail auf. Kostenas 2–4, Arsos (ca. 8 km westlich), Tel. 25 81 70 00 und 99 88 99 99, www.arsorama.com.cy

Cornaro House. Ein Juwel: Fünf verschiedenartig eingerichtete Appartements in einem 250-jährigen Anwesen. Agias Mariamnis 12, Arsos, Tel. 25 35 88 36 und 99 31 46 84, www.agrotourism.com.cy

Stou Kir Ylanni. Etwas überteuertes Gästehaus mit vier verschiedenen Suiten, Lokal mit Livemusik. Linou 15, Tel. 25 42 21 00 und 99 30 85 55, www.omodosvillagecottage.com

EINKAUFEN

Linos Winery. Tgl. 9–13 und 14–17 Uhr, Sa 9–13 Uhr, Tel. 25 42 27 00, www.linoswinery.com

M. Antoniades Winery. Mo–So ab 15 Uhr, Sa nur vormittags, in Mandría, Tel. 25 42 26 38, www.antoniadeswinery.com

Olympus Winery (ETKO). Mo–Fr 9–18 Uhr, Sa 9–13 Uhr, ausgeschildert am Ortseingang von Ómodos, Tel. 25 42 23 80.

Einkaufen und Weingenuss bei »Gerolemo Wines« am Kloster

Ein gewisser Minas hat die UNESCO-Kirche des Erzengels Michael ausgemalt.

32 Pedoulás

Von Kirchen und Kirschen

Wer im Frühling den Ferienort besucht, wird begeistert sein von dem weißen Teppich aus Kirschblüten, die das Marathása-Tal bedecken: Im »Tal der Kirschen« wachsen rund 100 000 Kirschbäume! Kein Wunder, dass viele Tavernen selbst gebrannten Kirschschnaps anbieten ... In den malerischen Dörfern Pedoulás und Mouttoullá stehen zwei außergewöhnlich alte UNESCO-Kirchen sowie zwei interessante Museen.

Die Häuschen in Pedoulás verteilen sich im fruchtbaren, auf 1100 Metern gelegenen Marathása-Tal, das für seine Kirschblüte berühmt ist. Die Sommerfrische ist Durchreisestation oder Ausgangsbasis für Ausflüge im Tróodos-Gebirge und auf den höchsten Berg Zyperns, keine zehn Kilometer entfernt. Trotz der Vielzahl überwiegend einfacher kleiner Hotels entlang der Hauptstraße herrscht eine entspannte Atmosphäre im Dorf mit seinen kaum mehr als 300 Bewohnern.

Kirchen – und noch mehr Kirchen ...

Neben seinen Obstgärten, dem Weinanbau und der Wollproduktion ist Pedoulás bekannt für seine schönen Kirchen (insgesamt neun an der Zahl!): Inmitten des Dorfes thront unübersehbar die Heiligkreuz-Kirche. Das 1933 bis 1935 erbaute Gotteshaus erscheint für das kleine Dorf fast ein bisschen überdimensioniert – geradezu wie eine Kathedrale mit seiner Kuppel und den ebenfalls bekuppelten Türmen auf dem mächtigen von Säulen getragenen Portal. Ein wunderschönes Dorf-

Ein noch unbekannter Luftkurort im Tróodos: Pedoulás.

Berg-Panorama mitsamt Kirche und rotem Dächermeer bietet sich dem Betrachter von der Filoxenias-Straße oberhalb des Ortes.

Sehenswert ist die kleine Panagía Archángelos Michael (»Kapelle des Erzengels Michael«). Das vermutlich vor 1474 erbaute Kirchlein gehört ebenfalls zum UNESCO-Weltkulturerbe. Besonders auffallend ist allein schon das Äußere: Die eine Seite des hölzernen Scheunendaches ist fast bis auf den Boden heruntergezogen, die andere nicht. Und warum? Weil die Straße so steil ansteigt – und so macht die Kirche erst einmal einen etwas halbfertigen Eindruck. Die gut zu erkennenden Bilder im Innern stammen von dem damaligen lokalen Maler Minas, im postbyzantinisch-rustikalen Stil, d. h. schon mazedonisch und teils westlich beeinflusst, was vor allem an den Fresken der Gefangennahme Jesu und des Judaskusses zu erkennen ist. Und natürlich ist hier übergroß der Erzengel Michael selbst zu sehen. Im oberen Wandbereich sind Szenen des Evangeliums aufgemalt (von Mariä Geburt bis zu ihrem Tod), unten sind die unzähligen Heiligen versammelt. Man beachte auch das Bild über der Nordtür, das die Stifterfamilie zeigt: Der Priester Vassilios (auch Basileios) Chamados mitsamt Familie übergibt die klein dargestellte Kirche dem Erzengel.

AUTORENTIPP!

ZEHN AUF EINEN STREICH

In der Tróodos-Region wimmelt es nur so von UNESCO-Schätzen: Zehn Scheunendach-Kirchen mit ihren hölzernen Satteldächern und Wandgemälden zählen heute zum Weltkulturerbe – und lohnen einen Besuch. Deshalb hier noch mal alle auf einen Blick: Stávros tou Agiasmáti (bei Platanistása), Panagía tou Aráka (bei Lagouderá), Tou Timiou Stavroú (bei Peléndri/Agrós), Ágios Nikólaos tis Stégis, Panagía Podíthou (beide bei Kakopetriá-Galáta), Panagía tis Asínou (bei Nikitári), Panagía tou Moutoullá (in Moutoullá), Archángelos Michael (in Pedoulás) sowie Ágios Ioánnis Lampadistís (in Kalopanagiótis) und die Sotiros Christuskirche (in Palaichori).

Oben: Anschaulich präsentiert das Folkloremuseum die tradtionellen Handwerkskünste.
Mitte: Panagía tou Moutoullá: die kleine Kirche trägt ein 800 Jahre altes Scheunendach.
Unten: Auch verblichene Fresken erzählen von den vergangenen Zeiten.

Im modern gestalteten Byzantinischen Museum nur wenige Schritte entfernt kann man Ikonen, lithurgische Gerätschaften und weitere Kirchenschätze vom 12. Jahrhundert bis in die Gegenwart bewundern. Ein gut gemachtes Folkloremuseum lohnt ebenfalls einen Besuch: Hier werden Geschichte, Kultur und Lebensart der Marathása-Gemeinden anhand von Trachten, landwirtschaftlichem Gerät, Webstühlen u.v.m. präsentiert. Man kann außerdem die Arbeitsstätten von Schmied, Schuster, Schreiner, Bäcker und Barbier sehen.

Ältestes UNESCO-Kirchlein mit Patina

Ein wahres Kleinod ist die Panagía tou Moutoullá (auch Mouttoulás) im gleichnamigen Dörfchen (ca. drei Kilometer nördlich von Pedoulás). Das Gotteshaus stammt zwar »erst« aus dem 13. Jahrhundert, dennoch gilt es als die älteste erhaltene Scheunendach-Kirche und zählt als solche zu den UNESCO-Schätzen. Denn im Gegensatz zu einigen älteren UNESCO-Schwestern wie der Ágios Nikólaos tis Stégis (11. Jahrhundert, s. S. 146) oder der Panagía tou Aráka (12. Jahrhundert, s. S. 150) stammt das Holzscheunendach der Moutoullá tatsächlich aus der Zeit ihrer Entstehung und wurde nicht erst später draufgesetzt. Die kleine Kapelle zu Ehren der hl. Jungfrau besitzt einen ganz besonderen Charme – vielleicht gerade, weil sie nicht so bilderbuchmäßig restauriert ist wie viele andere zyprische UNESCO-Schätze. Die aus rustikalem Felsgestein erbaute Kirche erscheint im Innern eher wie eine Höhle. Auf den teils abgebröckelten Wänden sind viele Heilige und biblische Szenen (in der oberen Reihe) versammelt, doch Staub und Regenwasser der Jahrhunderte haben an den Fresken aus dem Jahr 1280 genagt und sie verblassen lassen – so mancher Felsen bricht regelrecht in die Malereien hinein.

Infos und Adressen

SEHENSWÜRDIGKEITEN

Byzantinisches Museum. Tgl. 10.30–16.30 Uhr, Eintritt: ca. 2 €, Audioguides, im unteren Dorfteil, Tel. 22 95 36 37 und 99 26 20 70.

Folkloremuseum. Di–So 9–16 Uhr, Eintritt: ca. 2 €, nahe der Heiligkreuz-Kirche in Pedoulás, Tel. 22 95 21 40 und 99 34 87 51.

Panagía Archangelos Michael. Tgl. 10.30–17 Uhr, im unteren Dorfteil, Tel. 22 95 36 37 und 99 26 20 70 (Olga).

Panagía tou Moutoullá. Tgl. geöffnet, nahe Ortseingang in Mouttoulá, Tel. 22 95 23 45 und 22 95 33 85 (Andreas), Schlüssel und Audioguides im Nachbarhaus oder Kafeníon.

ESSEN UND TRINKEN

Harry's Spring Water Restaurant (To Vrysi). Riesiges Ausflugslokal am Fluss mit internationalen Speisen, Spezialität: Forelle und hausgemachter Kirsch-Sherry. Tgl. 7–21.30 Uhr, 2 km südöstlich an der Pródromos-Straße, Tel. 22 95 22 40, www.harrysrestaurantvrys.wix.com/pedoulas

ÜBERNACHTEN

Christy's Palace. Viel für wenig Geld bietet die kleine Herberge, kein Palast, aber eine B&B-Pension mit 21 Balkonzimmern mit Bergblick, TV und Heizung. Filoxenias 45, Tel. 22 95 26 55 und 99 63 55 84.

Elyssia. Das freundliche familiengeführte, bei Wanderern beliebte Zweisternehotel hat 30 Zimmer, teils mit Balkon und Jacuzzi. Filoxenias 47, Tel. 22 95 37 37 und 99 75 35 73.

Mountain Rose. 21 Schnäppchen-Zimmer mit Aussicht auf Dorf und Berge und dem Charme einer JHB, das Panoramalokal ist eher was für schnell Durchreisende ... Filoxenias 32, Tel. 22 95 27 27.

Two Flowers. 20 ordentliche Zimmer und Appartements mit Pool, Panorama-Verandalokal, großem englischen Frühstück! Filoxenias 26, Tel. 22 95 23 72, www.twoflowershotel.com

INFORMATION

www.pedoulasvillage.com

Nette Wanderer-Herberge: das »Elyssia Hotel«

33 Stávros tis Psókas
Zwischen Rehen und Mufflons

Die weit abgelegene Forststation wacht über eine menschenleere, waldreiche Gegend, in der es sich herrlich wandern, picknicken und abschalten lässt – fernab von allem, ob Verkehrsstau, Folklorebeschallung oder Handy-Kakofonie. Hier kann man noch den Wildschafen, namens Mufflon, sowie Hirschen und Rehen begegnen. Das in einer kühlen Schlucht gelegene Tal der Zedern lockt ebenfalls mit Einsamkeit und Stille.

Oben: Der Wanderweg E4 führt von Stávros tis Psókas nach Kýkko.
Unten: Das Wappentier Zyperns: Mufflons in ihrem Gehege mitten im Wald

Auf rund 950 Metern befindet sich das 370 Quadratkilometer große Waldgelände, das größte zusammenhängende Kiefernwaldgebiet auf Zypern. In der Kolonialzeit hatten die Engländer hier weitflächig aufgeforstet, v.a. mit der Kalabrischen Kiefer. Außerdem wachsen hier orientalische Erlen und Platanen, Zypressen und Eichen sowie rotstämmige sogenannte Erdbeerbäume mit rosafarbigen Stacheln und Beeren. Um die Forststation auf 800 Metern versammeln sich die höchsten umliegenden vulkanischen Berggipfel: der Zachariou (1212 Meter) im Norden, der Moutis Tis Mosfilas (1255 Meter) im Süden, der Horteri (auch Chorteri, 1290 Meter) im Osten und der Trípolis (auch Trípylos, 1362 Meter) im südwestlichen Tal der Zedern.

Kühles Tal der Zedern

Das auf 1100 Metern Höhe gelegene Tal der Zedern (Koiláda tou Kédou) befindet sich ca. zwölf Kilometer südöstlich von Stávros tis Psókas. In der schattigen kühlen Schlucht beeindruckt die schon fast mystisch wirkende Einsamkeit und Stille. Das Tal besteht aus rund 40 000 Exemplaren der hoch gewachsenen zyprischen Unterart der Libanonzeder, die vor rund 100 Jahren vom Aussterben bedroht war. Der bis zu 30 Meter hohe Baum wird auch Tróodos-Zeder genannt, da er nur hier auf der Insel wächst, zwar schmaler als die libanesische Variante, aber mit einem Alter von bis zu 600 Jahren!

Vom Aussterben bedroht: Mufflons

Die Hauptattraktion der Forststation Stávros tis Psókas ist zweifellos das Mufflon-Gehege, das sich gleich neben der Forstverwaltung befindet: Von den noch allerhöchstens 4000 auf Zypern lebenden Wildschafen, deren Hörner bei den Widdern bis zu 60 Zentimeter lang wachsen, tummeln sich etwa 15 Exemplare in diesem großen Freigehege. Das Mufflon schmückt zwar das Nationalwappen und das Emblem der Cyprus Airways, war aber vor nicht allzu langer Zeit vom Aussterben bedroht. Die scheuen Tiere sollen heute wieder an den Steilhängen im Tróodos umherklettern. Außerdem gibt es 500 Meter weiter südlich ein Gehege für die Dama-dama-Hirsche, eine eingebürgerte Art.

Einsame Wanderstrecken

Durch den Stávros tis Psókas-Wald bei der Forststation führen drei ausgeschilderte Naturlehrpfade von zwei bis fünf Kilometern Länge. Nördlich der Forststation beginnt der rund einstündige Selladi tou Stávrou-Wanderweg, der als 2,6 Kilometer langer Rundweg um den Zachariou führt. Man kann diesen Weg kombinieren mit dem ein Kilometer langen Abstecher nach Süden zum Hubschrauber-Landeplatz auf 880 Metern Höhe. Wer länger wandern will, nimmt vom Landeplatz die Waldstraße zurück zur Forststation und wandert dann insgesamt fünf Kilometer und zweieinhalb Stunden lang.

Infos und Adressen

SEHENSWÜRDIGKEITEN

Mufflon-Gehege. Tagsüber hat ein kleines Café geöffnet, kein Eintritt, bei der Forststation.

ESSEN UND TRINKEN

Forest Station Cafeteria. Wo die Forstarbeiter speisen, kann man einige Snacks zu sich nehmen. Unregelmäßig geöffnet, ca. 200 m südlich von der Forest Station (Hauptverwaltung).

Rest House (Stávros tis Psókas Forest Station). Rund 400 m südlich von der Forest Station (Hauptverwaltung), Tel. 26 99 18 58 und 26 99 18 59. Neben dem Forsthaus gibt es auch einen Picknickplatz.

ÜBERNACHTEN

Rest House Stávros tis Psókas Forest Station. Hier gibt es ganzjährig spottbillige einfache Zimmer (insgesamt 12 Betten) und Gemeinschaftsbäder, nur auf Vorbestellung: Tel. 26 99 18 58 und 26 99 18 59.

Paradisos Hills. Ruheoase am abgelegenen Berghang mit 15 Zimmern, Infinity-Pool und Meerespanorama. In Lysos, ca. 17 km südwestlich von Stávros tis Psókas (ca. 10 km südöstlich von Pólis), Tel. 26 32 22 87, www.paradisoshills.com

Im »Rest House«, der Forststation, kann man günstig übernachten.

NIKOSIA

Vorangehende Doppelseite: In der Altstadt von Nikosia lohnt sich ein Bummel mit Museumsbesuch, Shopping und Kneipentour.
Oben: Hauptattraktion im Nationalmuseum: die Aphrodite von Sóloi
Unten: Das »Classic Hotel« in der Altstadt Nikosias

34 Nationalmuseum Zypern

Wenn Steine und Statuen sprechen ...

Selbst wer keine Nikosia-Besichtigung einplant, sollte sich das Nationalmuseum anschauen. Nur so wird die fast 9000-jährige Geschichte Zyperns verständlich. Hier begegnen dem Besucher die wertvollsten Funde und Statuen aus den Ausgrabungsstätten, die dem Laien manchmal mitten im Trümmerfeld so rätselhaft und chaotisch erscheinen. Erst hier erwachen Aphrodite und römische Kaiser zum Leben.

Das Nationalmuseum befindet sich außerhalb der Altstadt in einem klassizistischen Bau (erbaut 1908–1924). Das Archäologische Museum präsentiert wertvolle Kunstschätze von der Jungsteinzeit (7. Jahrtausend v. Chr.) bis in die frühbyzantinische Zeit (7. Jahrhundert n. Chr.). Mit Audioguides kann man sich in 14 Räumen fast 9000 Jahre in der Historie zurückführen lassen.

Es beginnt mit Funden aus der Steinzeit im 7. Jahrtausend v. Chr. aus Choirokoitía (Raum 1): v. a. Steinidole und -werkzeuge und in Rot- auf -Weiß-Technik bemalte Keramiken sind hier zu sehen; der Steinphallus weist auf Fruchtbarkeitskulte hin. Der zweite Raum zeigt frühbronzezeitliche Terrakottamodelle, etwa ein Fundstück aus Vouní (Nr. 52): ein Priester und eine Mutter während einer Zeremonie in einem Rundheiligtum. Des Weiteren fallen besonders die mykenischen Vasen aus der Bronzezeit bzw. archaischen Epoche (ca. 7.–5. Jahrhundert v. Chr.) auf (Raum 3), die mit Szenen aus der Mythologie und Tierwelt bemalt sind: Zeus mit Schicksalswaage, Aphrodite oder ein Taurus-

Stier mit Lotos. Im vierten Raum steht eine ganze Armada der 2000 entdeckten, teils bewaffneten Terrakottafiguren aus der Agía Iriní (bei Mórfou).

Aphrodite erwacht!

Besondere Aufmerksamkeit zieht die wunderschöne marmorne Aphrodite von Sóloi (auch Soli) aus dem 1. Jahrhundert v. Chr. auf sich (Raum 5). Die Skulptur mit dem um die Stirn geschlungenen Haar strahlt zeitlose Eleganz und Erotik aus, obwohl sie nicht einmal mehr Arme hat. Man beachte gleich daneben auch die Stele mit dem Weingott Dionysos und die Löwen von Tamassós, fünf Sandsteinfiguren, die erst 1997 bei Nikosia entdeckt wurden. Noch ein Höhepunkt im nächsten Raum: Hier begegnet der Besucher dem römischen Kaiser Septimius Severus aus Kythréa (nördlich von Nikosia) – ein machtvoller nackter Auftritt in Bronze und in sportlicher Pose, wie es sich für einen römischen Imperator geziemt. Im siebten Raum sind Bronzekunstwerke (etwa die Kuh von Vouní aus dem 5. Jahrhundert), Gold- und Silberschmuck und silberne Schalen ausgestellt, v. a. aus Enkomi bei Famagusta (1700–1000 Jahre v. Chr.).

Die folgenden Räume (8 und 9) beherbergen beeindruckend große Grabrekonstruktionen aus der Jungsteinzeit. Der zehnte Raum zeigt Ton- und Steintafeln mit bis heute nicht entzifferter kypro-minoischer Silbenschrift (15.–12. Jahrhundert v. Chr). Im nächsten Raum kann man die Grabbeigaben aus den Königsgräbern von Salamis sehen, und der Raum Nr. 12 widmet sich der antiken Kupfergewinnung und Bronzeherstellung. Der Archäologie-Fan kann die römischen Statuen aus dem Gymnasion Salamis bewundern (Raum 13): Herakles, Apollon mit dem Zupfinstrument Lyra, Nemesis und Hera. Der Rundgang endet in Raum 14 mit weiteren Terrakottafiguren.

Infos und Adressen

SEHENSWÜRDIGKEITEN

Adresse s. S. 190

ESSEN UND TRINKEN

Chateau Status. Elegantes Ambiente in einer Villa mit Garten: Italienisch, Sushi, Grillspeisen, Salat-Bar. Tgl. 11.30–1 Uhr, Markou Drakou 12, Tel. 77 77 11 67, www.chateaustatus.com

Marco Polo. Auf der chic beleuchteten Dachveranda des »Holiday Inn« genießt man internationale Speisen bei bestem Altstadt-Panorama. Rigenis 70, Tel. 22 71 27 12, www.ihg.com

Plaka Tavern. Großes etabliertes Familienlokal mit großen Portionen: von schier endloser Mezédes bis Grillteller. Ruhetag: So, Mo–Sa 18.30–24 Uhr, Makariou Platz 6–8, Egkomi (5 km westlich), Tel. 22 35 98 98 und 22 59 09 44, www.3ds.com.cy/plaka

ÜBERNACHTEN

Averof. Freundliche Familienherberge in ruhigem Wohnbezirk (15 Min. Spaziergang in die Altstadt), 25 schlichte Zimmer mit gutem Preis-Leistungs-Verhältnis. Averof 19, Tel. 22 77 34 47, www.averof.com.cy

Hilton Park. Üblicher »Hilton«-Standard im abgelegenen, aber grünen Egkomi-Bezirk, teils Balkon, High-Speed-WiFi, Pool, Fitnesscenter, zwei Restaurants. Griva Digeni, Tel. 22 69 51 11, www.hilton.de

The Classic Hotel. Das schicke Hotel überzeugt mit WiFi-Zimmern, gutem Restaurant, Fitnessstudio und Sauna. Rigenis 94, Tel. 22 66 40 06, www.classic.com.cy

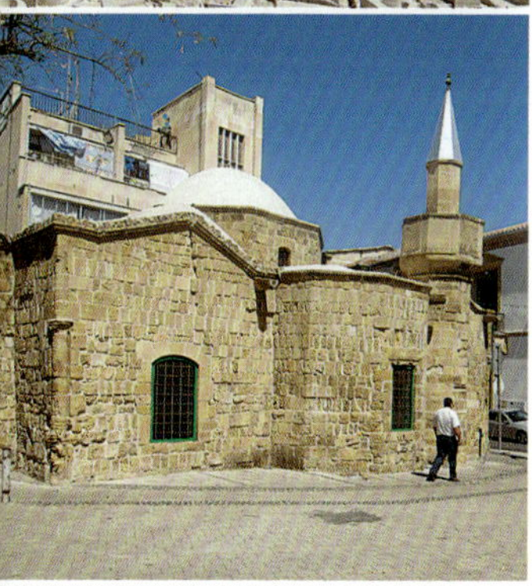

Oben: Direkt am Checkpoint Lidras Street sieht man dieses Mahnmal zum Zypern-Konflikt.
Unten: Auch im zyprischen Teil der Hauptstadt stehen Moscheen.

35 Laïki Geitoniá

Zwischen Orient und Okzident

Zwischen Kaffeehäusern und Kirchen kann man in den Altstadtgassen Nikosias herrlich die Zeit vertrödeln. Über die Demarkationslinie, die »Grüne Linie«, gelangt man in den türkisch besetzten Norden – nicht nur Berliner fühlen sich angesichts Stacheldraht, Sandsäcken und Wachturm in alte Mauerzeiten zurückversetzt. Nirgendwo wird die Spaltung der Mittelmeerinsel deutlicher als hier – in der letzten geteilten Hauptstadt der Welt.

Die Hauptstadt Zyperns (ca. 336 000 Einwohner, davon ca. 80 000 im türkischen Lefkoşa) wurde bereits in der Bronzezeit vor rund 4000 Jahren erwähnt und hatte seitdem viele Namen: Ledra, Letra, Lidri, Leukotheon, Lefkothero, Leukosia, griechisch: Lefkosia, unter den Römern: Nikosia. Ab dem 11./12. Jahrhundert war Nikosia die Hauptstadt der fränkischen Lusignan-Könige. Die schöne, kreisrunde Altstadt ist von einer mächtigen venezianischen Stadtmauer aus dem 16. Jahrhundert umgeben – mit zwölf Metern Höhe einer der besterhaltenen mittelalterlichen Schutzwalle Europas!

Nach den gewaltsamen Auseinandersetzungen zwischen Türken und Griechen teilte die UN-Friedenstruppe 1964 die Hauptstadt. Bis 2008 gelangte man nur außerhalb der Altstadt über den Grenzübergang am westlich gelegenen Ledra Palace (ein ehemaliges Hotel, heute UN-Kaserne) in den Nordteil der Stadt – über einen rund 300 Meter langen Streifen Niemandsland zwischen Stacheldraht und Barrikaden. 2008 wurde schließlich die Mauer am Ende der Fußgängerzone Lidras

Ein Blick nach Norden – in den türkischen Teil der Hauptstadt

Street inmitten der Altstadt eingerissen und für Fußgänger geöffnet. Die Spaltung der Stadt und der Insel besteht jedoch weiter fort.

Kaum zu glauben: Der zyprische Teil Nikosias gilt überraschenderweise seit einigen Jahren als fünftreichste Stadt der Welt, was die Kaufkraft angeht – jedenfalls bis zu den spürbaren Auswirkungen der Finanzkrise 2012/13, denn nun verlassen viele reiche Russen (die hier samt Auslandswohnsitz ihr Geld »geparkt« hatten) offenbar wieder schnell das sinkende Schiff ...

Hauptstadt zweier Völker!

Das Altstadtviertel von Nikosia zieht die Touristen meist in die Fußgängerzone Lidras Street. Zuerst bummelt man hier wie über jede andere moderne Flanier- und Einkaufsmeile – nur dass sie abrupt an der Green Line endet. Heute passieren Touristen wie Einheimische (griechische und türkische Zyprer) an diesem Nadelöhr als Fußgänger den Checkpoint – und wer die Demarkationslinie nach Lefkoşa überschreitet, macht eine kleine Zeitreise.

Bleibt man im südlichen zyprischen Teil, kann man zwischen Juwelier, Kosmetiksalon und der packen-

AUTORENTIPP!

STUDENTEN-FEELING ...
In einer schmalen Gasse an der Westseite der fast 150 Jahre alten Fanoroméni-Kirche (1872) versteckt sich diese winzige Café-Bar: Abends trifft sich hier vorwiegend jugendlich-lässiges Publikum, man plauscht unter Geranien, Jazz klimpert und gelegentlich auch traditionelle Rembetika-Konzerte. Zwei Zyprer spielen Backgammon, ein junger Tourist nutzt das High-Speed-WiFi zum Posten in die Heimat. Beliebt ist das Café vor allem wegen seiner lecker-erfrischenden Frappés und der originellen hausgemachten Limonade (etwa mit Zimt: Kanelolemonada). Es gibt zwar nichts zu essen (Snacks mitbringen erlaubt!), dafür diverse Kräutertees, dick gesüßte Mokkas oder auch Härteres wie Bier und Ouzo. Im Winter serviert man hier sogar Glühwein, den mit Honig gesüßten Zivanomelo.

Kala Kathoumena. Tgl. 10–1 Uhr, Nikokleos 21, Tel. 22 66 46 54.

Rundgang durch die Stadt der Sackgassen

Der (Altstadt-)Rundgang vermittelt die verschiedenen Epochen und Baustile der jeweils Herrschenden und die bis heute andauernde Zerrissenheit, d. h. die Trennung der Stadt in zwei Teile.

A Nationalmuseum (Archäologisches Museum) Die schönsten Kunstschätze Zyperns sind in 14 Räumen zu besichtigen. Mit schattigem Gartenlokal. Ruhetag Mo. Di–Fr 8–16 Uhr, Sa 9–16 Uhr, So 10–13 Uhr, oft wechselnde Öffnungszeiten, Eintritt: 3,50 €, einwöchiger Museumspass: ca. 17 €, Audioguides, Mouseiou 1 (östlich der Altstadt), Tel. 22 30 31 12 und 22 86 58 64.

B Ledra-Museum und Observatorium – Der weithin sichtbare Shakólas-Tower (im Debenhams) ermöglicht per Fernglas ein weites Panorama über beide Stadthälften bis zum Pentadáktylos-Gebirge. Fotoausstellung und Film auf Englisch. Mai–Sept. tgl. 10–19 Uhr, Okt.–April 10–18 Uhr (Shop 8.30–20 Uhr), Eintritt: 2 €, 11. St., Lidras Ecke Arsinoe, Cafeteria im 6. Stock, Tel. 22 67 93 69.

C Checkpoint Ledras Street – Der Fußgängerübergang in den türkischen Stadtteil ist seit 2008 eröffnet. Eine kleine Fotoausstellung dokumentiert die *missing persons,* die Vermissten nach der türkischen Invasion. Am Ende der Lidras Street, 24 Std. geöffnet, Personalausweis!

D Checkpoint Ledra Palace (Auto-Übergang) Westlich der Altstadt geht es hier über das Niemandsland in die Türkische Republik. Markou Drakou, 24 Std. geöffnet, Personalausweis!

E Leventis Museum – Das hervorragende Museum gibt einen Einblick in die Stadthistorie. Mit kleinem Café. Di–So 10–16.30 Uhr, Eintritt frei, Ippókratou 17, Laïki Geitoniá, Tel. 22 66 14 75, www.leventismuseum.org.cy

F Ethnologisches Museum – Das Patrizierhaus von Hadjigeorgakis Kornesios verschafft einen Eindruck vom Leben eines wohlhabenden Osmanen im 17./18. Jh. Di–Fr 8.30–15.30 Uhr, Sa 9.30–15.30 Uhr, Eintritt: 2 €, Audioguides, Patriarchou Grigoriou 20, Tel. 22 30 53 16.

G Omeriye-Moschee – Das muslimische Gebetshaus aus dem 16. Jh. kann tagsüber besichtigt werden, jedoch nicht während der Gebetszeiten. Audioguides. Trikoupi und Plateia Tyllirias (am Alten Markt), Keine Shorts, Miniröcke und Trägerhemdchen tragen, Schuhe ausziehen.

H Omeriye-Hamam – Das osmanisch-traditionelle Badehaus (16. Jh.) ist derzeit wegen Restaurierung geschlossen. Plateia Tyllirias 10 (an der Nordseite der Omeriye-Moschee), Tel. 22 46 05 70, www.hamambaths.com

Ⓘ **Byzantinisches Museum** – Im Erzbischöflichen Palast ist eine der bedeutendsten Ikonensammlungen der Welt zu besichtigen. Mo–Fr 9–16.30 Uhr, Sa 9–13 Uhr, Eintritt: 4 €, Audioguides, Plateia Archiepiskopou Kyprianou, Tel. 22 43 00 08, www.makariosfoundation.org.cy

Ⓙ **Ágios Ioánnis-/St.-Johannes-Kathedrale** – Die 1662 erbaute, etwas festungsartig wirkende Kirche beherbergt vier große Ikonen (18. Jh.) und farbenfrohe Fresken mit Bibelszenen. Mo–Fr 9–16 Uhr, Sa 9–12 Uhr und während der Messen, Eintritt frei, Plateia Archiepiskopou Kyprianou.

Ⓚ **Museum des Nationalen Kampfes** – Der Befreiungskampf der Zyprer gegen die britischen Kolonialherren (1955–1959) wird hier anschaulich dargestellt. Mo–Fr 8–14.30 Uhr, Sept.–Juni auch Do 15–17 Uhr, Eintritt: 2 €, Plateia Archiepiskopou Kyprianou (hinter dem Palast), Tel. 22 30 58 78.

Ⓛ **Panagia Chrysaliniótissa** – Die älteste und recht schlichte byzantinische Kirche in Nikosia. Odos Chrysaliniótissa.

Ⓜ **Famagusta-Tor** – In dem alten Stadttor gibt es heute Kunstausstellungen, Lesungen und Theateraufführungen. Mo–Fr 10–13 und 16–19 Uhr, im Sommer bis 20 Uhr, Athinas (am Ende der Ammochostou), Tel. 22 43 08 77.

Oben: Kurze Pause beim Stadtrundgang
Mitte: Moderne Kunst: Graffiti an einer Tiefgarage
Unten: Blick durchs Fenster in das Municipal-Museum

den Fotoausstellung, die 1600 noch immer vermisste griechische Zyprer zeigt, in kleinen Cafés und Restaurants sitzen und das Kommen und Gehen am Checkpoint beobachten. Einen Ausblick in die selbst ernannte Türkische Republik Nord-Zypern bietet die Panorama-Etage im 11. Stock des Ledra Museums und Shakólas-Turmes (Debenhams) ein paar Schritte weiter südlich: Der 360-Grad-Rundblick über das Häusermeer bleibt am Südhang des Pentadáktylos-Gebirges hängen. Dort machen die Türken unübersehbar auf ihre Präsenz aufmerksam: mit der weltweit größten Fahne mit dem roten Halbmond – nachts sogar beleuchtet –, ebenso aus weißen und roten Steinen geformt wie der gigantische Schriftzug gleich daneben, der vom ersten türkischen Präsidenten Mustafa Kemal Atatürk stammt: *Ne mutlu Türküm diyene.* – »Wie glücklich bin ich, sagen zu können: Ich bin ein Türke.« Spätestens jetzt wird jedem klar, dass das Zypern-Problem schwieriger zu lösen sein wird als das innerdeutsche an der einstigen Berliner Mauer.

Das Touristenviertel Laïki Geitoniá mit seinen restaurierten (teils neu gebauten) Altstadthäusern ist ebenfalls eine Fußgängerzone und bestens zum Bummeln und Shoppen entlang den zahllosen Kiosken und Kunsthandwerksläden – oder besser gesagt: Kitschläden – geeignet. Die Restaurants haben allerdings einen eher teuren als guten Ruf ... Einen anschaulichen Rundgang durch die Stadtgeschichte unternimmt der Besucher in der Ippókratou im Leventis-Museum. Das 1989 eröffnete zweistöckige Haus wurde bereits preisgekrönt für seine moderne und interaktive Art der Darstellung des Hauptstadtalltags von der Antike bis in die Gegenwart. Zu besichtigen sind neben Trachten, Kupferstichen, Gemälden und Fotografien auch viele Alltags- und religiöse Gegenstände.

Infos und Adressen

ESSEN UND TRINKEN

Debenhams (Shakólas Tower). Nach dem Stöbern im Einkaufspalast kann man die Aussicht aus dem 6. Stock im Selbstbedienungslokal genießen. Mo–Sa 8–12 Uhr, So 10–21 Uhr, Arsinois Ecke Lidras 171–179, Tel. 22 67 93 69.

Golden Habana. Café, Bar und Restaurant mit leckeren Cocktails und kubanischem Flair. Tgl. 11–3 Uhr, Lykourgous 11–19, Tel. 22 67 68 68.

Grecos Nest. Für romantische Sommerabende: Man speist im Garten oder im Bar-Lokal mit Pianobegleitung, hervorragende griechische Küche mit feiner Note. Tgl. 12–16 und 19–24 Uhr, Tel. 22 68 06 08, Themistokli Dervi 4–6 (südlich der Altstadt), www.grecosnest.com

ÜBERNACHTEN

Centrum. Altbewährtes angenehmes Hotel der Mittelklasse in der Fußgängerzone, 47 Zimmer teils mit Computer. Pasikratous 15, Tel. 22 45 64 44, www.centrumhotel.com

Delphi. Einfaches Budget-Hotel in der Altstadt mit 16 anständigen Zimmern (Mini-Balkon, TV, WiFi). Costaki Pantelide 24, Tel. 22 66 52 11, www.delphinhotel.eu

Sky Hotel. 23 gut ausgestattete, aber kleine WiFi-Zimmer, mittendrin und günstig, Dachterrasse. Solonos 7 C, Tel. 22 66 68 80, www.skyhotel.ws

AUSGEHEN

Plato's Bar. Riesige Auswahl an Bier, Cocktails und anderen Alkoholika, Snacks wie Pizza, Burger und Kebab gibt's auch. Tgl. 20–2 Uhr, Platonos 8–10, Tel. 22 66 65 52, www.platosbar.com

INFORMATION

Tourist Information. Jeden Mo und Do um 10 Uhr geführte Spaziergänge bzw. Rundfahrten durch die Altstadt (Dauer 2,5 Std.) sowie Fr außerhalb der Altstadt, Walking Tour-Broschüren mit verschiedenen Routen. Aristokyprou 11, Laïki Geitoniá, Tel. 22 67 42 64, Mo–Sa 8.30–16 Uhr (Mi, Sa nachmittags und So geschlossen).

Lebhaftes und junges Treiben in Kneipen und Bars der Altstadt

Zeitzeuge der Osmanen-Epoche: die Omeriye-Moschee

36 Rund um die Omeriye-Moschee

Türkische Spuren in Nikosia

Auch wenn man keinen Ausflug in den türkischen Stadtteil über die Demarkationslinie wagt (oder den Ausweis vergessen hat): Selbst im griechisch-zyprischen Nikosia ist die Vergangenheit unter den Osmanen spürbar. Die alte Omeriye-Moschee empfängt die Gläubigen wie anno dazumal, und das Patrizierhaus des reichen Dragoman Hadjigeorgakis Kornesios ist heute ein Ethnologisches Museum ...

Einer der mächtigsten Männer im Reich der Osmanen auf Zypern war Hadjigeorgakis Kornesios (1779–1809), Sohn eines reichen christlichen Tuchhändlers aus Páfos. Er war Mittler zwischen Türken und Griechen, zwischen dem muslimischen Sultan und den Christen Zyperns. Der Dragoman diente dem Sultan in dessen Serail als Übersetzer, Berater, Verwalter und: Steuereintreiber. Sein prächtiges Patrizierhaus in der Patriarchou Grigoriou mit Arkaden und Hamam zeugt noch heute von seinem Wohlstand – ein Schmuckstück unter den alten Wohnhäusern Nikosias.

Vermittler zwischen Christentum und Islam

Der Empfangsraum des Hauses ist ein im orientalischen Stil dekorierter Saal mit viel Plüsch, Kissen und Kordeln. Aus den ausliegenden Vermögenslisten erfährt der Besucher, dass der Steuereintreiber während seiner 30-jährigen Amtszeit ein Vermögen angesammelt hatte und mehrere große Landgüter besaß. Kein Wunder, dass es zahlreiche Neider gab! Trotz vieler Verbindungen zu hoch-

rangigen Persönlichkeiten wie dem Erzbischof endete der christliche Dragoman unter dem Schwert – er wurde 1809 in Istanbul geköpft.

Das 1793 erbaute Anwesen dient heute als Ethnologisches Museum der Stadt. Bevor man eintritt, sollte man die Außenfassade näher betrachten: Das Portal schmückt ein Wappen mit dem venezianischen Markuslöwen, ein hübscher Erker diente einst den Frauen zum Beobachten des Treibens vor dem Haus – sie selbst blieben verborgen. Im Innern wandelt der Besucher durch orientalisch anmutende Wohnräume mit alten Möbeln, Ahnengemälden, Gewändern und Schmuck.

Von der Kirche zur Moschee

Es stehen noch mehrere Camii (»Moscheen«) im griechisch-zyprischen Teil der Hauptstadt: Die Omeriye-Moschee am Alten Markt ist die größte mit gotischen Bauelementen. Die einstige Marien-Kirche des Augustiner-Ordens aus dem 14. Jahrhundert wurde 1571 nach der fast vollständigen Zerstörung während der Invasion unter dem osmanischen Feldherrn Lala Mustafa Paşa von ebendiesem als Moschee wiederaufgebaut. In der Ostecke sieht man noch Überreste des Bauwerks aus der Venezianerzeit, ansonsten ist das Gebäude recht schlicht, im Innern regelrecht kahl – bis auf den roten Teppich, den nischenartigen Gebets-Mihrab, und einige arabische Kalligrafien.

Das sandfarbene Bauwerk am Tyllirias-Platz mit den vielen kleinen Kuppeln ist der Hamam Omeriye (derzeit wegen Restaurierung geschlossen): ein Geschenk von Lala Mustafa Paşa an das Volk im 16. Jahrhundert, und wie die Moschee nach dem Kalifen Omer benannt. Wer ein türkisches Hamam kennenlernen möchte, sollte das Badehaus nach der Wiedereröffnung besuchen.

Infos und Adressen

ESSEN UND TRINKEN

Erodos. Beliebter Treff von Zyprern und Touristen bei Mezédes oder Afélia, Oúzo oder Commandaría, Livemusik. Patriarchou Gregoriou 1, Tel. 22 75 22 50, www.visiterodos.com

Zanettos Taverne. Fast schon legendär ist das traditionelle Lokal (seit 1938), in dem man u. a. eine schier endlose Folge an Mezédes serviert bekommt. Ruhetag Mo. Di–So ab 18 Uhr, Trikoupi 65, Tel. 22 76 55 01, www.zanettos.com

AUSGEHEN

Academy 32. In dem Privatclub sind auch Nicht-Mitglieder und Liebhaber von Jazz *und Boutique Cuisine* willkommen. Tgl. 19–2 Uhr, Konstantinou Palaiologou 32, Tel. 22 76 00 73, www.academy32.com

Pi kai Fi. Das neue Café mit Patio verwandelt sich am Wochenende in eine angesagte Bar mit DJs. Ruhetag Mo, Di–So 10–24 Uhr, Aischylou 61, Tel. 22 26 37 06.

EINKAUFEN

Constanza-Markt. Mi und Sa vormittags kann man auf der Constanza-Bastion zwischen Obst, Gemüse und Kunsthandwerk stöbern.

Der Empfangssaal von Hadjigeorgakis Kornesios ist im orientalischen Stil dekoriert.

Die neue Makários-Statue vor dem Palast des Erzbischofs in Nikosia

37 Kathedrale und Umgebung

Tausend Jahre Ikonenmalerei

Rund um die Makários-Statue liegt das Herz des christlich-orthodoxen Nikosia: Im Zentrum erhebt sich der Erzbischöfliche Palast mit dem Byzantinischen Museum und der kleinen Ágios Joannis-Kathedrale. Für Liebhaber von Ikonenmalerei und Ikonostasen eine wahre Schatzgrube – denn rund 1000 Jahre byzantinische Kunst sind hier versammelt.

Die rund 3000-jährige Vergangenheit hat ihre Spuren in Nikosia und Lefkoşa hinterlassen, v. a. der Einfluss der Franken und der Venezianer, der Osmanen und der Briten. Einst gab es in der Altstadt 80 katholische und orthodoxe Kirchen und Klöster, viele davon sind dem Neubau-Boom zum Opfer gefallen. Die wichtigsten Attraktionen der nachklassischen Zeit liegen am Plateia Archiepiskopou Kyprianou. Bis 2008 stand hier eine rund sechs Meter große Bronzestatue des ersten Präsidenten Zyperns und Erzbischofs Makários III. (1913–1977). 2008 ließ Erzbischof Chrysostomos II. die Kolossalstatue zum Kloster Kýkko verlegen, da sie ihm zu groß geraten erschien. Heute begegnet Makários III. dem Spaziergänger an gleicher Stelle fast auf Augenhöhe, denn die neue weiße Marmorstatue des früheren geistigen Oberhaupts ist nur noch ca. drei Meter groß.

Der Bischöfliche Palast ist im neobyzantinischen Stil zur Unabhängigkeit Zyperns 1960 errichtet worden (der alte Palast von 1730 steht etwas nördlich und beherbergt das Ethnografische Museum). Im rechten Flügel befindet sich das Kulturzentrum der Stiftung von Makários III., in dem das

Byzantinische Museum untergebracht ist. Im Erdgeschoss sind die bedeutendsten Meisterwerke aus 1000 Jahren Ikonenmalerei und byzantinischer Kunst zu besichtigen: mehr als 200 Exponate vom 9. bis 19. Jahrhundert, darunter eine der ältesten Ikonen Zyperns – das kleine Bildnis der Jungfrau mit Kind aus dem 8./9. Jahrhundert. Man beachte auch die Mosaiken aus der Panagia Kanakaria-Kirche in Lythragkomi (aus dem 6. Jahrhundert), die nach ihrem Raub und der Entdeckung in München 1997 hierher zurückgebracht wurde, ebenso die damals gestohlenen Fresken aus der Antifonítis-Kirche (s. S. 232). Die Kunstgalerie im ersten Stock stellt alte Lithografien, Grafiken und Landkarten aus sowie Gemälde europäischer Maler von der Renaissance bis zur Gegenwart, daneben eine kleine Ausstellung zum griechischen Unabhängigkeitskrieg (1821–1829) wird gezeigt.

Bibelszenen und Befreiungskampf

Klein, aber oho: In der benachbarten überraschend winzigen Ágios Ioánnis-Kathedrale (St. Johannes, erbaut 1662) sind neben dem Thron des Erzbischofs auch eine prachtvolle Ikonostase (18./19. Jahrhundert) sowie außergewöhnliche, farbenfrohe Wand- und Deckenmalereien aus dem 18. Jahrhundert mit biblischen Szenen zu bewundern – darunter das Jüngste Gericht mit dem furchteinflößenden *Herrn der Finsternis*, ein seltenes und drastisches Bild von Jesus bei der Beschneidung, sowie die Auffindung des Grabes des Apostel Barnabas in Salamis (südliche Seite).

Das Museum des Nationalen Kampfes hinter dem Erzbischöflichen Palast dokumentiert den Unabhängigkeitskampf der Zyprer gegen die Briten 1955 bis 1959. Ausgestellt sind u.a. Waffen, Fotos, persönliche Gegenstände – auch ein nachgebauter Galgen.

Infos und Adressen

SEHENSWÜRDIGKEITEN

Adressen s. S. 190f.

ESSEN UND TRINKEN

Pireos Taverne. Urig-winziges Lokal mit traditioneller Musik und Tanz bei Mezédes, bis sich die Tische biegen. Ruhetag Mo und So. Di–Sa 12–15 und 20–2 Uhr, Pireos 17, Tel. 22 76 97 97, www.pireos17.com

Ermou 300. Designcenter und Kafeníon, Künstlertreff und Architekturprojekt in herrlich restaurierter Karawanserei: Hier könnte man Stunden schmökern und bei Snacks im Palmenhof sitzen. Tgl. 17–23 Uhr, Ermou 300, Tel. 22 34 93 16, www.ermou300.com

AUSGEHEN

Palia Ilektriki (Old Powerhouse). Man sitzt unter Bäumen im schönen Innenhof des alten Elektrizitätswerks bei Livemusik und zyprischen Speisen. Ruhetag Mo, Di–Sa 18–1 Uhr, So 11–16 Uhr, Tembon 3, Tel. 22 43 25 59.

Neverland Bar. In dem Club spielt man Mi live Rock und Heavy Metal aus Zypern und Griechenland – nur für wahre Rocker. Tgl. ab 21 Uhr, Nikiforou Foka 1, Mobil-Tel. 99 02 13 62, www.NeverlandRockBar.com

Ein einladendes Kaffee an der Kathedrale

Oben: Die byzantinische Chrysaliniótissa-Kirche stammt zum Großteil aus dem 18. Jahrhundert.
Unten: Spaß muss sein!

38 Chrysaliniótissa-Viertel

Nikosias Szene-Viertel

Nikosias authentischstes Altstadtviertel verteilt sich im Gassengewirr rund um die älteste Kirche Nikosias, die Panagia Chrysaliniótissa. Hier spaziert man an fast einstürzenden Ruinen und Handwerksbetrieben entlang, an Kakteen und Rosen in kleinen Gärten und Dattelpalmen – nur sollte sich der Fremde nicht über die Green Line verirren, die Trennlinie zwischen dem zyprischen Nikosia und dem türkischen Lefkoşa.

»Nikosia war eine Stadt, die die Türken in Schlaf versetzt hatten und die nun in der staubigen Mesaoría-Ebene ihr Leben verträumte.« So schrieb 1958 der irisch-britische Schriftsteller Lawrence Durrell in seinem Zypern-Klassiker *Bittere Limonen.* Und genauso fühlt man sich noch heute in einigen Ecken der Altstadt, die ab den 1960ern allmählich zerfiel – 1964 hatte die Teilung dem Herzen Nikosias den Rest gegeben.

Auch ein Grenzspaziergang entlang der Green Line führt in diesen Bezirk – und in seine Sackgassen. Denn irgendwann beim ziellosen Bummeln durch Nikosia stößt man unweigerlich auf sie: die grüne Trennlinie – so genannt, weil ein UN-Offizier 1964 eine Linie mit grünem Stift auf dem Stadtplan eingezeichnet hatte – oder Attila-Linie, wie die Türken sagen. Mit 180 Kilometern Länge und einer bis zu sieben Kilometer breiten Pufferzone trennt sie den Norden der Insel vom Süden. Bis 2003 sogar für Zyprer unpassierbar, dürfen seit dem EU-Beitritt 2004 auch die Touristen hin- und herreisen – und endlich können seit 2008 alle zu Fuß durch den Checkpoint in der Lidras Street gehen.

Walk the line

Eine ausgeschilderte Walking Tour führt vom äußersten Osten der Altstadt nahe der Flatro Bastion an baufälligen Häusern und der Grenze entlang, die weniger massiv als vielmehr provisorisch wirkt: eine Anhäufung von Öltonnen, Sandsäcken, Stacheldraht, einigen Betonbunkern und Warnschildern. Die Flaggen Zyperns und der Türkei wehen auf der jeweiligen Seite, einige Blauhelme stehen gelangweilt herum, der Ruf des Muezzin schallt von der Selimiye-Moschee herüber. Fotografieren ist hier bis heute nicht erlaubt.

Das Chrysaliniótissa-Viertel schmiegt sich zwischen Taht-el-Kala-Moschee und Chrysaliniótissa-Kirche in den äußersten Osten der Altstadt – weniger touristisch, fast noch verträumt. Es gibt kaum Sehenswürdigkeiten, man schaut einfach in einige Höfe hinein, etwa in den des hübsch restaurierten Hauses in der Axiotheas-Gasse mit schönem Arkadengang aus dem 18. Jahrhundert, heute Sitz der Turkologischen Abteilung der zyprischen Universität. Einige Kunsthandwerkstätten haben sich nahe der byzantinischen Chrysaliniótissa-Kirche angesiedelt, die mit ihrem schmalen Glockenturm und zwei kleinen Kuppeln auffällt: Hier soll bereits 1450 ein Kloster gestanden haben, erbaut von Königin Helena Palacologina. Das heutige Bauwerk stammt größtenteils aus dem 18. Jahrhundert, mit einigen alten Bibeln, Ikonen und einer schönen Ikonostase (17. Jahrhundert).

Im Osten der Altstadt am Ende der Ammochostou steht das rund 450 Jahre alte Famagusta-Tor (auch Porta Giuliana), der massivste Teil der fünf Kilometer langen Stadtmauer. Von hier hat man einen schönen Blick auf die Alt- und die Neustadt. Das Tor ist Sitz des Städtischen Kulturzentrums mit Freilichttheater, Kunstausstellungen, Lesungen. Rundherum tobt am Wochenende das Nachtleben.

Infos und Adressen

SEHENSWÜRDIGKEITEN

Adressen s. S. 190 f.

ESSEN UND TRINKEN

Inga's Veggie Heaven. Tofu Wraps, Feta-Salat, hausgemachtes Brot, und frühstücken kann man im Garten. Ruhetag Mo und So. Di–Sa 9.30–17 Uhr, Dimonaktos 2, Tel. 22 34 46 74.

Aigaio Tavern. Mezédes, Souvlaki & Co. sowie internationale Weine in einem restaurierten Altbau mit Garten, Do Livemusik. Ruhetag So. Mo–Sa ab 19.30 Uhr, Ektoros 40, am Famagusta Tor, Tel. 22 43 32 97 und 22 34 75 22.

Caraffa Bastione. In der Piano-Bar am Famagusta-Tor genießt man Fusion-Food und Cocktails bei gehobenen Preisen. Tgl. 11–2 Uhr, Athenas Ave. 6, Tel. 22 73 00 25.

ÜBERNACHTEN

Youth Hostel (Zemedines Mansion). Für Sparer (unter 35 Jahren): Gemeinschaftszimmer und -bäder in einem hübschen alten Haus. Chrysaliniótissis 30–32, Tel. 22 45 96 91, www.youthboard.org.cy

AUSGEHEN

Ithaki Venue Club. In der Kneipe am Famagusta-Tor treffen sich die Jugendlichen Nikosias. Nikiforou Foka 33, Tel. 22 25 05 00 und 22 43 41 93, www.ithakivenue.com

EINKAUFEN

Chrysaliniótissa Craft Center. Handgemachtes aus Holz, Glas, Keramik sowie Ikonen. Jeder Shop hat individuelle Öffnungszeiten, in der Regel Ruhetag So, Mo–Sa 9.30–17 Uhr, Dimonaktos 2, Tel. 22 34 80 50.

Oben: Kloster Machairás: ein schöner Ausflug führt zu dem bedeutenden Gotteshaus.
Unten: Ein Held des Befreiungskampfes: EOKA-Kommandant Grigóris Afxentiou

39 Kloster Machairás mit Fikárdou

Von Mönchen und Rebellen

Zwei wahre Augenweiden verbergen sich am östlichen Hang des Tróodos und ziehen vor allem am Wochenende Ausflügler aus Nikosia an: Das prachtvolle Kloster Machairás thront am Ende einer kurvenreichen Straße, umgeben von Kiefernwäldern, Picknickplätzen und sanften Bergen, die hier bis auf 1400 Meter ansteigen. Das urige und denkmalgeschützte Museumsdorf Fikárdou lohnt ebenfalls einen Abstecher.

Das malerische Ágios Machairás liegt auf 880 Metern zu Füßen des Kiónia-Berges im gleichnamigen Nationalpark. Das Kloster ist eines der ältesten und bedeutendsten Zyperns. 1145 fanden die beiden Einsiedler-Mönche Néofytos und Ignatios in einer Höhle eine Ikone der hl. Jungfrau Maria – die vom Apostel und Evangelisten Lukas stammen soll. Dabei durchschnitten sie das wild wuchernde Dickicht mithilfe eines Messers von göttlicher Hand – soweit die Legende. Die Ikone erhielt den Namen Machairiotissa, abgeleitet vom griechischen Wort für Messer.

Die Mönche gründeten 1148 das Kloster mit Unterstützung des byzantinischen Kaisers Manuel I. Komnenos von Konstantinopel. Das Gotteshaus wurde nach einem Brand 1892 bis 1900 im neoklassizistischen Stil neu errichtet – rustikal und prachtvoll aus massivem Felsgestein mit einem achteckigen ziegelbedeckten Turm und einem zierlichen zweistöckigen Glockenturm. An der Fassade hängen – wie kleine Schwalbennester – winzige steinerne Erker mit Ziegeldächern. Drinnen

kann man eine aus Holz geschnitzte Ikonostase von 1919 bewundern sowie im Kellergewölbe die ehemaligen restaurierten Mönchszellen.

Rebell in Bronze

Neben dem Kloster steht die Bronzestatue des EOKA-Kommandanten Grigóris Afxentiou – der größte Held des zyprischen Freiheitskampfes. Am Klostereingang ist ein Museumsraum seinem Gedenken gewidmet. In den 1950ern hatten sich die Rebellen im Widerstand gegen die britischen Kolonialherren in die Höhlen des Tróodos zurückgezogen. Zwei Kilometer talwärts liegt der ausgeschilderte Schlupfwinkel Afxentious (Krisfygeto tou Afxentiou), der dort am 3. März 1957 qualvoll starb: Die Briten hatten den Eingang der Höhle in Brand gesteckt. Bis heute legen die Zyprer hier blau-weiß geschmückte Kränze nieder – in den griechischen Nationalfarben ...

Bauernkaten zu Wochenendhäuschen

Das einige Kilometer nordwestlich des Klosters gelegene Museumsdorf Fikárdou ist denkmalgeschützt und hat 1987 den Europa-Nostra-Preis für die Erhaltung des Kulturerbes eingeheimst. Der winzige Bergort auf 900 Metern Höhe ist ein schönes Beispiel dafür, wie man jahrhundertealte Architektur instand setzen und vermarkten kann. Die urigen zweistöckigen Bauernhäuser aus grobem Felsgestein, Lehmziegeln und hölzernen Balkonen, einst verfallen und nur als Scheunen genutzt, dienen heute als Wochenenddomizile. Es lohnt ein kurzer Bummel durch die verlassenen und extrem schmalen Gassen und ein Blick in zwei kleine Landwirtschafts- und Heimatkundemuseen: das Haus des Katsinioros und das Haus von Achilleas Dimitris, beide datieren bis ins 16. Jahrhundert.

Infos und Adressen

SEHENSWÜRDIGKEITEN

Machairás-Kloster (Ágios Machairás). Mo–Fr 8.30–17.30 Uhr, Besuchergruppen nur Mo, Di, Do 9–12 Uhr. 40 km südwestlich von Nikosia, Tel. 22 35 93 34. Fotografieren und Filmen verboten, nur in angemessener Kleidung! Kirchweihfeste werden am 15.8. und 8.9. gefeiert.

Museumsdorf Fikárdou. Tgl. 9–17 Uhr, im Winter bis 16 Uhr, Eintritt: ca. 2 €, Schlüssel in Yiannakos Taverne (s. u.), ca. 6 km nordwestlich vom Kloster Machairás, Tel. 22 63 47 31.

ESSEN UND TRINKEN

Saint George. In dem Lokal kann man auf schattigen Plätzen beiderseits der Hauptstraße speisen. Gourri, Grigóri Afxentiou 36, Tel. 22 63 37 55.

Yiannakos Coffee House and Restaurant. In dem einfachen Dorflokal gibt es zyprische Speisen. Tgl. 10–22 Uhr, Fikárdou Ortseingang, Tel. 22 63 33 11.

ÜBERNACHTEN

Miltiadis and Vasilou. Modern ausgestattetes 200 Jahre altes Steinhaus für Selbstversorger. Gourri. Kein Tel., zu buchen über www.sleepcyprus.com

Angels Hills Mountain Resort. Schnäppchen für Familien: Preiswerte Unterkunft in den Bergen, Pool, Kinderspielplatz. Anexartisias St., in Kambia (22 km südwestlich von Nikosia), Tel. 22 42 78 15, www.angelshills.com.cy

BEKO
Cola

NORD-NIKOSIA

40 Rund um die Selimiye-Moschee
Der größte Gotik-Sakralbau Zyperns

Vorangehende Doppelseite: Im Arab-Ahmet-Vietel bummelt man durch alte Gassen.
Oben: Die hübsche Selimiye-Mosche und ihr schlankes Minarett im Nordteil der Hautstadt.
Unten: Im moslemischen Gotteshaus herrscht andächtige Ruhe.

Wo einst Könige gekrönt wurden, ruft der Muezzin fünf Mal am Tag zum Gebet – heutzutage mit Mikrofon und Lautsprecher. Doch selbst am Freitag zieht es nur wenige zur Andacht unter Kronleuchtern in die einst größte Kathedrale Zyperns, die Selimiye-Moschee. Nun ja, Allah ist allmächtig, aber im Norden Zyperns offenbar nicht ganz so streng wie auf dem türkischen Festland …

Natürlich kann jeder Muslim auch woanders beten – »wo die Stunde des Gebetes dich erreicht«, sagt der Koran –, wenn nur die Richtung stimmt: nämlich gen Mekka! Das war schon immer so. Ein Rückblick: Schon ab dem 7. Jahrhundert kam es auf der östlichsten aller Inseln im Mittelmeer immer wieder zu Invasionen von Arabern. Lala Mustafa Paşa eroberte die Stadt 1570/71 mit seinen 100 000 osmanischen Mannen – und das trotz des neuen und mächtigen Schutzwalles der damals hier herrschenden Venezianer. Die meisten Spuren hinterließ er im heute (wieder) türkischen Teil der zyprischen Hauptstadt, in Lefkoşa. Der Feldherr ließ hier zwei schlanke Minarette auf die unvollendeten Kirchturmsockel der gotischen St. Sophien-Kathedrale (heute: Selimiye-Moschee) aufsetzen, außerdem Gebetsnischen bauen und die Buntglasfenster zerschlagen. Wo sich früher die Könige der Lusignans krönen ließen, rollten jetzt die Osmanen die Gebetsteppiche Richtung Mekka aus. Das Girne-Tor bekam einen kuppelartigen Aufbau und ein Kloster verwandelte sich in ein türkisches Badehaus …

Gotik und Minarett, Halbmond und Basar

Schon damals wurden 30 000 Muslime vom Osmanischen Reich auf der Insel angesiedelt (wie erneut nach 1974). Schleier und Turbane, Schwerter und der Halbmond prägten fortan das Stadtbild bis Ende des 19. Jahrhunderts, als die Briten hier einzogen. Heute geht es in der türkischen Altstadthälfte Lefkoşa trotz rund 80 000 Einwohnern sympathisch provinziell zu im Vergleich zum modernen griechisch-zyprischen Stadtteil. Erst in den vergangenen Jahren wurden die wichtigsten Sehenswürdigkeiten im alten Basarviertel restauriert, etwa die alles überragende Selimiye-Moschee und die alte Karawanserei.

Die Selimiye Camii ist 1209 bis 1326 als St.-Sophien-Kathedrale von den Franken im französischen Gotikstil erbaut worden. Die Kirchtürme waren noch bis 1571 unvollendet, als Lala Mustafa Paşa die Minarette aufsetzte. Sie ist benannt nach Sultan Selim II. In der hohen dreischiffigen Basilika wandelt man unter dem gewaltigen Kreuzrippengewölbe auf flauschigem Teppich, der die mittelalterlichen Grabplatten bedeckt. Fahnen mit türkischem Halbmond statt Engel, christlicher Fresken oder gotisch-sakraler Skulpturen. Das liegt auch daran, dass die Kathedrale im Laufe der Jahrhunderte mehrfach geplündert und durch Erdbeben beschädigt wurde.

Gleich rechts von der Moschee wurde die ehemalige Ruine der Nikolaus-Kirche (Bedesten) aus dem 12. Jahrhundert restauriert – eine gelungene Kombination aus Alt und Neu: Die historischen Reliefs und Portale treffen auf eine moderne Glas-Stahl-Holz-Konstruktion. Die Osmanen hatten das Gotteshaus als Markthalle und Getreidespeicher benutzt, heute finden hier Konzerte statt.

Infos und Adressen

SEHENSWÜRDIGKEITEN

Adressen s. S. 208 f.

ESSEN UND TRINKEN

Araf Café & Pub. In der urigen neuen Bar trifft sich die Jugend der Stadt bei Bier, Wein, Cocktails draußen auf dem verkehrsberuhigten Moschee-Platz. Idadi Sokak.

El Sabor Latino. Gleich neben der Moschee serviert ein Portugiese spanisch-italienische Kost, innen mit tollen Kunstfotos. 29 Selimiye Meydani, Tel. 228 83 22.

Özerlat Turkish Coffee. Eine der drei Kaffeeröstereien in Nord-Zypern. Im kleinen Laden an der Moschee kann man Kaffee kaufen und Mokka, Cappuccino oder diverse Tees zur leckeren Schokoladentorte genießen. Mo–Sa 8–18 Uhr, Arasta Sokak 73, Tel. 228 11 91.

EINKAUFEN

HASDER. Kunterbunte Volkskunst zum Stöbern: Korbwaren und Kostüme, Teppiche und Kommoden, auch Handwerkskurse. Folk Arts Institute, Mo–Fr 8–17 Uhr, Sa 8–13 Uhr, Idadi Sokak 1 (Selimiye Cami Meydanı, Platz nördlich der Moschee), Tel. 228 90 20, www.hasder.org

Ein Mihrab in der Selimiye-Moschee

41 Restliches Basarviertel

Im Wandel der Zeit

Oben: Ein Hauch von Orient: Altstadtgassen in Lefkoşa
Unten: Zum Dampfbaden und Saunen auf Türkisch geht es in den Büyük Hamam.

Westlich der Moschee weht noch immer ein Hauch von Orient durch die Gassen Lefkoşas: Hier begeistern einige restaurierte Schmuckstücke aus der Osmanenzeit, etwa das Karawanenhaus und das Ordenshaus der Tanzenden Derwische. Im Stile der alten Orientalen kann man auch gleich mitschwitzen im restaurierten Hamam. Wer Souvenirs sucht, wird auf Schritt und Tritt fündig in der Fußgängerzone Arasta Sokak.

Die Männer sitzen Wasserpfeife rauchend in den türkischen Kaffeehäusern – heute ganz ohne Schwert, Filzhut oder Pluderhose. Längst bekommt man auch auf dem Basar keine Opiumsamen mehr (zum Anpusten der Kinder, damit sie einschlafen ...), die Silberschmiede und Tuchhändler mit dem Turban sind den Souvenirhändlern gewichen, die störrischen Esel wurden verdrängt von hupenden Autos.

Von Karawanen und Hamam

Über die trubelige Fußgänger- und Einkaufsmeile Arasta Sokak gelangt man von der Moschee nach wenigen Schritten zum Büyük Han, der 450 Jahre alten Karawanserei – zu erkennen an der massiven abweisenden Mauer und der Reihe von zierlichen Schornsteinen. Hier ruhen sich mit Kameras beladene Touristen im Schatten der Arkaden aus – und nicht mehr Kamele und Pferde (was eigentlich gar nicht verwundern würde, gab es doch 1954 noch 300 Kamele auf Zypern!). Doch die orientalische Herberge aus dem Jahr 1572 ist nach schier endloser Restaurierung (1995–2003) so

Stimmungsvoll beleuchtet: Karawanserei Büyük Han

schön gelungen, dass man förmlich sehen kann, wie die Tragetiere mit ihren Kornsäcken niederknien, während die handelsreisenden Kaufleute in den 67 Zimmern, dem Badehaus oder der kleinen Moschee in der Mitte des Hofes verschwinden. Die alte Karawanserei, auch »Großer Khan« genannt, diente als eine Art osmanisches Stadthotel für die Karawanen. Hier bietet sich in kleinen Souvenirläden und Boutiquen die Gelegenheit zum Stöbern, in Handwerksstätten kann man den Künstlern über die Schulter schauen und ihre Werke erstehen.

Die wenige Schritte nördlich liegende kleinere Karawanserei Kumarcilar Hanı (»Kleiner Khan«, auch: »Herberge der Glücksspieler«) aus dem 17. Jahrhundert ist in Privatbesitz und wird derzeit restauriert – kurioserweise war dies einst ein Irrenhaus ...

Nordwestlich in der Irfan Bey Sokak ist das alte türkische Badehaus, Büyük Hamam (1571–1590 erbaut), heute wieder als Grand Turkish Hamam geöffnet. Ein außergewöhnliches Fotomotiv: Sein gotisches ornamentgeschmücktes halbrundes Portal (vermutlich von der Anfang des 14. Jahrhunderts erbauten Kirche St. Georg der Lateiner), liegt zur Hälfte unter dem heutigen Straßenniveau auf mittelalterlicher Ebene: Wo man noch vor einigen Jahren die Treppe fast auf allen vieren ins Kellergewölbe hinunterklettern musste (in eine eher düstere Männersauna), führen heute schmale Stu-

AUTORENTIPP!

ZEIT ZU BADEN – AUF TÜRKISCH!

Ein türkisches Dampfbad ist immer einen Besuch wert – zumindest, wenn man gern schwitzt wie die alten Osmanen vor 500 Jahren: bei bis zu 40 Grad Celsius auf beheizten Marmorplatten, den achteckigen *göbektasi*, zuerst im warmen Tepidarium, dann im heißen *sıcaklık* (oder *hararet*), dem Caldarium. Mit dem traditionellen *luffa*-Schwamm und der *tasi*-Waschschüssel wäscht man sich von den Zehen bis zu den Haarspitzen mit erfrischendem Kaltwasser. Paare und Stammgäste schrubben sich gegenseitig ab. Oder man lässt das vom *tellak* erledigen, dem Bademeister oder Badediener bzw. der *natir*. Allerdings darf man nicht zimperlich sein, wenn einem mit dem Kamelhaarhandschuh die Haut vom Leibe geschrubbt wird – das fördert Durchblutung und Abwehrkräfte! Zum Abkühlen und Entspannen geht's in den kalten Raum, den *sogukluk*.

Grand Turkish Hamam (Büyük Hamam). Irfan Bey Sokak 19, Mobil-Tel. 0090548/830 08 81

Stadtrundgang durch Lefkoşa: Sich treiben lassen und stöbern

Das osmanisch-orientalische Flair des türkischen Teils der Hauptstadt, Lefkoşa, erlebt man am besten zu Fuß. Man sollte mindestens einen halben Tag für den Stadtspaziergang einplanen.

Ⓐ **Selimiye Moschee (St. Sophien-Kathedrale)** Die Moschee ist ganztägig geöffnet, während der Gebetszeiten ist aber keine Besichtigung erwünscht. Bitte keine Shorts, Miniröcke, Trägerhemdchen tragen und Schuhe ausziehen. In der Arasta Sokak: Im Hof liegt ein kleines rustikales Lokal einfacher zyprischer und internationaler Küche. An der Moschee finden **Derwisch-Tanzvorführungen** statt (von der türkischen Tanztruppe Dance of Cyprus): Mo–Sa 12, 14, 15, 17 Uhr (20 Min.), Eintritt: 7 €, www.danceofcyprus.com

Ⓑ **Nikolaus-Kirche (Bedesten)** – Die einstige Ruine aus dem 12. Jh. ist in einer gelungenen Kombination aus Alt und Neu wunderbar restauriert. Mit kleinem Museum und häufigen Konzerten. Mo–Fr 8–15.30 Uhr, Mi nur 14.30–17 Uhr.

Ⓒ **Büyük Han** – Die 450 Jahre alte Karawanserei beherbergt heute Restaurants, Cafés, Galerien, Souvenirshops und Ausstellungen. Mo–Sa 8–21 Uhr, Arasta Sokak.

Ⓓ **Grand Turkish Hamam (Büyük Hamam)** – Schwitzen wie die alten Osmanen! Tgl. 9–21 Uhr, Männertage: Di, Do und So 9–15 Uhr, Touristen: 15.30–21 Uhr (So erst ab 16.30 Uhr), Frauentage: Mi und Sa 9–15 Uhr, Touristinnen: 15.30–21 Uhr,

Süß, süßer, am süßesten ...

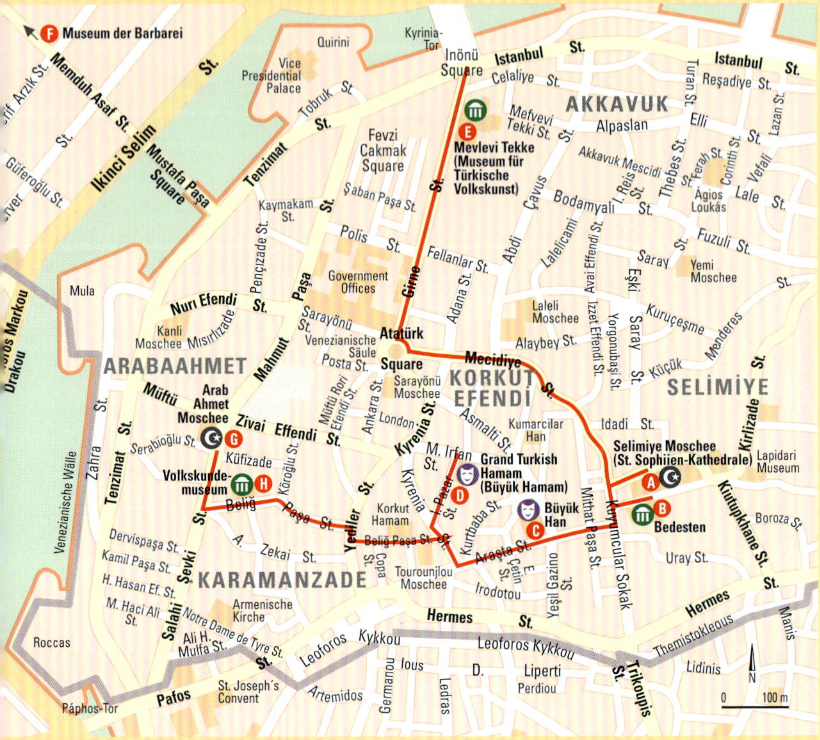

nur für Touristen und Reisegruppen: Fr 9–21 Uhr, geringfügiger Eintritt zur Besichtigung, Baden und z. B. klassische Massage oder Aromatherapie ab ca. 20 €, Irfan Bey Sokak 19, Mobil-Tel. 0090548/830 08 81, www.grandturkishhamam.com (nur auf Türkisch!).

E Mevlevi Tekke (Museum für Türkische Volkskunst) – In dem Gebäude aus dem 17. Jh. erhält der Besucher anhand beeindruckender Exponate einen anschaulichen Einblick in die osmanische Kultur. Tgl. 8–15.30 Uhr, Eintritt: 3 €, Girne Caddesi.

F Museum der Barbarei (Barbarlik Müzesi) – Nichts für schwache Nerven! Die Ausstellung dokumentiert mit teils grausamen Fotos und Kleidungsresten einen Überfall der griechisch-zyprischen EOKA-Terrororganisation im Dezember 1969 auf das Haus und die Familie eines türkisch-zyprischen Arztes. Eintritt frei, außerhalb der Altstadt in der Mehmet Akif Caddesi Nr. 2.

G Arab Ahmet Moschee (Arab Ahmet Camii) – Beim Besuch der Moschee aus dem 18. Jh. lohnt sich ein Blick in den Garten mit historischen Grabmälern. Leider meist geschlossen, Mufti Ziya Caddesi Ecke Salahi Şevket Sokak.

H Volkskundemuseum (Derwiş-Paşa-Haus) – Das herrliche Stadtpalais vermittelt einen beeindruckenden Einblick in den Lebensstil einer wohlhabenden osmanischen Familie im 19. Jh. Tgl. 8–15.30 Uhr, Eintritt: 3 €, mit kleinem Lokal, Belig Paşa Sokagi.

Oben: Im Museum Mevlevi Tekke lässt man die Derwisch-Puppen tanzen.
Mitte: Im Büyük Han: Hier bleibt kein Souvenirwunsch offen.
Unten: Kebab & Co. gibt es an jeder Ecke im türkischen Teil der Hauptstadt.

fen hinter Glas abwärts ins Spa-Gemäuer aus groben Felsquadern. Dahinter herrscht rustikal-authentisches Ambiente, wenn der Bademeister Tee oder Mokka auf Diwanen serviert (man beachte auch die hölzerne Decke in der Rezeption). Unter der Kuppel fallen diffuse Lichtstrahlen durch die sternchenförmigen Öffnungen auf die Hamam-Gäste, die in insgesamt sieben Räumen vor sich hin schwitzen ...

Feldherr und tanzender Derwisch

Der osmanische Feldherr Lala Mustafa Paşa gehörte dem Mevlevi-Orden der Tanzenden Derwische an – der für Europäer so geheimnisumwitterten islamisch-mystischen Sufi-Bruderschaft. Bei Meditation und Tanz suchten sie die Nähe Allahs, indem sie immer schnellere Pirouetten auf den Hacken drehten und sich in Ekstase tanzten. Heute befindet sich im ehemaligen Derwisch-Kloster, einem überkuppelten Bauwerk aus dem 17. Jahrhundert, das Museum für Türkische Volkskunst (Mevlevi Tekke, am nördlichen Altstadtrand), wo der Besucher einen anschaulichen Eindruck von der osmanischen Kultur erhält, etwa anhand von lebensgroßen Figuren und alten Fotos, eindrucksvollen Schwertern und Sarkophagen der Mevlevi-Scheichs, restaurierten Koran-Werken, Gewändern, Keramiken und Stickereien sowie Musikinstrumenten.

Infos und Adressen

SEHENSWÜRDIGKEITEN

Adressen s. S. 208 f.

ESSEN UND TRINKEN

Galabalik. Berühmtes Fischlokal mit lauschigen Gartenplätzen: Calamari, Lachs und andere leckere Fisch- und Grillgerichte. Tgl. 12–23 Uhr, Kemal Aksay Caddesi 71 (nördlich des Zentrums), Tel. 229 09-49 und Mobil-Tel. 0090533/841 90 60, www.galabalik.com

Lorenza Coffee. Kleines, familiäres Café mit Kuchen, Quiches u. a. Snacks, einige Tische draußen am Büyuk Han. Ruhetag So, Mo–Sa 9–21 Uhr, Lefke Hani 5, Mobil-Tel. 0090533/869 56 53.

ÜBERNACHTEN

Golden Tulip. Viersterneherberge der bekannten Kette: 139 luxuriöse Zimmer und Suiten auf zehn Etagen. Dereboyu Caddesi, Tel. 610 50 50, www.goldentulipnicosia.com

Merit Lefkosa Hotel & Casino. Komfortable WiFi-Zimmer in Hochhaushotel: toller Pool, Spa und Fitnesscenter, gutes Dachlokal mit super Panorama. Bedrettin Demirel Caddesi, Tel. 600 55 00, www.merithotels.com

Saray Hotel. Zentraler geht's nicht: 72 Zimmer der etwas gealterten Mittelklasse, Panorama-Dachterrasse (15 TL Eintritt!) mit Lokal, Pool. Atatürk Caddesi, Altstadt, Tel. 228 53 50, www.lefkosasaraycasino.com

AUSGEHEN

Naci Talat Peace & Friendship House. Kulturelle Veranstaltungen, Workshops und Konzerte von Klassik bis Jazz, Tango bis Qigong. Mecidiye Sokak, Mobil-Tel. 0090533/841 80 00.

Paddy's Irish Restaurant & Pub. Hier geht bei Wochenend-Partys die Post ab. Witzige Bar mit Bier, Cocktails und Fußball live. Tgl. 11–24 Uhr, Mehmet Akif Caddesi 85, Tel. 229 15 02.

EINKAUFEN

Handicraft Center. Hier kommen Liebhaber von Spitzendeckchen und Stickereien auf ihre Kosten. Girne Cadesi (südlich vom Atatürk-Platz).

INFORMATION

Tourist Information. Mo–Sa. 9–17 Uhr, im Girne Kapısı, dem Kyrénia-Tor (am Ende der verkehrsberuhigten Girne Caddesi), Tel. 27 29 94.

Kaffee- und Teepause in der Altstadt

Oben: Im alten Arab-Ahmet-Viertel wird fleißig saniert: wunderschöne Portale und zierliche Balkons.
Unten: Die Arab-Ahmet-Moschee liegt in einem hübschen Garten.

42 Arab-Ahmet-Viertel

Gassenbummel in der Altstadt

Im denkmalgeschützten und allmählich sanierten Altstadtviertel Arab Ahmet schlendert man durch schmale Gassen, in denen noch fliegende Händler ihre Waren auf kleinen Wägelchen und Handkarren feilbieten. Die UN-Pufferzone ist nur einen Steinwurf entfernt: Wie viele verrufene Altstadtviertel liegt auch dieses in einer »Schmuddelecke« nahe der Grenze – und entwickelt sich heute zum angesagten Treffpunkt von Künstlern und Avantgarde.

Das 2,5 Hektar große Altstadtviertel östlich der Tanzimat Sokak hat nur wenige Sehenswürdigkeiten, dafür umso mehr Flair. Im Westen liegt hinter dem Stadtwall die öde Demarkationslinie mit Stacheldraht und Sandsäcken, Beobachtungstürmen und viel Gestrüpp – Militärgelände, Fotografieren verboten. In der südlichsten Ecke am Ende der Tanzimat Sokak kann man in der Roccas-Bastion (KaytazaGa Burcu) auf dem Stadtwall einen Blick über die Grenze in den griechisch-zyprischen Teil nach Nikosia werfen.

Die kleine, aber hübsche Arab-Ahmet-Moschee (Arab Ahmet Camii, erbaut vermutlich im frühen 18. Jahrhundert, erstmals restauriert 1845) in der Mufti Ziya Caddesi ist im klassischen osmanischen Stil gebaut: mit nur einem Minarett, einer zentralen Kuppel mit drei weiteren kleineren Kuppeln davor auf dem Portikus. Im idyllischen Garten liegen zwischen Zypressen, Zitronenbaum und Oleander historische osmanische Grabmäler, beispielsweise das des in Zypern geborenen viermaligen Großwesirs (Premierminister) des Osmanischen Reiches, Mehmet Kamil Paşa (1833–1913).

Der zierliche Pavillon mit Brunnen (*Şardivan*) dient den Gläubigen zu rituellen Waschungen, die vor jedem Gebetsgang vorgeschrieben sind.

Wo die Osmanen wohnten

Südlich der Moschee befindet sich das Altstadt-Sanierungsprojekt, teils US-amerikanisch, teils von der EU unterstützt. Bis in die 1950er-Jahre wohnten im Arab-Ahmet-Bezirk wohlhabende Griechen, Armenier und Türken. Der Spaziergang führt entlang der windschiefen Wände von alten zweistöckigen Hofhäusern mit ihren hübschen ziegelgedeckten Holzerkern, schmiedeeisernen Balkonen und teils farbenfrohen Fensterläden. Ein Blickfang sind die schönen halbrunden Türbögen einiger ottomanischer Schmuckstücke aus dem 19. Jahrhundert. Es lohnt sich, öfter mal nach oben zu sehen – wie gewagt die kleinen auskragenden Erker auf den hölzernen Stützen balancieren oder einfach in einem Holzrahmen hängen – scheinbar kurz davor, auf die Gasse zu kippen. Hinter den Fassaden verbergen sich begrünte Innenhöfe, in denen manchmal noch ein alter Brunnen steht. Hier eröffneten immer mehr Künstler ihre Studios – und die Grundstückspreise steigen ...

Das Volkskundemuseum hat seinen Sitz in der Belig Paşa Sokagi, im herrlich restaurierten Derwiş-Paşa-Haus, und veranschaulicht den Lebensstil einer wohlhabenden osmanischen Familie im 19. Jahrhundert. Das Stadtpalais beeindruckt mit von Säulen getragenen Arkaden im Innenhof und im Obergeschoss, wo die Familie des Tüccarbaşi Hacı Derviş (später mit Ehrentitel: Ahmet Derwiş Paşa) wohnte, ein Zeitungsherausgeber. Heute sind hier u.a. Trachten, Webstühle, Himmelbetten, Haushalts- und Landwirtschaftsgeräte ausgestellt. Originell: die spitzen Rosenwassersprenkler aus gefärbtem Glas.

Infos und Adressen

ESSEN UND TRINKEN

Boghjalian Mansion. Preisgekröntes Gartenlokal in alter Villa, mit orientalischer Sitzecke zum Genuss der Wasserpfeife. Man speist zyprisch-türkische Kost. Ruhetag So. Mo–Sa 11–23 Uhr, Salahi Şevket Sokak, Tel. 228 07 00.

Hamur. Allein die schöne alte Villa mit Säulenveranda und Mosaikboden ist ein Grund hier zu speisen: Ahmet und Hulya servieren vorwiegend vegetarische Kost. Ruhetag So. Mo–Fr 9–21 Uhr, Sa 9–17 Uhr, Inkinci Selim Caddesi Nr. 46, Tel. 228 00 52.

AUSGEHEN

Cadi'nin Evi. Coole Bar und Jugendtreff nördlich des Arab-Ahmet-Viertels. Tgl. 15–3 Uhr, Dereboyu, Oman Paşa Caddesi 20, Tel. 228 13 00.

Narnia Soundgarden. Wenn überall die Bürgersteige hochgeklappt werden, geht's im Hof der Musikkneipe erst richtig los, mit Dachterrasse und Livebands. Ruhetage So und Mo. Di–Sa 18–1 Uhr, Nuri Efendi Sokak 23, Mobil-Tel. 0090542/862 76 42 und 0090533/859 71 15.

EINKAUFEN

Hasder Volkskunst. Derviş Paşa Sokak 17, Tel. 227 08 26.

Im Restaurant »Boghjalian Mansion« gibt es zyprisch-türkisches Essen.

HOTEL BRITISH
WHITE PEARL HOTEL

NORD-ZYPERN

Vorangehende Doppelseite: Kyrénias malerischer Hafen bei Nacht
Oben: Kyrénia war schon vor rund 3000 Jahren ein Stadtkönigtum der griechischen Achäer.
Unten: Der größte Teil der Festung am Hafen stammt aus dem Anfang des 13. Jahrhunderts.

43 Kyrénia

Das Saint-Tropéz Nord-Zyperns

Kyrénia – geschichtsträchtige Hafenstadt und größter Ferienort im Norden trumpft mit einer herrlichen mittelalterlichen Burg, gleich mehreren tollen Museen und einem abwechslungsreichen Nachtleben. Und das alles inmitten einer fantastischen Kulisse zwischen Pentadáktylos-Gebirge und Meer – die schönen Strände in der Umgebung nicht zu vergessen. Trubel muss man allerdings mögen ...

Die Stadt ist bis heute ein lebendiges Beispiel dafür, dass sich Geschichte stets wiederholt – geprägt von einer schier endlosen Folge vom Kommen und Gehen der Eroberer und Herrscher, der Kreuzritter und Glücksritter, der Geschäftemacher und Spekulanten. Meist sind es übrigens immer dieselben Landsleute, die der Siedlung ihre diversen Namen gegeben haben (z. B. türkisch Girne, griechisch Keryénia).

Die Siedlung war bereits im 10. Jahrhundert v. Chr. ein Stadtkönigtum der griechischen Achäer und wurde im Byzantinischen Reich (4. Jahrhundert) sogar zum Bischofssitz. Schützte die mächtige Burg am Hafen unter Konstantin V. (718–775) noch vor den Angriffen der Sarazenen, so nützte dies rund drei Jahrhunderte später nicht mehr gegen die Männer von Richard Löwenherz, ebenso wie 1570 gegen die Osmanen, die das Städtchen eroberten. Bis heute herrscht osmanisches Flair inklusive Bauchtanz und Minarettturm: 1974 schließlich legten hier die Invasionstruppen der nur rund 70 Kilometer entfernten Türkei an, die seitdem den Norden der Republik Zypern für sich beansprucht.

Heute hat der Ferienort gut 32000 Einwohner (60000 mit allen Gemeinden), viele aus der Türkei Zugezogene, britische Militärangehörige sowie Rentner und Studenten. Zahllose Bungalow-Dörfer schmiegen sich in die Berge rund um Kyrénia – mit britischen Pubs statt Kafeníons bzw. Kahvehanesi. Kein Wunder, denn das Universitätsstädtchen ist wahrlich bildschön: Im Halbrund des alten pittoresken Hafens schwanken die Ausflugskutter, Fischerkähne und Segelyachten, die Promenade lockt mit Fischtavernen und Cafés – besonders am Abend eine wunderschöne stimmungsvolle Kulisse für einen Sundowner, während sich die Lichter im Wasser spiegeln. Die einstigen Lagerhäuser für Johannisbrot und Baumwolle, Holz, Olivenöl, Wein und Salz verwandelten sich in schmucke Läden und Hotels. Hinter der überschaubaren Altstadt zwischen den Burgwällen und der Canbulat Sok, wo in den holprigen Gassen um die Aga Cafer Paşa-Moschee mediterranes Flair herrscht, erstreckt sich das moderne Geschäfts- und Wohnviertel rund um das Rathaus.

Die besterhaltene Festung Zyperns

Die Hafenburg ist in ihrem Innern ein labyrinthisches Bollwerk aus dem 13. bis 16. Jahrhundert (der größte Teil entstand 1208–1211). Schon Stauferkaiser Friedrich II. (1194–1250) ließ hier seine Mannen während seines fünften Kreuzzuges ins Heilige Land mit Armbrüsten und Rammbock kämpfen (1232–1234). Die von den Venezianern 1560 in der heutigen Form ausgebaute, mächtige Burg thront am hufeisenförmigen Hafen und wird am Nordwestturm betreten – über einen breiten Burggraben, der früher nur über die Zugbrücke überquert werden konnte. Vom Turm bietet sich ein herrlicher Ausblick über Hafen und Altstadt. Die gesamte zinnenbewehrte Mauerkrone kann

AUTORENTIPP!

NORD-ZYPERN AUS DER VOGELPERSPEKTIVE

Ob überm alten Hafen von Kyrénia oder über die fantastischen Steilhänge im Beşparmak-Gebirge, ob über der Burg St. Hilarion oder über der wilden Karpaz-Halbinsel – ein Flug mit dem Gleitschirm garantiert Traumpanorama! Man schwebt mit den Thermalwinden lautlos bei 35 bis 55 Stundenkilometern im Tandem, der erfahrene Pilot steuert, und der wagemutige Passagier kann sich zurücklehnen und – muss nur noch genießen. Nervenkitzel inklusive, aber das Alter spielt dabei keine Rolle, wie die 104 Jahre alte Rollstuhlfahrerin Peggy 2012 bewiesen hat – Rekord! Wer ebenso wie die mutige Greisin in die Lüfte abheben will, kann dies bei den neuseeländischen Highline Air Tours machen, im Norden bisher der einzige Anbieter von Gleitschirmflügen.

Highline Air Tours. Hafenpromenade, Mobil-Tel. 0090542/8555672, www.highlineparagliding.com

Über Kyrénia erheben sich die Berge des Pentadaktylos-Gebirges.

AUTORENTIPP!

ALAGADI TURTLE BEACH (SCHILDKRÖTENPROJEKT)
Das Meeresschildkröten-Projekt der britischen Universität Glasgow hat seinen Sitz am Alagadi/Twelve Mile Beach. In einem Film erfährt man hier mehr über die Urviecher und die Arbeit der Tierschützer. Ab Juni bis Ende September kann man sogar an nächtlichen Exkursionen zu den eierlegenden Schildkröten oder schlüpfenden Babys teilnehmen. Die Touren (max. 30 Personen, kein Blitzlicht) sind aber kein lockerer Strandspaziergang, es kann ein längerer Marsch bei schwülen Nachttemperaturen werden – und eine Sichtung von Green Turtle (Grüne Meeresschildkröte) oder Loggerhead (Unechte Karettschildkröte) ist nicht garantiert.

Society for the Protection of Turtles. Tgl. 9–20.30 Uhr 1. Juni bis 30. Sept., kostenlos, Spende erwünscht, Alagadi-Beach, Goat Shed (ca. 15 km östlich von Kyrénia), Mobil-Tel. 0090548/886 86 84, www.cyprusturtles.org

Das Wrack des 2300 Jahre alten Frachtschiffs und einige der geborgenen Amphoren

begangen werden. Besonders an der Nord- und Ostmauer und auf der Plattform des Südostturms sind die nischenartig ausgebauten Geschützscharten der Bogen- und Armbrustschützen zu erkennen.

Beim Rundgang beeindruckt zuerst eine kleine byzantinische Kreuzkuppelkirche mit gotischem Portal (12. Jahrhundert). Der Sarg des Flottenkommandanten Sadik Paşa ist im fränkischen Torhaus aufgebahrt – er hatte 1570 das Städtchen für die Osmanen erobert. Es folgen der Innenhof, ein Saal (im Obergeschoss waren einst die ehemals königlichen Gemächer), ein Kerker, alte Wohngemächer und ein archäologisches Museum mit anschaulichen historischen Ausstellungen (lebensgroße Puppen, die sogar eine Folterszene im einstigen Kerker darstellen!). Auch die Briten nutzten nach der Besetzung der Insel 1878 die Festung als Kaserne und Gefängnis. Man beachte die Überreste eines venezianischen Löwen im Halbrelief nahe der Südwest-Bastion.

Unternehmen Kyrénia-Schiff

Das Highlight beim Burgrundgang ist das Schiffswrackmuseum mit dem rekonstruierten antiken Wrack eines 2300 Jahre alten Frachters und den Überresten der Ladung. Im Sommer 1965 traute der Schwammtaucher Andreas Kariolou kaum seinen Augen: In 30 Metern Tiefe, nur 1,5 Kilometer vor der Küste Kyrénias erblickte er ein Wrack, vergraben im schlammigen Sand. Die See tobte an diesem Tag und so vergaß der aufgeregte Taucher, die genaue Position zu berechnen – prompt wollte ihm niemand glauben. Erst drei Jahre später wurde das Schiff von amerikanischen Archäologen geborgen. Eine Sensation: Aus dem 3. Jahrhundert v. Chr. gehört es zu den ältesten jemals geborgenen Wracks! Das Frachtschiff segelte einst zwischen Zypern und den griechischen Inseln und

In der Festung

Oben: Die Hafenpromenade in Kyrénia: Sehen und gesehen werden, Touristen und Einheimische
Mitte: Wunderschöne Teppiche bei einem Händler im Round Tower
Unten: Im Hafen von Kyrénia werden morsche Planken ausgetauscht.

war beladen mit 10 000 Mandeln in Säcken (verblüffend gut erhalten) sowie Wein und Olivenöl in 400 Amphoren. Die Wissenschaftler vermuten, dass der Handelssegler mit seiner Vier-Mann-Besatzung von Piraten überfallen worden war und deshalb den nahen Hafen nicht mehr erreicht hatte.

Altstadtbummel

Im Gewirr der Altstadtgassen rund um den alten Hafen erhebt sich die Aga Cafer Paşa Camii (erbaut 1589/90), an deren Minarett man sich stets orientieren kann. Am alten Hafen steht das schöne Volkskundemuseum: ein historisches privates Wohnhaus aus groben Felsquadern und mit hölzernem Balkon (erbaut ca. 18. Jahrhundert), das 1966 von der Schottin Lady Margaret Loch dem zyprischen Staat vermacht wurde. Es zeigt eine interessante und typisch zypriotische Sammlung aus Volkskunst und landwirtschaftlichen Gerätschaften, wie eine urige Olivenpresse, einen Pflug und einen beeindruckend riesigen Webstuhl im Erdgeschoss. Die Zeitreise geht weiter im oberen Stock mit Wohnraum, Küche und Schlafzimmer: viele mehr als hundert Jahre alte Haushaltsutensilien und Kochgeräte, Trachten und Brautkleider, Lefkara-

MAL EHRLICH

TOURISTENNEPP

Manche Orte in Nord-Zypern konnten den Massen nicht lange verborgen bleiben. Touristennepp gehört leider auch dazu: Ob im pittoresken Hafen von Kyrénia, wo der winzige Mokka schon mal 4 € aufwärts kosten kann, oder an den nicht selten inseltypisch verdreckten Stränden in der Umgebung (Strandschuhe mitnehmen!), wo der Eintritt meist 4–6 € beträgt. Auch in exponierten Touristenlokalen sollte man das Preis-Leistungs-Verhältnis abwägen – und zwar vor dem Bestellen …

Stickereien und Schmuck, Truhen, Keramiken und Weinbehälter. Im dritten Raum ist das Bett der ehemaligen Eigentümerin zu sehen. Das kleine Kämmerchen an der Treppe ist übrigens der Raum für den einstigen Wachmann. Ein Film mit Alltagsszenen aus den 1930er-Jahren schließt den Besuch ab.

Ein kleines Ikonenmuseum mit Werken aus dem 19. Jahrhundert und vielen Heiligen-Bildern befindet sich in der 1860 erbauten griechisch-orthodoxen Ágiou Archángelou (»Kirche des Erzengels Michael«) in der Canbulat-Gasse ein paar Schritte westlich des Touristenbüros – man läuft in Richtung des schlanken weißen Glockenturms (1875), ein Wahrzeichen der Stadt. Die Ikonen sind farbenprächtig und auf Englisch beschriftet (auch wenn sie nicht sonderlich antik sind, sollte man das Fotografierverbot mit Blitz beachten und den Blitz ausschalten). Vor der Kirche ist ein byzantinischer Marmorsarkophag aufgebahrt.

Ausflüge an den Strand

Im Westen liegen einige schöne Sandstrände: zum Beispiel rund um das für seine Weinfelder und Zitronenhaine bekannte Dorf Karaoğlanoğlu (ca. fünf Kilometer westlich), der Sunset Beach (acht Kilometer westlich) sowie Deniz Kisi (zehn Kilometer). Nicht zu vergessen der Ort Alsançak (Karavas, ca. 13 Kilometer westlich) mit seinem unübersehbaren Denkmal, das an die Landung der türkischen Invasoren 1974 erinnert, und dem allseits beliebten «Escape Beach Club« mit Open-Air-Disco am Yavuz Çikarma Plajı. Auf der Ostseite der Stadt erstreckt sich der kostenpflichtige, meist gut besuchte Acapulco Beach (zehn Kilometer östlich). Die folgenden Strände sind teils Schildkrötenbrutgebiete, wie etwa der winzige Lara Beach (zwölf Kilometer östlich von Kyrénia) oder der Alagadi/Twelve Mile Beach (16 Kilometer östlich).

AUTORENTIPP!

ENTSPANNEN IM GREEN HIGHTS PARK

Wer vor lauter Trubel in den Sommermonaten ein bisschen verschnaufen will und eine stille (auto- und händlerfreie!) Ecke in Kyrénia sucht, ist im Green Hights Park von Mustafa Emin Aga bestens aufgehoben: Die liebevoll gestaltete Gartenoase mit schattigen Säulengängen, Vögeln und farbenprächtigen Blumen wirkt fast wie ein kleiner verwunschener Botanischer Garten und lädt zum Entspannen ein: in Sonnenliegen und Hängematten rund um den Pool, mit Snack Bar und Lokal, abends bei klassischer Musik (man kann auch seinen eigenen Picknickkorb mitbringen). Am Wochenende, in den Ferien und an den Kindertagen (Do, So) kann es allerdings laut werden ...

Green Hights Park. Tgl. 10–22 Uhr, Poolnutzung 10 TL/ca. 4 €, Atatürk Caddesi 79, Yesiltepe-Elia, Alsançak (ca. 13 km westlich von Kyrénia, 20 Min. mit Bus), Mobil-Tel. 0090533/851 75 57.

Statt Backgammon spielt man hier Poolbillard – in einer Bar in der Markthalle.

Infos und Adressen

SEHENSWÜRDIGKEITEN

Hafenkastell/Burg (Archäologisches und Schiffs-Museum). Tgl. 8–19 Uhr, Dez.–Feb. 8–15.30 Uhr, Eintritt: 5 €, am alten Hafen.
Ikonenmuseum (Kirche des Erzengels Michael). Theoretisch tgl. 8–15 Uhr, Do bis 17 Uhr, Eintritt: 3 €, Canbulat Sokak, oberhalb der Hafenpromenade.
Volkskundemuseum. Tgl. 8–15 Uhr, Do bis 17 Uhr, Eintritt: 3 €, am alten Hafen.

ESSEN UND TRINKEN

Chimera. Populäres Touristenrestaurant zu Füßen der Burg, man zahlt für Aussicht und relativ gutes Essen, im Winter drinnen am Kamin. Hafenpromenade, Tel. 815 43 94.
Hurdeniz. Bei Einheimischen sehr beliebtes einfaches Lokal für Fans von Fisch, Calamari und Shrimps. Karaoğlanoğlu Caddesi, Tel. 816 12 33.
Set Jakaranda (vormals Set). Vorwiegend frischer Fisch und italienische Kost im idyllischen Altstadtinnenhof mit Garten zwischen Ruinen, große Weinkarte. Ruhetag Mi, Aga Cafer Paşa Sok, Tel. 815 60 08.
The Veranda. Ruhiges Seafood-Lokal mit Meerblick, es gibt zyprisch-griechische und türkische Speisen sowie Pasta. Tgl. 11–24 Uhr, Sehit Ridvan Unver Sok (Abzweigung von der Karaoğlanoğlu Caddesi), Tel. 822 20 35/-53.

ÜBERNACHTEN

Büyük Anadolu Girne Hotel. Der olympiareife Pool gehört zu den größten im Norden, die Zimmer sind etwas plüschig, mit Sauna und türkischem Lokal, beliebt bei türkischen Reisegruppen. Bülent Eccevit Caddesi 10 (im Gartenstadtviertel Yukari Girne), Tel. 815 11 73.
Onar Village. Ruhige kleine Anlage im Hinterland mit Villen und Balkonzimmern um einen Pool, Spa, Shuttlebus in die Stadt. Ca. 4 km südlich der Altstadt, Tel. 815 58 50, www.onarvillage.com
Riviera Beach Bungalows. Man wohnt idyllisch in einfachen doppelstöckigen Bungalows und

The Dome: eines der besten Hotels im Norden

Studios direkt am Meer. Ministrand, schöner großer Garten und Pool. Neset Ikiz Caddesi 15, Karaoğlanoğlu (ca. 5 km westlich von Kyrénia), Tel. 822 20 26, www.rivierahotel-northcyprus.com
The Colony. Beste Herberge vor Ort: Wer Wert auf Stil legt, steigt in dem Luxushotel (mit Dach-Pool) ab und lässt sich nicht nur im Spa fünfsternig verwöhnen. Eccevit Caddesi, Tel. 815 15 18, www.colonyhotelcyprus.com
The Dome. 160 (Balkon-)Zimmer bietet das Viersternehotel mit 70-jähriger Geschichte, am Meer und stadtnah, Open-Air-Restaurant, 2 Pools, Sauna und Kasino. Kordonboyu Sokak, Tel. 815 24 54, www.domehotelcyprus.com
The Ship Inn. Etwas im Grünen gelegenes Hotel mit 80 Balkonzimmern, teils Bergpanorama, um einen großen Pool. Karaoğlanoğlu Caddesi (ca. 3 km vom Altstadtzentrum), Tel. 815 67 01, www.theshipinn.com

AUSGEHEN

Hafenkastell. Hier gibt es abends regelmäßig Musikaufführungen von Klassik über Flamenco bis Rock.
Kasino. Ob Black Jack oder Spielautomat, Poker oder Roulette – in einem der besten Hotels der Stadt kann man stilvoll Zeit (und Geld) verplempern. Rocks Hotel, Kordonboyu Caddesi 102, Tel. 650 04 00, www.rockshotel.com

Tango to Buddha. Restaurant-Bar mit einer gelungenen Mischung aus Fernost und angesagter Latino-Atmo (jeden Mi Salsa oder Tango), am Wochenende Livebands (auch Jazz), internationale Speisen und Cocktails, sehr beliebt bei den Einheimischen – besser reservieren! Tgl. ab 17 Uhr, Iskenderun Caddesi 19 (etwas außerhalb), Tel. 815 07 01, www.tangotobuddha.com

EINKAUFEN

Bandabuliya Old Bazaar. In der Markthalle (erbaut 1878) gibt es Handwerkskunst, Souvenirs und allerlei Schnickschnack, man sitzt nett in einem Café-Restaurant, am Wochenende mit Livemusik. Tgl. 9.30–23 Uhr, Attila Sokak, kein Tel.

Round Tower Art & Craft Gallery. Kunstgalerie mit Büchern, Seidentüchern, Schmuck und alten Gemälden im mittelalterlichen Wachturm. Attila Sok 2, gegenüber vom Basar, Tel. 815 63 77.

AKTIVITÄTEN

Amphora Scuba Diving Center. Die Gegend um Kyrénia hat mehrere interessante Tauchspots zu bieten, etwa das Zephyros Riff. Tauchausflüge zum Wrack der »Zenobia« (vor Lárnaka in der Republik Zypern, s. S. 118) veranstaltet die PADI-Tauchschule. Escape Beach (Yavuz Çikarma Plajı, ca. 8 km westl.), Alsançak, Mobil-Tel. 0090542/851 49 24, www.amphoradiving.com

INFORMATION

Tourist Information. Tgl. 9–19 Uhr, im Alten Zollhaus (am nordwestlichen Rand des Hafens), Tel. 815 60 79 und 815 21 45.

Kyrénias Hafenburg, ein Bollwerk aus dem 13. Jahrhundert

Oben: Malerisches Bellapais: In dem Bergdorf und Kloster kann man dem Müßiggang frönen.
Unten: Das Bellapais-Kloster ist eine der schönsten Ruinenstätten in Zypern.

44 Bellapais

Bergdorf mit zauberhaftem Kloster

Das Bergdorf Bellapais mit seiner gotischen Klosterruine ist eines der schönsten Plätzchen im ganzen Norden: ein mittelalterliches Kleinod, ein majestätischer fast 1000 Jahre alter Sakralbau, von den Augustiner-Mönchen hart am Abgrund gebaut – in herrlichster Umgebung zwischen Zypressen, Palmen und blühendem Oleander am Nordhang des Pentadáktylos-Gebirges.

Auch der irisch-britische Schriftsteller Lawrence Durrell erlag in den 1950er-Jahren des letzten Jahrhunderts dem Charme des verschlafenen Bellapais (auch Beylerbeyi) inmitten der Olivenhaine, Orangenbäume und Mandelblüten – so sehr, dass er hier für drei Jahre ein Haus bezog und Bellapais in seinem Roman *Bittere Limonen* verewigte. Eine Hauptrolle spielt darin der »Baum des Müßigganges« am Dorfplatz vor der Abtei. In seinem Schatten sollen die damals noch griechisch-zyprischen Dorfbewohner die Tage plaudernd verbracht haben. Den Maulbeerbaum wird man heute allerdings vergeblich suchen – er musste gefällt werden.

Eine wuchtige Abtei

Die Augustiner gründeten das Kloster bereits um 1200 in dem auf 700 Metern gelegenen Bergdorf. Die heute erhaltenen Bauten stammen aus dem 13./14. Jahrhundert. Die befestigte Toranlage war früher der einzige Zugang zur ummauerten und mit einem (heute zugeschütteten) Trockengraben umgebenen Abtei – es gab sogar Schießscharten für

Rundgang durch das Kloster Bellapais

Die erhaben wie eine Burg in 700 Metern thronende Abbaye de la Paix (»schöner Frieden«), wie sie zur Herrschaftszeit der frankofonen Lusignan-Könige genannt wurde, ist um 1200 von Augustiner-Mönchen gegründet worden.

Ⓐ **Klosterhof**

Ⓑ **Kirche** – In dem dreischiffigen gedrungen wirkenden Kirchenraum mit wunderschöner Ikonostasen-Wand tragen vier gewaltige Rundpfeiler die Kreuzrippengewölbe des Hauptschiffes.

Ⓒ **Sakristei**

Ⓓ **Kreuzgang** – Das Herzstück des Klosters ist der rechteckige Kreuzgang mit seinen Arkadenbögen rund um die Zypressen im Hof. Besonders beachtenswert sind hier im nördlichen Kreuzgang die beiden aufeinandergestapelten römischen Marmor-Sarkophage – geschmückt mit Tierköpfen –, welche die Mönche originellerweise als Brunnen und zum Waschen nutzten.

Ⓔ **Kapitelsaal** – In dem kleinen Versammlungsraum sind besonders die stark verwitterten steinernen Figuren an den Konsolen beachtenswert, z. B. Odysseus mit den beiden langhaarigen Sirenen. Ansonsten steht hier noch eine Marmorsäule aus der antiken Stadt Lambousa, die einst die vier heute eingestürzten Gewölbe trug.

Ⓕ **Mönchssaal** – Das sogenannte Calefactorium, der Gemeinschaftsraum der Mönche (ebenfalls mit eingebrochenem Tonnengewölbe), war der einzige beheizbare Raum in der Abtei: Geheizt wurde mit Holzkohle durch eine Art Heißluft-Unterbodenheizung mit verschließbaren Frischluft-Zugklappen.

Ⓖ **Refektorium** – Der Speisesaal ist der einzige vollkommen erhaltene Raum und ein wunderschönes Beispiel der abendländischen monastischen Architektur: Sechs Kreuzrippengewölbe überspannen den 30 m langen Saal mit 9 m hohen Wänden. Besonders beachtenswert ist die erkerähnliche Kanzel an der Nordseite der inneren Mauer. Man beachte auch die drei Wappenschilder am linken westlichen Mönchseingang, die an das Königshaus Lusignan als Herrscher von Jerusalem und Zypern erinnern.

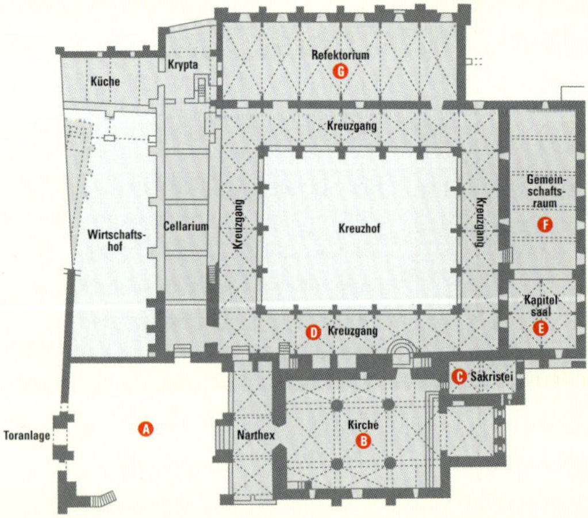

AUTORENTIPP!

MUSIKALISCHER HOCHGENUSS
Unglaublich, diese Akustik: Am Abend lauscht man im spätgotischen Refektorium des Klosters den Klängen eines italienischen Pianisten und eines Tenors. Und staunt: Der einstige Speisesaal der Mönche entpuppt sich als der einzig wahre Ort für solche Aufführungen. Alljährlich im Mai und Juni finden die klassischen Konzerte beim Musikfestival Bellapais statt: ob donnernde Chorgesänge oder jugendliche Geigerinnen, klassisches Gitarren-Feuerwerk oder sanftes Piano, ob Chopin, Bach oder Ravel – die Konzerte der Künstler aus aller Welt sind ein akustischer Hochgenuss. Hier könnte man wahrlich ewig verweilen und zuhören – oder wie in *Bittere Limonen* einfach nur lauschen und nie wieder aufstehen ...

Bellapais Musikfestival. Mai–Juni, ab 20.30 Uhr, Karten am Eingang: ca. 8 €, Mobil-Tel. 0090542/8546417 und 2271568, www.bellapaisfestival.com

Im Wandelgang von Bellapais, der romantischen Abtei aus der Zeit der Lusignans

Bogenschützen auf dem Wehrgang über dem Tor. Betritt man den Klosterhof, liegen Kirche und Sakristei vor dem Besucher: ein dreischiffiger, schmuckloser Kirchenraum, in dem vier gewaltige Rundpfeiler die Kreuzrippengewölbe des Hauptschiffes tragen und eine nicht minder gewaltige und wunderschöne Ikonostasen-Wand. Der rechteckige Kreuzgang mit seinen Arkadenbögen ist das Herzstück des Klosters. Von hier führt eine Treppe auf das Dach der Kirche.

In dem relativ kleinen Kapitelsaal an der Ostseite steht nur noch eine antike Marmorsäule, die einst die vier (heute eingestürzten) Gewölbe trug. Beachtenswert sind die Steinfiguren an den Konsolen, etwa an der Südseite der mit zwei Ungeheuern kämpfende Mann. Im Mönchssaal nebenan arbeiteten, lasen, forschten, lernten und schrieben die Mönche. Dieser Raum konnte als Einziger in der Abtei beheizt werden. Darüber im Dormitorium im Obergeschoss des Ostflügels stürzten 1911 die Außenmauern ein – der riesige hohe Schlafsaal war mit seiner beachtlichen Spannweite nach Expertenmeinung ein zu dieser Zeit höchst gewagtes Bauwerk. Man erkennt beim Hochschauen noch die Mauernischen in der Westwand, wo die maximal 30 hier lebenden Mönche nachts ihre Habseligkeiten verstauten.

Der Speisesaal, das Refektorium, ist der einzige vollkommen erhaltene Raum und ein architektonisches Meisterwerk: 30 Meter lang, neun Meter hoch, überspannt von sechs Kreuzrippengewölben. An der Nordseite der inneren Mauer »hängt« die erkerähnliche Kanzel, von der ein Mönch während des Mahls aus der Bibel vorlas. Auch dies ein außerordentliches Detail der Sakralarchitektur vor rund 800 Jahren – die Treppe zur Kanzel ist nicht zu sehen, sie steigt im Innern des Mauerwerks an ...

Infos und Adressen

SEHENSWÜRDIGKEITEN

Klosterruine Bellapais (Beylerbeyi). Tgl. 8–19 Uhr, Dez.–Feb. 8–15.30 Uhr, Eintritt: ca. 3 € (Parken kostet extra), ca. 6 km südöstlich von Kyrénia.

ESSEN UND TRINKEN

Bella Moon. An der Hauptstraße mit verstecktem Innenhof: griechisch-türkische Kost, authentische Mezédes, abends mit Bar. Tel. 815 43 11.

Huzur Agaç (Tree of Idleness). Hier speisen oft Busgruppen mit Blick auf die Abtei, z. B. Mezédes für Gäste mit Zeit (an die 20 Tellerchen!), aber auch schnelle Snacks (Sandwich, Burger, Salate) bei traditioneller Livemusik. Tel. 815 33 80, www.huzuragac.com

Kahvehanesi/Kafeníon. Im Dorfcafé kann man mit den alten Herren und wie einst Durrell in Ruhe im Schatten sitzen und einen Mokka oder Tee genießen. Dorfplatz, kein Tel.

Kybele. Eines der stimmungsvollsten Restaurants auf Nord-Zypern: Man speist zyprische Spezialitäten und internationale Kost bei Kerzenlicht und Traumpanorama – als schwebe man über der lichterfunkelnden Küste. Tgl. 11–23 Uhr, im Bellapais Kloster, Tel. 815 75 31/-33.

ÜBERNACHTEN

Bellapais Gardens. Preisgekröntes wunderschönes Hotel mit 17 Bungalows am Hang, großer Pool im üppigen Garten. Kleines Panoramalokal (reservieren!). Bellapais, Tel. 815 60 66, www.bellapaisgardens.com

Bellapais Monastery Village. Luxushotel mit 60 Balkonzimmern, Suites, Mini-Villen und Pool, Shuttlebus nach Kyrénia. Bellapais Rd., Tel. 815 91 71, www.bellapaismonasteryvillage.com

Bella View Boutique Hotel. Kleine Oase: Kuschlig-bequem, etwas altmodisch im Stil, teils Balkon, Minigolf. Bellapais Yolu 2, Bellapais, Tel. 816 11 55, www.bellaview.net

LITERATUR

Bittere Limonen. Der Roman von Lawrence Durrell spielt in den 1950ern u. a. in Bellapais und eignet sich hervorragend als Urlaubslektüre. Durrell, Lawrence, *Bittere Limonen – Erlebtes Cypern*, Rowohlt Taschenbuch Verlag 2005.

Das Bellapais Gardens Hotel lädt aich zum Baden ein.

Oben: Der markante Fünffingerberg aus der Ferne
Unten: Hübsch restaurierte Winkel und Ecken in Kármi

45 Pentadáktylos-Gebirge

Auf den Spuren der Kreuzritter

Der Gebirgskamm mit seinem höchsten Gipfel, dem bizarren Fünffingerberg, zieht sich vom Feriendorf Kármi und der Burgruine St. Hilarion über 80 Kilometer weit nach Osten: auf ihm thronen die Festungsreste von Buffavento, in den Wäldern die Klosterruine Antifonítis. Kármi ist ein guter Ausgangspunkt für Wanderungen mit herrlichen Panoramen und mittelalterlichen Geschichten von Rittern, Burgfräuleins und Intrigen.

Im Pentadáktylos-Gebirge (türk.: Beşparmak) verteilt sich das reizvolle Dorf Kármi (auch Karaman) an einem Hang in 300 Metern Höhe – und ist seit Jahrzehnten fest in der Hand von Briten und Deutschen. Die kleine pittoreske Ferienhaussiedlung (ca. neun Kilometer südwestlich von Kyrénia) verzaubert mit Dorfkirche und denkmalgeschützten, strahlend weiß getünchten Häuschen, die sich am steilen Hang festzuklammern scheinen – authentisch türkischen oder griechisch-zyprischen Alltag wird man hier aber vergeblich suchen. Die ganze Bilderbuchatmosphäre inmitten von Picobello-Sauberkeit, Palmen, blühendem Oleander und Flamboyant könnte auf manchen Besucher steril und langweilig wirken.

Rachegelüste in der Himmelsburg

Gleich steil oberhalb des Dorfes thront an den zerklüfteten Felswänden St. Hilarion – eine anspruchsvolle vier Kilometer lange Wanderung führt hier hinauf. Die größtenteils zerfallene Festung, die mit den anderen Burgen eine regelrech-

te Verteidigungskette im Inselnorden bildete, stammt aus dem 11. Jahrhundert und schwebt geradezu in 732 Metern Höhe. Sie ist sowohl von Richard Löwenherz bei seinem Kreuzzug 1191 als auch vom Stauferkaiser Friedrich II. 1229 erobert worden. Später diente sie ungewöhnlicherweise als königliche Sommerresidenz der Lusignans: das Schloss der tausend Gemächer. In den vergangenen 500 Jahren befand sich die Burg in einem Dornröschenschlaf – die Natur eroberte das Märchenschloss, Sträucher und ganze Bäume bezogen die Gemächer.

Zu sehen sind auf dem mittleren der drei Burgplateaus beispielsweise die Ruine der byzantinischen Klosterkirche und die Belvedere-Aussichtsterrasse, von der einem das gesamte Fünffinger-Gebirge zu Füßen liegt bis zu den Burgen Buffavento und der im Hitzedunst verschwimmenden Kantara-Ruine. Nördlich befinden sich die Wirtschaftsräume und der ehemalige Refektoriumssaal, von dem nur noch die Außenmauern stehen, sowie die ehemals vierstöckigen (!) Wohngebäude mit den königlichen Gemächern. Darunter sieht man die offene Zisterne.

Wer es über steile Stufen mit Geländer bis auf das dritte Plateau in die Oberburg geschafft hat, nimmt am besten zwischen zinnenbekrönten Mauern und Erkern, Treppen und Türmen eine Weile Platz auf der Steinbank am sogenannten Fenster der Königin: eine mit gotischem Fensterbogen geschmückte Mauernische. Hier kann man Augen und Gedanken schweifen und der Fantasie kindlich freien Lauf lassen: Wie wäre es, käme ein Ritter in schwerer Montur den Berg heraufgekraxelt, wie damals, als hier noch rauschende Feste, luxuriöser Müßiggang, höfische Intrigen und Ritterturniere mit klirrenden Waffen stattfanden … Im Zentrum der Burg erhebt sich an einer Fels-

AUTORENTIPP!

VERY BRITISH!

In »The Crows Nest« fühlt sich manch ein Urlauber oder Zugezogener ganz wie zu Hause: In dem alteingesessenen Pub im unteren Ortsteil gibt's freitags Fish & Chips, sonntagmittags den guten Rostbraten, Yorkshire Pudding und jede Menge kühles Bier vom Fass, Weine und eine große Auswahl an Spirituosen. Manchmal verirren sich auch die jungen, hippen Studenten aus der Türkei hierher, die an Kyrénias Privatunis studieren. Aber ansonsten bleibt es urig britisch. Andrew gibt gern Tipps für Ausflüge und zum Wandern, sein Pub fungiert als ein Community Center. Und natürlich kann man hier auch Brettspiele spielen und Fußball gucken, etwa die Champions League live auf der großen Leinwand. Wenn's kühler wird, gibt's Punsch oder Whiskey am Kaminfeuer.

The Crows Nest. Ruhetag So abends; tgl. 12–22 Uhr, High Street, Kármi, Mobil-Tel. 0090533/885 76 35.

AUTORENTIPP!

GIPFELSTURM AUF ZIEGENPFADEN

Der 748 Meter hohe Fünffingerberg kann von Südosten aus innerhalb von zwei Stunden bestiegen werden – ein bisschen Klettererfahrung ist notwendig, und das letzte Stück über Felsbrocken und Ziegenpfade kraxelt man auf allen vieren. Man kann den Berg aber auch bequem auf einem ca. sechs Kilometer langen Wanderweg umrunden (ca. 2 Std.). Mit etwas Glück sieht man Adler und Eidechsen, am Wegesrand blühen Wildblumen und Orchideen (beste Zeit ist Januar bis Mai), blassrosa Zistrosen, Lorbeerbäume und Thymiansträucher.

Anreise/Aufstieg: An der Passstraße beim »Buffavento«-Restaurant nach Osten abbiegen Richtung Alevkaya (ausgeschildert), nach 1500 m Parkplatz. Buchung z. B. beim deutschen Kaleidoskop Turizm in Kyrénia, Tel. 815 18 18, www.zypernreisen.com Die Broschüre *Walks in North Cyprus* gibt es z. B. im Round Tower in Kyrénia.

Wunderschön leuchtend: blühender Anis

kante der Prinz-Jean-Turm, der ein grausiges Schicksal birgt: Prinz Jean von Antiochia hatte seinen Bruder Pierre I. de Lusignan 1369 ermorden lassen, um als Nachfolger den Thron besteigen zu können. Die rachsüchtige Witwe Eleonore von Aragon stellte dem Prinzen eine Falle: Sie überzeugte den jähzornigen Jean davon, dass seine bulgarische Leibgarde ein Komplott gegen ihn schmiedete. Prinz Jean ließ daraufhin alle 300 Leibwächter aus dem Fenster des Turmes stoßen. So konnte Eleonore den schutzlosen Prinzen wenig später bei einem Attentat in Nikosia aus dem Weg räumen lassen.

Geheimnisse hinter Nebelschwaden

Schon seit 1000 Jahren klammert sich Buffavento auf fast 1000 Metern über dem Meer an die senkrechten Bergklippen des Pentadáktylos-Gebirges. Wolkengeschwader ballen sich um »die dem Wind Trotzende« – so der Name der Burg, die viele Geheimnisse hat. Sie ist die am höchsten gelegene der drei Festungen und will im wahrsten Sinn erobert werden: Schon Anfahrt und Aufstieg eignen sich nur für Schwindelfreie. So verborgen die Ruine oft hinter Nebelschwaden ist, so nebulös ist auch ihre Historie. An klaren Tagen jedoch reicht der Blick von hier über die gesamte Insel und über das Mittelmeer bis nach Syrien.

Die Burgruine wurde etwa vom 10. bis 13. Jahrhundert erbaut: zuerst von den Byzantinern in typischer Bauweise errichtet, 1191 erobert von Richard Löwenherz, im 13. Jahrhundert ausgebaut von den Lusignan-Königen, bis die Venezianer die Burg im 16. Jahrhundert schließlich schleiften. Das heute stark von Wind und Wetter zerzauste und zerborstene Gemäuer wurde auch als Gefängnis genutzt. So ließ der schon erwähnte König

Pierre I. 1368 seinen Hofmarschall Jean de Visconte in den Kerker von Buffavento werfen und dort verhungern, nachdem dieser ihm wahrheitsgemäß von einer Liebesaffäre seiner Gattin Eleonore berichtet hatte. Buffavento diente ebenso als Fluchtburg sowie Beobachtungs- und Signalposten: Erspähten die Wachposten ein Schiff, so entzündeten sie im Signalhaus ein Feuer aus fünf Meter hohen Holzstößen, um Nikosia (13 Kilometer Luftlinie) und Kyrénia (8 Kilometer) zu warnen.

Die Festung ist nur durch einen teils steilen Aufstieg über zahllose Felsstufen ab dem Parkplatz zu erreichen, entlang an Olivenhainen, Pistazien- und Johannisbrotbäumen, Macchia-Büschen und Pinienwald. Das Bauwerk beeindruckt schließlich in 954 Metern Höhe mit bis zu zweistöckigen Gemäuern, Eingangsturm und Zisterne. Einige gut erhaltene Rundbogenfenster aus Backsteinen stehen einsam in luftiger Höhe und wirken extrem fragil – als würden sie augenblicklich einstürzen. Kaum ein Meter auf dem Gipfelplateau ist eben, überall sprießen Bäumchen, Gräser und Macchia, die aber das Bauwerk vermutlich auch zusammenhalten ...

Oben und Unten: Wer St. Hilarion erobern will – auf dem Wanderweg – muss gut zu Fuß sein.

Kunsträuber in Deutschland

Das griechisch-orthodoxe Kloster Antifonítis (vermutlich 12. Jahrhundert, Fresken 12. bis 15. Jahr-

Oben: Blick ins Innere der Festung
Mitte: Das Kloster Antifonitis mit byzantinischem Kuppelbau
Unten: Im Bergdorf Kármi konnte man sich die alte Häuserkulisse bewahren.

hundert) steht heute leer und verlassen in den Wäldern zu Füßen des Gebirges. Es weist aber neben seiner herrlichen Lage auch eine einzigartige architektonische Besonderheit des byzantinischen Kirchenbaus auf Zypern auf: Acht Säulen statt vier stützen den Kuppelbau. Die Wandmalereien sind mit ihrem charakteristischen leuchtenden Stil herausragende Beispiele zyprisch-christlicher Kunst, etwa das blau dominierte Porträt von Jesus, der aus seiner Kuppel auf die Besucher herabschaut. An einer Säule in der südwestlichen Ecke erkennt man Johannes bei der Taufe des nackten Christus. Leider sind hier über Jahrzehnte hinweg Kunsträuber zugange gewesen, und so fehlen einige wertvolle Fresken ganz oder teilweise, wie die Erzengel Michael und Gabriel.

1997 machte dieser Kunstraub in Deutschland Schlagzeilen: Zivilpolizisten beschlagnahmten in der Münchner Wohnung eines türkischen Kunsthehlers 30 Fresken aus Antifonítis und wertvolle Mosaiken aus anderen ab 1974 geplünderten nordzyprischen Kirchen – Gesamtwert rund 70 Millionen D-Mark –, die teilweise heute wieder im Byzantinischen Museum in Nikosia zu sehen sind.

MAL EHRLICH

EIN BILDERBUCHDORF IN AUSLÄNDERHAND

Die griechischen Zyprer flohen 1974 aus dem Dörfchen Kármi in den Süden – und die britischen Expats und deutschen Rentner zogen ein. Die finanzkräftigen Ausländer bekamen 25 Jahre Pachtrecht, wenn sie die verfallenen Häuser restaurieren. Heute ist Kármi zweifellos eines der schönsten Dörfer Zyperns – aber eine reine Feriensiedlung. Keine Spur vom »echten« Zypern, geschweige denn vom damaligen Drama. Wer solch ein »Europäer-Dorf« nicht mag, sucht authentische Dörfer wie Lefke (s. S. 260) auf.

Infos und Adressen

SEHENSWÜRDIGKEITEN

Antifonítis. Tgl. 8–17 Uhr, Dez.–Feb. 8–15.30 Uhr, Eintritt: ca. 3 €, ca. 38 km östlich von Kyrénia.

Buffavento. Tgl. 8–17 Uhr, Dez.–Feb. 8–15.30 Uhr, Eintritt frei, ca. 25 km südöstlich von Kyrénia (das letzte Zufahrtsstück von Nordosten bzw. Südosten ist noch haarsträubender und enger als von Westen!). Feste Schuhe, Pullover und Wasser mitnehmen.

Sankt Hilarion. Tgl. 8–18.30 Uhr, Dez.–Feb. 8–15.30 Uhr, 11 km südwestlich von Kyrénia, ausgeschildert. Wanderweg: Von Kármi 4 km zur Burg, ca. 1,5 Std., ab Kasse (Eintritt: 4 €) halbe Stunde Aufstieg, feste Schuhe anziehen.

ESSEN UND TRINKEN

Beşparmak Buffavento. Rustikal-gemütliches Lokal mit tollem Blick und Klassikern wie Lamm-Kebab und Pitta-Brot. Tgl. 10–22 Uhr, Girne Magusa Dak Yolu, Beşparmak Zirvesi (= an der Passstraße, direkt an der Abzweigung zu Buffavento), Mobil-Tel. 0090533/864 53 88, www.besparmakrestaurant.com

Levant. Bei Kerzenlicht oder Kaminfeuer: Verandalokal mit türkischer, aber auch typisch britischer Kost. Ruhetag Mo. Di–So 12–15 und 18–22 Uhr, an der Dorfkirche, Kármi,
Mobil-Tel. 0090392/822 25 59 und
0090533/821 56 64.

ÜBERNACHTEN

The Hideaway Club. Hübsches Boutiquehotel am Berghang, stilvoll mit Pool und Dachlokal. Edremit Road, Edremit (ca. 4 km nordöstlich von Kármi), Tel. 822 26 20, www.hideawayclub.com

Villa Hillcrest (Amy Villas). Ferienvilla mit drei Schlafzimmern, Parkett, Panoramafenster, Küche, Pool, tollem Meeresblick. Kármi, Mobil-Tel. 0090533/880 88 44, www.amyvillas.co.uk

INFORMATION

Kármi Community Center. Im Pub »The Crows Nest« (s. S. 229).

Kármi Service Center. In Deutschland über Fener Reisen, Tel. 040/689 49 50, www.fener-reisen.de, www.karmi.de

Wer die Festung St. Hilarion erst erklommen hat, wird mit prächtigen Ausblicken bis ans Meer belohnt.

Oben: Auch die Burg von Kantara ist Bollwerk und Augenweide zugleich.
Unten: Von Kantara schweift der Blick bis nach Karpaz.

46 Kantara-Burgruine mit Umgebung

Von den Wolken bis ins Fischerdorf

Die gut erhaltene Burgruine erhebt sich auf dem schmalsten Landstrich Zyperns und lässt Ritterträume und Märchenerinnerungen wahr werden. Kantara ist vergleichsweise massiv und trotzdem eine ruinöse Augenweide. Dem Bollwerk zu Füßen liegen die beiden Küstendörfer Boğaz an der Südküste und Kaplıca an der Nordküste.

Weit im Osten, da wo die Burgruine Kantara auf 600 Metern die letzte Geröllspitze krönt, da verabschiedet sich das Pentadáktylos-Gebirge und stürzt wie nach einem Handkantenschlag in die Tiefe der Karpaz-Halbinsel. Allein die Anfahrt über eine sich pausenlos schlängelnde Serpentinenstraße um bizarr zerklüftete Gipfel ist spektakulär. Ganz oben, wo einem die frische Bergluft um die Nase weht, wird man belohnt mit einem 360-Grad-Panorama: nach Norden weit übers Meer bis zum türkischen Taurus-Gebirge, nach Süden über die weite Mesaoría-Ebene von Salamis bis nach Westen zum Tróodos. Nach Osten gehen die Augen auf eine Fernreise über steil abfallende Felsen bis zur markanten Karpaz-Peninsula; und manchmal kann man sogar schemenhaft das 100 Kilometer entfernte Syrien erkennen.

Massiv und raffiniert

Schon früher schwärmten Reisende von der Burg: »Keines Malers wildeste Eingebung hat je etwas derart Phantastisches gemalt wie diese cyprischen Burgen. Und wenn der Reisende unter Kantaras To-

Von Friedrich II. erobert: Kantara

ren steht und sich unwillkürlich der alten Märchen erinnert, sollte er sich vorstellen, es sei die Festung einer schlafenden Schönheit, unberührt von Zeit und Vergehen seit tausend Jahren ...« So beschreibt der englische Studienreisende David Hogarth 1889 in *Devia Cypria* seine Empfindungen.

Der Name Kantara ist arabischen Ursprungs und bedeutet so viel wie »hohes Gebäude«. Bereits 965 gab es hier auf 630 Metern Höhe einen byzantinischen Beobachtungsstand, der rund 150 Jahre später unter Kaiser Alexios I. (1048–1118) zur Festung ausgebaut wurde. Richard Löwenherz eroberte auch diese Burg 1191 und soll hier den letzten byzantinischen König und Despoten, Isaac Komnenos, gefangen gehalten haben. Die Truppen von Stauferkaiser Friedrich II. haben das Bauwerk 1228/29 mit einer riesigen Steinschleuder traktiert, die gröbsten Schäden ließ Lusignan-König Jacques I. im 14. Jahrhundert reparieren.

Zu dem heute noch massiven Eindruck der Burg tragen vor allem die gewaltige pfeilergestützte Zisterne an der Ostflanke und der hufeisenförmige Südostturm bei. Aber erst aus der Luft wird erkennbar: Hier waren clevere Burg-Baumeister am Werk, die die Hauptmauer durch eine weitere äu-

AUTORENTIPP!

TROPFSTEINWUNDER INCIRLI

Die vermutlich größte Tropfsteinhöhle Zyperns verbirgt sich inmitten von rot blühendem Klatschmohn im Dorf Çinarlı und ist benannt nach den Feigenbäumen an ihrem Eingang. Früher sollen hier Ziegendiebe mysteriöserweise von der Erdoberfläche verschwunden sein – bis heute ist nicht geklärt, ob die Höhle vielleicht einen zweiten Ausgang hat. Auch die EOKA-Kämpfer benutzten die Gänge in den 1950ern als Versteck. In der beleuchteten Höhle, verewigt auf einer Gedenkbriefmarke, geht es rund 250 Meter durch teils enge Felsspalten. Fotos mit Blitz sind verboten, auch das Berühren der Tropfsteine – es behindert das Jahrhunderte andauernde Zusammenwachsen der Stalagmiten und Stalaktiten.

Incirli-Höhle (Incirli MaGara). Nur So geöffnet, kein Eintritt, aber kleine Spende erwünscht, Çinarlı (ca. 15 km südwestlich von Kantara), Schlüssel beim Bürgermeister, kein Tel.

Oben: Idyllische Tavernen laden zum Schmausen ein, hier in Boğaz. **Unten:** Vor den Restaurants liegen im Hafen von Boğaz zahlreiche Fischerboote.

ßere Mauer schützten (eine sogenannte Barbakane). Dadurch erhielt die Burg zwei Eingänge – zwei Nadelöhre, welche die Angreifer erobern mussten. Der Besucher heute hat es einfacher: Während man die Stufen hinter der ersten Mauer am Nordostturm hinaufsteigt, kann man sich gut vorstellen, wie Angreifer vor rund 800 Jahren in der zwingerähnlichen Barbakane festsaßen, von Pfeilen der Bogen- und Armbrustschützen getroffen – eine tödliche Falle.

Zur Linken erhebt sich der Südostturm (mit Eingangskasse), in dessen Keller unter dem Bodengitter früher vermutlich Gefangene festgehalten wurden. Es folgen die drei quadratischen Wohnräume der Burgwachen, die an den Bogenschießscharten erkennbar sind, die mittelalterliche Latrine, weitere Turmreste sowie eine offene Zisterne. Vom sogenannten Zimmer der Königin im Zentrum des felsenübersäten Ruinenplateaus ist leider nur noch ein spärlicher Mauerrest mit Fensterbogen übrig.

Das einfache bäuerliche Küstendorf Kaplıca (Davlos, ca. 70 Kilometer östlich von Kyrénia, ca. zwölf Kilometer nördlich von Kantara) bietet eigentlich kaum Sehenswertes – außer der weithin auffallenden strahlend weißen Moschee. Zwei kleine hübsche Buchten mit ein paar zerzausten Palmen und ein Strandhotel lohnen dennoch einen Abstecher.

An der südlichen Flanke der Burg liegt Boğaz (auch Bogazi, 13 Kilometer südlich von Kantara): Der kleine Fischerhafen mit seinen bunten Booten ist bekannt für seinen leckeren frischen Fisch – und so zieht es viele Ausflügler in die hiesigen Lokale. Vor allem am Wochenende herrscht hier großfamiliärer Trubel bei Livemusik in den Tavernen und Restaurants.

Infos und Adressen

SEHENSWÜRDIGKEITEN

Kantara. Tgl. 8–17 Uhr, Dez.–Feb. 8–15.30 Uhr, Eintritt: ca. 3 €, ab Boğaz zu Fuß möglich (eine Strecke: ca. 3 Std., 700 Höhenmeter!).

ESSEN UND TRINKEN

Kantara. Die schattige urige Dorftaverne direkt zu Füßen der Burg überzeugt mit leckeren Grillgerichten, frischem Fisch und Eiscreme. Tgl. 11–18 Uhr, Tel. 388 23 70.

Kemal'in Yeri. Fangfrischer Fisch und Seafood in zig Variationen wird in dem rustikalen Open-Air-Lokal (drinnen an langen Bänken) serviert – mit Livemusik am Wochenende. Im Hafen Boğaz, Tel. 371 25 15.

Kiyi. Großes beliebtes Freiluftrestaurant zwischen Meer und Küstenstraße mit riesengroßer Auswahl an Snacks, Meeresfrüchten und Fisch, Steaks und Kebabs sowie Mezédes – alles zu etwas gehobenen Preisen, am Wochenende (mit Livebands) brechend voll. Tgl. ab 12 Uhr, Boğaz (»Exotic Hotel«), Tel. 371 28 81, www.kiyi-restaurant.com

ÜBERNACHTEN

Exotic Hotel. Das von einer netten Familie geleitete preiswerte, aber etwas laute Hotel bietet Pool mit zwei Wasserrutschen und Meerblickzimmer. Boğaz, direkt an der Küstenstraße, Tel. 371 28 81, www.exotichotel.net

Kaplıca Beach. Im Halbrund um einen Pool gestaltete Hotelanlage (Zimmer teils mit Balkon), die auch einige Bungalows anbietet und mit Restaurant und Beach Bar ausgestattet ist; Strandnähe. Kaplıca, Tel. 387 20 32, www.kaplicabeach.com

AKTIVITÄTEN

Zwei-Tages-Wanderung. Man kann von Kantara über den gesamten Gebirgskamm wandern – über das verlassene christlich-orthodoxe Kloster Antifonítis, die armenische Klosterruine Sourp Magar und die Forststation Alevkaya (mit Herbarium), mit Meerespanorama und durch Nadelbaum-Täler. Übernachtung mit eigenem Zelt auf dem Picknickplatz.

Kantara-Turmruine als Zeitzeuge von Schlachten und Eroberungen

Oben: Famagustas Altstadt liegt hinter hohen Mauern und Bastionen. **Unten:** Bei Petek Pastahanesi (s. Autorentipp S. 239) bekommt man Süßes und Klebriges in allen Variationen.

47 Famagusta

Gotik, muslimische Gebete und eine Geisterstadt

Die historisch bedeutende Hafen- und Universitätsstadt blickt auf eine sehr lange und wechselhafte Geschichte zurück – auf mehr als 2200 stolze Jahre! Steinerne Zeitzeugen aus allen Epochen sind hier zugegen: venezianische Stadtmauer und Kastell, gotische Kathedrale und Moschee (in einem!) und die weltweit wohl einzige Hochhaus-Geisterstadt Varósha direkt am Strand – bis heute kein Zutritt zum UN-Sperrgebiet!

Famagusta ist mit rund 60 000 Einwohnern die zweitgrößte Stadt Nord-Zyperns. Die Siedlung wurde bereits 260 v. Chr. von König Ptolemäus II. unter dem Namen seiner Gattin Arsinoe gegründet. Doch die Herrscher wechselten oft und so auch die Namen der Hafenstadt: Aprovion, griechisch Ammóchostos (»die im Sand Versteckte«), und bis heute auf Türkisch Gazimağusa oder Mağosa. Vor rund 1000 Jahren war die Stadt ein multikulturelles Zentrum im Mittelmeer, eine letzte Bastion des Abendlandes. Hier drehten sich alle Geschäfte um die begehrten Luxuswaren aus dem Nahen und Fernen Osten – Seide, Teppiche und Gewürze –, alle schacherten mit, ob Griechen, Italiener, Syrer, Armenier oder Juden. Ab 1192 geriet Famagusta unter die Herrschaft der Lusignan-Könige, im 14. Jahrhundert unter die der Genuesen und ab 1489 unter venezianische Herrschaft. Ab dem späten Mittelalter war die Stadt eine der reichsten Handelsmetropolen in Europa. Die auffällig zahlreichen Kirchen künden von diesem Völkergemisch und Wohlstand – leider heute fast alle in Ruinen. 1570 standen die Türken vor den Toren der Stadt

Bauruinen: die Geisterstadt Varósha und ihre Hotelruinen.

unter der Führung des grausamen Paşa Lala Mustafa, der sie nach wochenlanger Belagerung 1571 einnahm. Danach verlor Famagusta seine kulturelle und wirtschaftliche Bedeutung. Unter der britischen Besatzung siedelten sich die türkischstämmigen Bewohner in der Altstadt an und die griechischen Zyprer im südlicheren Varósha (auch Maraş), das sich Ende der 1960er-Jahre zu einem trubeligen Vergnügungs- und Badeort entwickelte. Als die Türken erneut 1974 in den Norden Zyperns einmarschierten, flohen Zehntausende Bewohner und Badegäste aus dem damals größten Touristenzentrum auf Zypern (4000 Hotelbetten) in den Süden. Die frühere Hotelmeile am sieben Kilometer langen Strand mit ihrer schier endlosen Kette von verwaisten Hochhäusern ist bis heute Niemandsland, das nur von den UN-Truppen und türkischen Militärs betreten werden darf.

Erkundungen in der Altstadt

Die venezianische Stadtmauer aus dem 15./16. Jahrhundert (1495–1564) umgibt die Altstadt auf drei Kilometern Länge mit imposanten 17 Metern Höhe und 15 Bastionen. Am beeindruckendsten ist das mit dem marmornen, geflügelten Markuslöwen geschmückte Seetor – Zeichen der Stadt

AUTORENTIPP!

ORIENTALISCH-SÜSSE VERFÜHRUNG

Wer diese Konditorei nicht besucht, kann wohl nur unter strenger Diät stehen. In dem Café-Lokal fühlen sich Naschkatzen wie in Tausendundeiner Nacht und stehen staunend vor endlos langen Vitrinen: Baklava-Blätterteig, Loukoúmia-Fruchtgelee, Pastellaki aus Sesam, Erdnüssen und Honig. Es riecht und schmeckt nach Mandeln und Walnüssen, Zimt und Rosenwasser. Kunterbunte mundwässernde Küchlein, Eis und Schokolade. Hochzeits- und Geburtstagstorten sind auf mehreren Etagen mit Figuren und Ranken geschmückt wie lukullisch-architektonische Kunstwerke. In der Patisserie gibt es auch Frühstück und kleine Snacks (Salate, Omelettes, Halloumi), man sitzt herrlich in Korbsesseln auf der Dachterrasse bei Mokka oder Cappuccino.

Petek Pastahanesi. Tgl. 9–22 Uhr, Liman Yolu 1 Ecke Yeşil Deniz Sok, nahe dem Seetor, Tel. 366 71 04.

Altstadt-Rundgang Famagusta

Der Rundgang vermittelt orientalischen Flair und venezianische Verteidigungsarchitektur, fränkische Gotik-Kunst und türkisch-zyprischen Alltag.

A Landtor Akkule – Am weißen Turm betritt man die Altstadt hinter der Stadtmauer (1495–1564) an der Rivettina Bastion, hier hissten die Venezianer bei der osmanischen Belagerung die weiße Flagge und kapitulierten.

B Kirche St.-Peter- und St.-Paul – Das frühgotische Gotteshaus (14. Jh.) diente ebenfalls ab 1571 als Moschee (Sinan Paşa Camii) und wird heute als Stadtbibiothek genutzt. Fußgängerzone Istiklal Caddesi.

C Venezianischer Palast (Palazzo del Provveditore) – Der Palast der Lusignans (13. Jh.) wurde unter den Venezianern als Gouverneurssitz genutzt, wie ein Wappen von 1552 am Portal zeigt. Namik-Kemal-Platz.

D St.-Nikolaus-Kathedrale (Lala Mustafa Paşa Camii) – Die Moschee (erbaut um 1300) ist ein Meisterwerk der gotischen Baukunst. Man beachte das giebelgeschmückte dreiteilige Portal und die Fensterrosette. Tgl. außer Freitag 8–15.30 Uhr und nur zwischen den Gebeten, kein Einritt, aber Spende erwünscht, Namik-Kemal-Platz, Lala Mustafa Paşa Sokak. Bitte nicht in Shorts, Minirock oder Trägerhemdchen, Schuhe ausziehen und Kopf bedecken!

E Aspava Restaurant – Leckere Grillspeisen wie Kebabs in gewaltigen Ausmaßen (auch Grillgemüse) sind die Spezialität des kleinen alteingesessenen Open-Air-Lokals. Leider keine Preise auf der Karte, also vorher fragen (europäisches Preisniveau)! Liman Yolu 93 (links neben Lala-Mustafa-Paşa-Moschee), Tel. 366 60 37.

F Hafenkastell (Othello-Turm) – Die Burganlage sicherte ab dem 13. Jh. die Hafenseite. Ein marmorner Markuslöwe bewacht den Eingang zum Othello-Turm (es wird vermutet, der venezianische Vizegouverneur war Shakespeares Mohr von Venedig – allerdings war der nicht schwarz und Shakespeare nie auf Zypern ...). Tgl. 8–19 Uhr, Dez.–Feb. 8–15.30 Uhr, Eintritt: 3 €, Cafer Paşa Sokak.

G Canbulat – Im Südwestturm befindet sich eine sehenswerte Ausstellung im Volkskunde- und Archäologiemuseum. Tgl. 8–19 Uhr, Dez.–Feb. 8–15.30 Uhr, Eintritt: 3 €, Canbulat Yolu.

Venedig. Am Landtor Akkule gegenüber des gewaltigen (modernen) türkischen Siegesdenkmals liegt der Altstadt-Eingang mit der Fußgängerzone Istiklal Caddesi. Die steinerne Brücke über den Burggraben entstand unter osmanischer Herrschaft und ersetzte die hölzerne Zugbrücke.

Die im gotischen Stil erbaute Kathedrale St. Nikolaus (1298–1326) wurde von den Osmanen vor rund 400 Jahren kurzerhand zur Lala-Mustafa-Paşa-Moschee umgewandelt. Sie gilt mit ihren Spitzbogenfenstern und Dekor als eines der schönsten erhaltenen Beispiele der fränkisch-sakralen Architektur im gesamten Nahen Osten. Man beachte besonders die westliche Fassade zum Hauptplatz Namik Kemal: drei reich verzierte Portale und die prachtvolle Fensterrosette, links davor steht ein osmanisches Grab aus dem 17. Jahrhundert und ein rund 700 Jahre alter Baumriese. Der Nordturm bekam nach 1571 von den Osmanen ein schlankes spitzes Minarett aufgesetzt – hier trifft Gotik auf Koran, Okzident auf Orient.

Im Innern beeindruckt die Kirche mit ihrem massiven von Säulen getragenem gotischen Gewölbe.

MAL EHRLICH

DIE GEISTERSTADT – BIZARR UND SURREAL

Beim »Arkin Beach Hotel« kann man einen Blick über den Stacheldraht nach Varósha werfen: Eine ganze Hotelstadt, in der auch Sophia Loren und die Queen ihre Anwesen gehabt haben sollen, seit 40 Jahren unberührt. Die Natur eroberte sich das Areal zurück, die Gebäude stehen in Reih und Glied wie eine apokalyptische Mahnung. Hierher finden tatsächlich makabere Sightseeingtouren statt – gegen Eintritt versteht sich: Bootsausflüge ab Pernéra und Touren in die kaum wirklich sehenswerte Ágios Ioannis – kann man sich schenken!

Oben: Die St.-Nikolaus-Kathedrale wurde von den Osmanen zur Moschee umgewandelt: Lala-Mustafa-Paşa.
Mitte: Obst-Händler in der Altstadt
Unten: Hier betritt man den Venezianischen Palast, wo der Gouverneur aus Venedig einst residierte.

AUTORENTIPP!

LIVEMUSIK AM MEER

Wer in Famagusta einen gediegenen Ort mit stilvoller Unterhaltung sucht (kein Bauchtanz!), ist im »Palm House« richtig: Speisen zu Klassik, Chanson oder Volksmusik. Auch wenn die Bedienung manchmal etwas langsam ist: Man sitzt herrlich mit Meeresblick unter der mit Lichterketten behängten Pergola oder im lauschigen Garten unter Palmen, bei Kerzenlicht, leichter Brise und Meeresrauschen. Die Kost ist klassisch türkisch, z. B. Kebab, Mezédes und gegrillter Fisch. Lohnenswert ist auch der sonntägliche Brunch (10.30–14.30 Uhr, ca. 13 €). Hier finden auch häufiger Hochzeitsfeiern statt, dann geht richtig die Post ab ...

The Palm House Café & Restaurant. Ruhetag Mo. Di–So 10–24 Uhr, Happy Hour 18–20 Uhr, im EG der Deniz-Yildiz-Appartements an der Laguna-Promenade (nahe »Arkin Palm Beach Hotel«), Tel. 366 98 89.

Für die Altstadt von Famagusta sollte man Zeit mitbringen, um auf den Spuren der alten Herrscher zu wandeln, wie hier am Venezianischen Palast.

Nichts erinnert mehr an die Christenzeit oder dass hier die Lusignan-Könige als Könige von Jerusalem gekrönt wurden – christliche Insignien und Ornamentdekor wie Fresken, Statuen und sogar die Buntglas-Mosaikfenster sind entfernt. Sonnenlicht fällt durch die schlanken hohen Fenster, der Muezzin ruft zum Gebet. Die Gebetsteppiche in den Gebetsnischen weisen Richtung Mekka, so wie es sich nach dem Gebot des Korans gehört.

Gegenüber am Namik-Kemal-Platz steht die Ruine des einstigen Venezianischen Palastes (Palazzo del Provveditore), ein Bauwerk, das vor rund 800 Jahren noch unter den Lusignans errichtet wurde: Von den Genuesen und den Osmanen mehrfach zerstört, wurde der Gouverneurspalast im 16. Jahrhundert massiv umgebaut – heute sind nur noch die schöne säulengetragene Ostfassade mit Renaissanceportal und die Rückwand erhalten.

Das Hafenkastell im Nordosten der Altstadt stammt ursprünglich von den Lusignan-Königen: erbaut unter Henri II. im 13. Jahrhundert und vergrößert im 14. Jahrhundert von den Venezianern. Diese Zitadelle ist ebenfalls geschmückt mit dem geflügelten Markuslöwen gleich neben dem Eingang am berühmten Othello-Turm. Dieser Turm gilt – zumindest auf Zypern – als Schauplatz von Shakespeares *Othello*, da das Drama in einem Seehafen auf Zypern spielt. Von hier wirft man einen Blick auf den modernen Hafen. Zur Rechten erhebt sich das venezianische Seetor (Porta del Mare), ein fast schon eleganter zinnenbewehrter Turm von 1496. Beachtenswert ist das Fallgatter – ein Original aus venezianischer Epoche – und ein großer steinerner Löwe. Die Canbulat-Bastion an der südöstlichen Ecke der Stadtmauer beherbergt ein Volkskunde- und Archäologiemuseum. Auch das Grab des Namensgebers, des osmanischen Helden Canbulat, ist hier untergebracht.

Infos und Adressen

ESSEN UND TRINKEN

Cyprus House. Rustikal-romantisches Touristenlokal mit vielen Pflanzen im Garten, traditionellem Dekor und riesigen Mezédes-Portionen, manchmal mit Bauchtanz-Show. Tgl. 12–23 Uhr, Facil Polat Paşa Bulvari (südlich der Altstadt), Tel. 366 48 45.

El Sabor Latino. Endlich gibt es auch in Famagusta die angesagte Latino-Kette mit Chili Chicken und Sweet Pepper Sauce. Tgl. 10–22 Uhr, Ismet Inönü Bulvari, Salamis Yolu (nahe der Universität), Tel. 365 51 33.

Ginko Café & Restaurant. Im alten Gemäuer einer ehemaligen Islam-Schule speist man Pizza, Kebab, Mezédes, Crêpes, Suppen und Riesensalate – oder lümmelt sich einfach nur draußen auf Sitzkissen. Tgl. 10–24 Uhr, Liman Yolu 1 (neben Lala Mustafa Paşa-Moschee), Mobil-Tel. 0090542/850 25 35.

ÜBERNACHTEN

Altun Tabya. Das Backpacker-Hotel mit relativ sauberen Zimmern (mit Balkon) liegt mitten in der Altstadt. Altun Tabya Yolu Ecke Kizilkule Sokak (nahe Akkule-Landtor), Tel. 366 53 63 und 366 34 04.

Arkin Palm Beach. Bestes Haus vor Ort: Das am Meer gelegene Hotel bietet stilvolle Zimmer und Suiten, mehrere Restaurants und Bars, Pool und Spa. Nadir Yolu, Deve Limani (am Ende der Uferpromenade), Tel. 366 20 00, www.arkinpalmbeach.com

AUSGEHEN

Jax Bar. In dem schönen mittelalterlichen Gewölbe versteckt sich eine stilvolle Bar, am Wochenende mit Livemusik: Blues, Jazz, Rock und Pop. Tgl. ab 18 Uhr, Erenler Sokak 4/6 (Altstadt), Mobil-Tel. 0090533/863 68 99.

INFORMATION

Tourist Information. Mo–Sa 8.30–17 Uhr, Akkule-Landtor, Tel. 366 28 64, www.famagustawalledcity.com und www.magusa.org

Das »Arkin Palm Beach Hotel«: Hier kann der Gast in Suiten am Meer wohnen und Pool und Spa genießen.

Oben: Die teils gut erhaltene Ruinenstätte Salamis zeugt von einem 1000 Jahre alten Stadtkönigtum. **Unten:** Salamis liegt direkt an der Küste.

48 Salamis mit Barnabas-Kloster

Bei allen Göttern: Eintausend Jahre Stadtkönigtum!

Die antike Ruinenstadt ist rätselhafterweise relativ unbekannt. Dabei beeindrucken die überraschend gut erhaltenen römischen Bäder und das Amphitheater dieses immerhin 1000 Jahre überdauernden Stadtkönigreiches. Mit den Königsgräbern und dem Kloster des hl. Barnabas eignet sich Salamis als eine eintägige Zeitreise, aus der man am Salamis-Strand gleich neben – oder über den Ruinen! – wieder auftauchen kann.

Die Ruinenstadt (lat.: Constantia, griech.: Salamina) war laut griechischer Legende im 11. Jahrhundert v. Chr. hier am Meer gegründet worden, vom mythologischen Teukros, dem von der griechischen Insel Salamis verstoßenen Sohn von König Telamon. Da Teukros mitverantwortlich für den Freitod seines Halbbruders Ajax war, dem tragischen Helden von Troja, befahl das Orakel von Delphi dem Achäer, seine Heimat für immer zu verlassen. Die Funde in den Königsgräbern scheinen diese Mythologie zu bestätigen.

Das mit 120 000 Bewohnern einst größte Stadtkönigtum Zyperns wurde im vorchristlichen Jahrtausend von vielen verschiedenen Herrschern regiert: Assyrer (8. Jahrhundert), Perser (5. Jahrhundert), Ptolemäer und Antigoniden (4. Jahrhundert). Ab 294 v. Chr. verlor Salamis seine mehr als 1000 Jahre andauernde Führungsposition, die nun Páfos im Inselwesten übernahm. Fest steht, dass Salamis nicht erst unter den Römern (ab 58 v. Chr.) eine der wohlhabendsten Metropolen des antiken Zy-

pern gewesen ist. Unter den Byzantinern wurde Constantia im Jahr 648 nach mehreren Erdbeben, Sturmfluten und arabischen Angriffen aufgegeben.

Pompöse Königsgräber

Bevor man die antike Königsstadt Salamis besichtigt, sollte man die mehr als 2000 Jahre alten Königsgräber einige Hundert Meter westlich besuchen, um den geheimnisumwitterten Anfängen von Salamis auf die Spur zu kommen. In den 150 teils monumentalen Grabkammern der Nekropolis bestattete man im 8. und 7. Jahrhundert v. Chr. die Stadtkönige und ihre Familien sowie Adelige. Leider waren hier durch alle Epochen hindurch Grabplünderer zugange, und so befinden sich die wenigen nicht gestohlenen Grabbeigaben heute in Museen (Barnabas-Museum, s. S. 248 f., und Nationalmuseum in Nikosia, s. S. 186), darunter zum Beispiel die Halskette einer Prinzessin und verschiedene Thronsessel.

Das Grab Nr. 47 aus dem 8. bis 7. Jahrhundert v. Chr. ist vor allem sehenswert wegen seiner Größe und des charakteristischen Aufbaus aus riesigen Steinquadern mit *Dromos*-Zugang, Vorhof und Stufen vor der eigentlichen Grabkammer. Die Pferdeskelette unter Glas bedeuten, dass hier traditionellerweise Pferde mitsamt Geschirr und Wagen mit bestattet wurden. Das Grab Nr. 50 (Grab oder Gefängnis der hl. Katharina) trägt seit ungefähr 2000 Jahren ein weithin auffälliges hohes Tonnengewölbe. Das Grab Nr. 79 war die am reichsten ausgestattete Grabkammer: Hier wurden Pferdeskelette mitsamt Stirnbändern und Scheuklappen gefunden sowie ein reich geschmückter Streitwagen und ein hölzerner Leichenwagen, zwei Bronzekessel, ein Bett, Thronstühle und elfenbeinverzierte Möbel.

AUTORENTIPP!

ATLANTIS-FEELING: SCHNORCHELN ÜBER RUINEN

Der Legende nach soll noch heute ein Teil der sagenhaften Königsstadt unter Wasser liegen. Kein Wunder, dass die Gegend bei Tauchern beliebt ist. Ob man nun auf Schatzsuche ist oder nicht: Wer nach einer Besichtigung der Salamis-Ruinen noch nicht genug hat von altertümlichen Funden, sollte gleich hier am Strand südlich der Basilika von Kampanópetra und Ephipanius ins Wasser steigen. Fast wie ein Atlantis-Entdecker darf sich fühlen, wer im kristallklaren Wasser vor der Küste über die Reste der versunkenen Kaimauer eines römischen Hafens schwebt: Hier kann man fast die einstige Betriebsamkeit der Segler und Handelsbarken im antiken Hafen vor sich sehen. Mit etwas Glück lassen sich in der Eiablegezeit zwischen Juni und Juli auch Meeresschildkröten blicken. Vorsicht jedoch vor den starken Strömungen!

Die kopflosen Statuen von Salamis haben schon Jahrtausende überstanden.

Rundgang in Salamis

Der Spaziergang über das Ruinen- und Trümmerfeld gehört zu den Highlights eines Nord-Zypern-Besuches – auf den Spuren einer schon bei Homer erwähnten Stadt, deren (wechselnde) Könige hier 1000 Jahre herrschten.

A Gymnasion – Der Wandelgang um den »Fitnessplatz« der alten Römer ist von Säulen umgeben. Im Westen standen die Geschäfte, an der südwestlichen Ecke sieht man noch die Gemeinschaftslatrinen mit Toilettenplätzen für 44 Männer (etwa 4. Jh.).

B Römisches Bad – In den diversen Thermen-Abteilungen schwitzten und schwatzten die Badegäste. Einige Mosaike, Fresken und die Heizschächte sind noch mehr oder weniger gut zu erkennen.

C Amphitheater – Von dem auf allen Karten eingetragenen ovalen Amphitheater ist bis heute nicht wirklich etwas zu sehen bzw. ausgegraben worden – aber hier sollen einst Gladiatoren im Zweikampf oder gegen Tiere gerungen haben.

D Theater – Das halbrunde Bauwerk weiter südlich beeindruckt mit seiner Höhe (einst 20 m) und Weite. Vor 2000 Jahren konnte es insgesamt 15 000 Zuschauer fassen.

E Kampanópetra Basilika – Im Südosten direkt am Meer erhob sich die vermutlich im 3./4. Jh. erbaute dreischiffige Kirche, von der noch das schöne geometrische Bodenmosaik erhalten ist.

G Zeus-Tempel – Auch hier am südlichen Ende der Ruinenstadt ist Fantasie gefragt, um am Ende der Agora (des römischen Marktplatzes und Forums) den Zeus gewidmeten Tempel zu erkennen – er wurde vor 2000 Jahren mit großer Freitreppe und Kolonnaden errichtet.

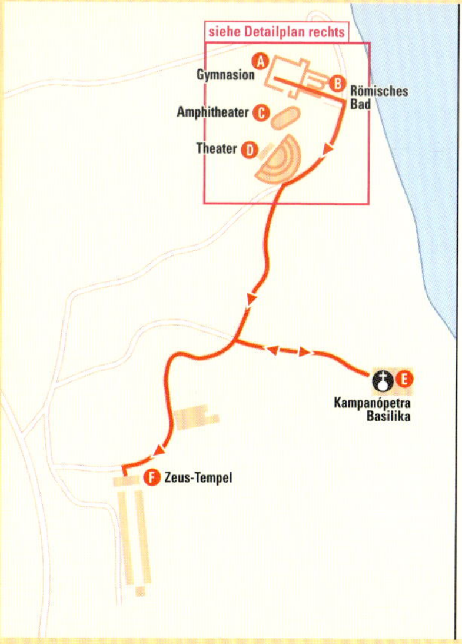

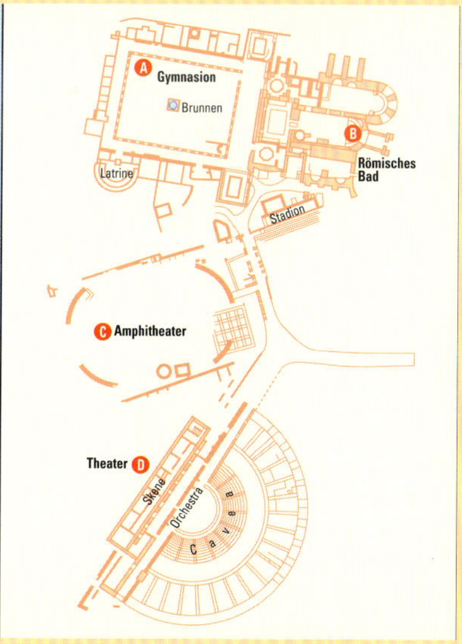

Salamis: Von schwitzenden und schwatzenden Römern

Wer die weitläufige Ruinenstadt besuchen will, muss gut zu Fuß sein und sollte wenigstens die drei am besten erhaltenen Ruinen besichtigen. Ein großer quadratischer Hof, umgeben von hohen Marmorsäulen, markiert das Gymnasion, in dem sich die Männer zum Sport und Diskutieren trafen. In der Mitte stand zu Kaiser Augustus Zeiten (31 v. Chr.–14 n. Chr.) dessen Statue. Der Wandelgang beherbergte eine Ladenzeile im Westen und die im Halbrund angeordneten 44 WCs der römischen Latrinen – allesamt übrigens ohne Trennwände ...

An der östlichen Seite des Gymnasions befanden sich die Thermen: In der römischen Badeanstalt sieht man heute noch die Schwimmbecken, diverse Mauerreste und Torbögen, welche die damaligen Räume unterteilten: Caldarium, Frigidarium (Warm- und Kaltbaderaum) und Sudatorium (Schwitzraum). Man beachte die teils erhaltenen Mosaikfliesen am Boden und in den Mauerbögen sowie die »Fußbodenheizung« (Heizschächte) in Caldarium wie Tepidarium (Ruheraum).

Einige Hundert Meter südlich befindet sich das teils restaurierte Theater, eines der größten im östlichen Mittelmeerraum. Vor 2000 Jahren hatte es ganze 50 Sitzreihen und bot insgesamt 15 000 Zuschauern Platz. Der Bühnenhintergrund mit einem Durchmesser von fast 28 Metern war mit Statuen dekoriert. Im 4. Jahrhundert durch ein Erdbeben zerstört, wurden die riesigen Steinquader für andere Bauten verwendet. Heute sieht man 20 Sitzreihen, die unteren sieben sind Originale. Folgt man nun der alten römischen Kolonnadenstraße Richtung Meer, gelangt man zu den Überresten der Kampanópetra Basilika (3./4. Jahr-

AUTORENTIPP!

KONZERTE IM AMPHITHEATER UND KLOSTER

Wo vor 2000 Jahren die Gladiatoren ihre Kämpfe austrugen oder wo Augustiner-Mönche ihre Speisen zu sich nahmen, kann man heute Shakespeares *Othello, Ein Sommernachtstraum* oder andere klassische Stücke und Konzerte genießen. Die Amphitheater in Koúrion und Sóloi, die Burg in Páfos sowie das Refektorium in der Abtei Bellapais geben einen stimmungsvollen Rahmen für griechische Dramen wie moderne Stücke ab. Auch in Salamis' antikem Theater kann man sich alljährlich in den Sommermonaten Juni und Juli während des Famagusta Art & Culture Festivals dem akustischen Hochgenuss hingeben, ob Paganini oder Flamenco, traditionelle Weisen oder Jazz.

Info: beim Touristenbüro in Famagusta und dem Festivalbüro, Tel. 630 05 00, www.magusa.org unter Festival (Tickets ab ca. 8 €, Konzerte ab 21 Uhr).

Das Salamis-Amphitheater bei Tag, wie schön muss es hier erst bei Nacht sein ...

Oben: Zu Besuch im Barnabas-Kloster
Mitte: Im Innern der Kirche: farbenprächtige Gemälde
Unten: Das Barnabas-Klostermuseum mit seinen Ikonen und archäologischen Funden sollten Kulturreisende nicht verpassen.

hundert) mit einem hervorragend erhaltenen kreisrunden Bodenmosaik – aus 2000 Teilchen in Spiralen angeordnet.

Besuch beim hl. Barnabas

In dem um 1756 erbauten St. Barnabas-Kloster (Ágios Apostolos Varnávas) erfährt der Besucher mittels farbenprächtiger Wandgemälde und einer ebenso prächtigen Ikonostoase etwas vom Leben des hl. Barnabas, dem Nationalheiligen und ersten Erzbischof Zyperns. Der Apostel war um das Jahr 50 nach Christi Geburt mit Paulus nach Zypern gekommen, um die neue Religion zu verkünden. Barnabas starb im Jahr 61 in Salamis, wo er gesteinigt worden sein soll. Des Märtyrers Grab wurde in der heutigen Grabkapelle im Jahr 477 entdeckt. Neben dem Ikonenmuseum in der Kirche zeigt ein Archäologisches Museum im Klostergebäude sehenswerte Funde aus den Königsgräbern, Salamis und aus der nahe liegenden Ausgrabungsstätte Enkomi, der ältesten Stadt Zyperns. Der 11. Juni ist der Barnabas-Gedenktag, zu dem auch Christen aus der Republik Zypern anreisen.

MAL EHRLICH

JEDEM SEIN FERIENHAUS

Der Ferienhaus-Bauboom hat die gesamte Nordküste mit den immergleichen Lego-Häuschen und hässlichen Spekulationsobjekten überzogen. Die meisten stehen leer, rund um Kyrénia, Famagusta und mittlerweile auch auf der Karpaz-Halbinsel. Bei der Jagd auf Appartements (oder Geldanlagen) sind Briten, Russen, Skandinavier und Deutsche zugange. Aber Vorsicht: Die Republik Zypern weist ausdrücklich auf die Illegalität eines solchen Kaufs hin (bis zu sieben Jahre Haft)! Ob sich die Nordzyprer ihr Potenzial als attraktives Reiseziel nicht im wahrsten Wortsinn verbauen ...?!

Infos und Adressen

SEHENSWÜRDIGKEITEN

Königsgräber Salamis. Hier sollte man mindestens 2 Std. einplanen. Tgl. 8–19 Uhr, Dez.–Feb. 8–15.30 Uhr, Eintritt: 3 €, Eingang schräg gegenüber bzw. etwas nordöstlich der Abzweigung zum Barnabas-Kloster.

Ruinenstadt Salamis. An der Kasse ist eine Broschüre auf Deutsch erhältlich, das Gelände ist auf Türkisch und Englisch beschildert. Feste Schuhe, Sonnenhut und Wasser mitnehmen, am Eingang und am Strand befindet sich ein kleines Café. Tgl. 8–19 Uhr, Dez.–Feb. 8–15.30 Uhr, Eintritt: 4 €, 8 km nördlich von Famagusta, ausgeschildert.

St. Barnabas-Kloster. Mit kleinem Lokal und Museum. Tgl. 8–19 Uhr, Dez.–Feb. 8–15.30 Uhr, Eintritt: ca. 3 €, ca. 8 km nordwestlich von Famagusta (2 km westlich von Salamis).

ESSEN UND TRINKEN

Bedis Café & Bar. Einfache Strandbar mit Liegen. Salamis Beach (nahe Ruinenstadt), Yeniboğaziçi, Tel. 378 82 25.

Eyva. Das bei Einheimischen beliebte Lokal bietet am Wochenende türkische Livemusik (unbedingt Tisch reservieren!). Tgl. 11–24 Uhr, Salamis Yolu, Yeniboğaziçi (an der Abzweigung nach Salamis), Tel. 378 82 35.

Pink Panther. Rosarote Strandbar mit einigen Snacks, Fast Food, kühlen Drinks und Effes-Bier. Zugang über »Salamis Bay Conti Hotel«, dann rechts, Salamis Beach. Kein Tel.

ÜBERNACHTEN

Long Beach Resort. Die 42 ruhigen und preiswerten Bungalows (zwei Zimmer, Küche, Bad) liegen am teils mit Felsen durchsetzten Salamis Beach; mit großem Pool. Long Beach Road, Tel. 378 90 00.

Salamis Bay Conti Hotel. Ein gigantischer Viersternekomplex mit 1000 Betten und Appartements direkt am Meer, mit großem, schönem Pool, einem überbordenden Buffet; auch ein Kasino ist vorhanden. Tel. 387 82 00, www.salamisbayconti.com

Wer sich rundum verwöhnen lassen will, geht ins »Salamis Bay Conti Hotel«.

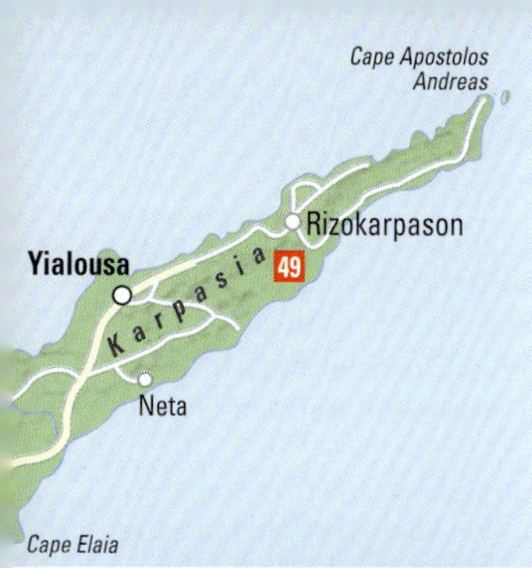

49 Karpaz-Halbinsel
Natur im Dornröschenschlaf

Wie ein Finger zeigt die Halbinsel ins Mittelmeer Richtung Türkei und Syrien, die nur 70 bis 100 Kilometer entfernt sind. Karpaz hat einige alte Basiliken und ein berühmtes Pilgerkloster am Kap aufzuweisen. Die schmale menschenleere Peninsula gilt mit ihren langen Stränden als letztes unberührtes Rückzugsgebiet für Meeresschildkröten, und auch viele Esel tummeln sich hier – (noch) ungestört von Immobilienhaien ...

Oben: Sakrales Schmuckstück mit Kuppeln: die Panagia Kanakaria
Unten: Eine Grüne Meeresschildkröte: Einer ihrer wenigen Zufluchtsorte im Mittelmeer ist die Karpaz-Halbinsel.

Die weitgehend unberührte Natur ist die größte Attraktion auf der 80 Kilometer langen Karpaz-Halbinsel (auch Kirpasa), das einzige Naturschutzgebiet in Nord-Zypern. Ein kilometerweit menschenleerer und wilder Flecken, der seit 1974 auch die Heimat der aus der Türkei angesiedelten anatolischen Bauern ist. Im östlichsten Ort Zyperns, in Dipkarpaz, leben sie gemeinsam mit einigen Hundert griechischen Zyprern, die ihre Heimat nach dem Einmarsch der türkischen Armee nicht verlassen wollten – heute eine alternde Minderheit in der letzten griechisch-zyprischen Enklave im Norden.

Im Frühjahr überzieht ein Blumenmeer die Landschaft, die sich im Sommer eher karg-strüppig präsentiert: Es dominieren Macchia- und Wacholderbüsche, Oliven- und Johannisbrotbäume, es riecht nach Rosmarin und Thymian. Zur Blütezeit erblühen weite Felder aus rotem Klatschmohn, die endemische Zyprische Tulpe (*Tulipa zypria*), Gladiolen und wilde Chrysanthemen. Ein Paradies für Ornithologen, denn rund 200 Vogelarten kann man auf dem nur zehn Kilometer breiten Landstrich während der großen Reise gen Osten (ab August)

Camping – wild und einsam

und zurück (ab März bis Mai) beobachten, darunter viele Reiher, Kraniche und Weißstörche.

Letzte Zuflucht für Meeresschildkröten

Nur noch maximal 400 Exemplare der Grünen Meeresschildkröte (*Green Turtle, Chelonia mydas*, auch unter dem geschmacklosen deutschen Namen Suppenschildkröte bekannt) und 2000 Unechte Karettschildkröten (*Loggerhead, Caretta caretta*) sollen sich im gesamten Mittelmeer behauptet haben. Auf Zypern zählen 88 Strände zu ihren Brutgebieten, einige stehen mehr oder weniger unter Naturschutz, die wichtigsten liegen in Zyperns Norden, etwa der weit abgelegene Golden Beach. Noch sind die Hauptfeinde wilde Hunde, Füchse, Möwen und die Geisterkrabben, die die Nester plündern. Noch ist der wunderschöne zwei Kilometer lange Strand eine der letzten unbebauten Buchten Zyperns – bis auf einige windschiefe Holzhütten.

Tierschützer und Wissenschaftler der Exeter University und der Berliner Humboldt-Universität kümmern sich um die Nester, in dem sie sie mit Drahtgestellen schützen. Denn Meeresschildkröten

AUTORENTIPP!

AUF ESEL-SAFARI

Jahrhundertelang waren sie das wichtigste Transportmittel bei der Oliven- und Getreideernte: die Esel. Auch als Exportgut waren die eigenwilligen vierbeinigen Gesellen bis Ende des 19. Jahrhunderts beliebt, v. a. in Indien. Noch heute zeugen Eselsskelette als Grabbeigaben (etwa in den Königsgräbern von Salamis) von ihrer großen Bedeutung. Inzwischen jedoch sind sie aus dem öffentlichen Leben weitgehend verschwunden, verdrängt von Mofas und Autos. Geschätzte tausend von ihnen leben noch als wilde Nachfahren der Hausesel in Karpaz. Einer alten Tradition folgend ließen früher die Bauern jeden Winter ihre Esel am Andreas-Kloster frei, um sie im Sommer darauf wieder einzufangen. Hier fanden sie zwischen dem Macchia-Gestrüpp ausreichend Nahrung und Schutz. Die dunkelbraunen Esel sind gesellig und ziehen meist in Gruppen umher, doch einige Einzelgänger kommen sogar bis ans Auto – zum Naschen ...

Oben: Goldfarben und endlos: der Golden Beach
Unten: Die Hütten am Golden Beach sind spartanisch, die Erholung umso größer ...

kehren für die Eiablage immer wieder zu ihrem Geburtsort zurück. Von 100 am Strand verbuddelten Eiern, groß wie Pingpongbälle, überlebt wahrscheinlich gerade mal ein geschlüpftes Exemplar – Wissenschaftler gehen sogar von nur jedem tausendsten Ei aus, das nach 20 Jahren zu einer geschlechtsreifen Schildkröte heranwächst und hierher zurückkehren kann. Bis dahin müssen die Urviecher alle möglichen Gefahren überstehen: Schleppleinen und Fischernetze, panzeraufschlitzende Bootspropeller, den Magen-Darm-Trakt verstopfende Plastiktüten, Wäscheklammern, Badelatschen usw. Und die Küsten werden zunehmend mit Hotels, Feriensiedlungen und Marinas zugebaut, die Lichter irritieren die Muttertiere wie auch die geschlüpften Babys, die den falschen Weg einschlagen – ins Landesinnere statt ins rettende Nass.

Naturschutz – wie lange noch?

Angeblich herrscht am Golden Beach, dieser von schneeweiß leuchtenden Dünen begrenzten Sichel, aus Naturschutzgründen Bauverbot. Aber dieses letzte Filetstück im Mittelmeer steht wahrscheinlich auf dem Wunschzettel vieler Hotelkonzerne und reicher Investoren aus der Türkei, Russland und anderswo. Die Zeit drängt, denn die gigantischen Ferienanlagen rücken unübersehbar näher: In Mehmetcik entstand am Bafra Beach mit dem »Kaya Artemis Resort« mit 700 Zimmern bereits das erste Touristenzentrum – *kitsch as kitsch can* im Tempellook mitsamt Spielkasino. Aber es gibt Hoffnung – 2012 wurde immerhin ein gigantisches Öllager an der naturgeschützten Peninsula verhindert.

Von Heiligen und Legenden

Bis jetzt zieht es eher Individualisten hierher – und Busse voller Pilger. Im »Öko«-Dorf Büyükko-

nuk kann man Töpfer- und Kochkurse machen, Esel reiten und versuchen, an einer alten restaurierten Ölmühle Olivenöl auszupressen. Obwohl die Insel auch einige Ausgrabungsstätten und Höhlengräber für abenteuerliche Erkundungen besitzt (etwa beim Dorf Kaleburnu), sind die am sichersten zugänglichen Attraktionen die jahrhundertealten Basiliken.

Vor dem Dorf Boltaşlı steht die Panagia Kanakaria: Das schöne sakrale Bauwerk mit mehreren Kuppeln aus dem 12./13. Jahrhundert beherbergte einst wertvolle frühchristliche Mosaiken, die leider allesamt gestohlen oder zerstört wurden. Der Glockenturm ist erst 1888 hinzugefügt worden.

Einen Besuch wert sind die gut erhaltenen und farbenfrohen Mosaiken mit zumeist geometrischen Motiven auf dem Ausgrabungsgelände der kleinen frühbyzantinischen Basilika Ágia Trías aus der Mitte des 6. Jahrhunderts (um 550). Man beachte besonders die beiden Paar Sandalen im nördlichen Bereich, die ein uraltes Pilgersymbol darstellen. Ansonsten sind nur noch die Grundmauern der dreischiffigen Basilika zu sehen sowie

MAL EHRLICH

MEERESSCHILDKRÖTEN IN GEFAHR!

Nicht nur Tierschützer können etwas dafür tun, damit die Urviecher auch nach rund 200 Millionen Jahren eine Überlebenschance haben. Für die Besucher gelten folgende Regeln an den Nist-Stränden Alagadi, Ronnas, Ayfilon und Golden Beach: Liegen nicht nachts stehen lassen, ab der Dämmerung keine Strandspaziergänge zwischen Juni/Juli (Eiablage) bis Ende August/Anfang September (Schlüpfen der Babys), keine Lagerfeuer oder Sandburgen (oder abends einebnen), keine Autofahrten auf dem Strand und keine Blitzlichtfotos.

Oben: Ein Tierschützer an einem Schildkrötennest.
Unten: Säulen-Überreste der Basilika Ágia Trías aus der Mitte des 6. Jahrhunderts

AUTORENTIPP!

ROBINSONS IDYLLE

Man stelle sich vor: eine menschenleere Bucht, eingerahmt von goldfarbenen Dünen ... Am Golden Beach steht eine Handvoll (sehr einfacher) Holzhütten, so einsam, dass sogar die Angestellten der US-Botschaft in Nikosia hier Wochenendurlaub machen. Burhan's Golden Beach-Hütten sind allesamt nur für Robinsons ohne große Ansprüche geeignet. Wer's noch einfacher mag, der zeltet. Und wenn nachts der Generator verstummt – dann herrscht himmlische Ruhe und man kann ungestört in den weiten Sternenhimmel gucken. Am Wochenende allerdings bricht auch hier der inseltypische Ausflugstrubel aus, inklusive Strandpartys, Lagerfeuer und Müllbergen ...

Burhan's Golden Beach. Hütten mit Heißwasser-Dusche, ohne Klimaanlage, Strom nur ca. 19–24 Uhr, eigenes Lokal, Abholung vom Flughafen Lárnaka möglich, Dipkarpaz (ca. 13 km östlich),
Mobil-Tel. 0090533/864 10 51,
www.burhansgoldenbeach.com

einige Säulenreste (am östlichen Ende vom Dorf Yenierenköy Richtung Sipahi).

In dem Ort Dipkarpaz (auch Rizokárpaso), der letzten und mit rund 3000 Einwohnern größten Siedlung im äußersten Osten Zyperns, leben noch einige Hundert zumeist hochbetagte griechische Zyprer (mit eigenem Bürgermeister!). Sehenswert sind die weiße Ágios Synesios (18. Jahrhundert) und gleich dahinter die große moderne Moschee. Ein kleines fotogenes Schmuckstück ist die Ágios Phílon (10./11. Jahrhundert), eine byzantinische, etwas gedrungen wirkende Kreuzkuppelkirche mit Mosaikboden, die sich direkt am Meer zwischen Palmen auf massiven Steinquadern erhebt (ca. 25 Kilometer nordöstlich von Yenierenköy). Teile des Atriums stürzten ins Meer, die Säulen sind heute noch im Wasser zu sehen – Überbleibsel der antiken Siedlung Karpasia, welche die Araber im 9. Jahrhundert zerstörten.

Ziel der meisten Tagesausflügler auf die Peninsula ist das am Ende der Halbinsel gelegene schlichte und etwas baufällige St. Andreas-Kloster aus dem 19. Jahrhundert (1865–1867) mit schlankem Turm. Die Kirche ist alljährlich zum 15. August und 30. November Ziel der griechisch-orthodoxen Pilger, die massenweise mit Bussen aus der Republik Zypern anreisen: In der Kapelle fließt wundertätiges Wasser aus drei kleinen Wasserhähnen, der Quelle des Apostel Andreas. Deswegen findet man unter den vielen Souvenirs hier auch Nützliches – wie z. B. Krückstöcke ...

Der östlichste Zipfel Zyperns, das Kap Apóstolos Andréas, liegt weitere fünf Kilometer in Richtung Osten, markiert durch Fahnenmasten mit den beiden Halbmond-Flaggen von Türkisch-Zypern und der Türkei. Manchmal kann man auch die Küste Syriens von hier aus sehen.

Infos und Adressen

SEHENSWÜRDIGKEITEN

Agía Trias. Tgl. 8–17 Uhr, Dez.–Feb. 8–15.30 Uhr, Eintritt: 3 €, Yenierenköy.

Ágios Phílon. Tgl. 8–17 Uhr, Dez.–Feb. 8–15.30 Uhr. Dipkarpaz (ca. 4 km nördlich).

Ágios Synesios. Tgl. 8–17 Uhr, Dez.–Feb. 8–15.30 Uhr, Dipkarpaz.

Panagia Kanakaria. Tgl. 8–17 Uhr, Dez.–Feb. 8–15.30 Uhr, Boltaşlı.

St. Andreas-Kloster. Tgl. 9–17 Uhr, am Ende der Insel, ca. 5 km vor dem gleichnamigen Kap.

ESSEN UND TRINKEN

Big Sand. Das Verandalokal mit weitem Panorama über den Golden Beach hat auch einige spartanische Zimmer zu vermieten. Dipkarpaz, Mobil-Tel. 0090533/844 13 22, www.bigsandbeach.com

Hemingways. Schickes nagelneues Bar-Lokal im Yachthafen, wirkt hier wie ein Fremdkörper. Karpaz Gate Marina (3 km östlich von Yenierenköy), Tel. 374 51 55, www.karpazbay.com

Manolyam Restaurant. Nettes Familienlokal mit den üblichen türkischen und zyprischen Klassikern von Mezédes bis Lammeintopf, guter Wein, kühles Bier. Dipkarpaz (neben Arch Houses), Tel. 372 22 09.

ÜBERNACHTEN

Club Malibu Beach. Dreistöckiges einfaches Strandhotel mit 40 gefliesten Balkonzimmern über dem Strand. Yenierenköy, Tel. 374 42 64, www.clubmalibucy.com

Karpaz Arch Houses. Rustikales Anwesen mit 18 bäuerlich-schlichten Appartements, Küchenecke und Klimaanlage, schöner Garten. Dipkarpaz, Tel. 372 20 09, www.karpazarchhouses.com

Sea Bird Motel. Einen Kilometer entfernt von der St.-Andreas-Kirche vermietet das Sea Bird-Lokal über einer Mini-Bucht mit Sandstrand 14 kleine Holzhütten. Dipkarpaz, Mobil-Tel. 0090548/863 63 36, www.seabirdmotel.com

INFORMATION

Tourist Information. Tgl. 9–13 und 14–17 Uhr, Yenierenköy (neben Postamt), Tel. 374 49 84.

In seinem Museum in Kaleburnu stellt Kemal Devici altes Hausgerät und Kunsthandwerk aus.

Oben: Hellenistischer, fein in Gold gearbeiteter Kopfschmuck im Güzelyurt Archeological and Natural History Museum in Mórfou
Unten: Im Kloster-Museum von Mórfou ist prachtvolle Sakralkunst ausgestellt, wie diese Ikonostase.

50 Mórfou und Umgebung
Tausendundeine Nacht auf dem Land

Ein Ausflug ins Hinterland verheißt authentisches Bauernleben zwischen Ziegen und Schafen, Zitronen und Orangen, Moscheen und zwei interessanten archäologischen Ausgrabungsstätten: Sóloi und Vouni. Aber von wegen verschlafen: Die Provinzstadt Mórfou hat sogar eine Bischofskirche und Museen, und das Universitätsstädtchen Lefke bezaubert mit seinem orientalischen Antlitz.

Bei der Fahrt ab Kyrénia westwärts nach Mórfou passiert die Küstenstraße diverse Stätten zur Erinnerung an den Zypern-Konflikt: etwa im Städtchen Alsançak (auch Karavás, nach ca. 13 Kilometern) das sogenannte Freiheitsdenkmal, ein gewaltiges Betonmonument zur Erinnerung an die »Befreiung« der Landsleute auf Zypern durch die Landung der türkischen Truppen an dieser Bucht am 20. Juli 1974. Wer einen holprigen Abstecher nicht scheut, fährt direkt an der Nordküste hinter dem Ort Karsiyaka weiter ans windumtoste menschenleere Kap Koruçam, wo nachts ein Leuchtturm seine Lichtzeichen übers Meer schickt.

Im Land der Zitronen und Orangen

Landeinwärts entpuppt sich Mórfou (griech.: Morphou, türk.: Güzelyurt) als unscheinbares und auf den ersten Blick verschlafenes Städtchen mit circa 30000 Gemeindemitgliedern (14000 Stadtbewohner) am Ufer des meist vertrockneten gleichnamigen Flusses. Spitze Minarette bohren sich vor dem

Im Örtchen Lapta gibt es die ersten Ferienwohnungen ...

Gipfel des Olympos im nahen Tróodos-Gebirge in den stahlblauen Himmel – die Grenze nach Süden zur Republik Zypern ist in dieser Region immer nur einen Katzensprung entfernt. Der Ort liegt inmitten von blühenden Orangenhainen und Zitronenplantagen einer weiten Schwemmlandebene – eine der fruchtbarsten Gegenden Zyperns. Nicht umsonst heißt Güzelyurt »schönes Land«. Hier gedeihen zahllose Gemüsearten, Melonen, Grapefruits und Bananen und werden zu Säften, Dosenobst und Öl verarbeitet.

Die Bischofskirche und das Kloster Ágios Mamas aus dem 18. Jahrhundert dienen als Museum für Sakralkunst: Hier sind neben kirchlichen Gewändern auch eine schöne holzgeschnitzte Ikonostase aus der venezianischen Zeit zu sehen. Der leere Sarkophag des hl. Mamas aus weißem Marmor befindet sich in einer Nische – der verehrte Eremit aus der byzantinischen Epoche gilt als Beschützer der Tiere (und Steuersünder!) und ist auf den Fresken und Ikonen auf einem Löwen reitend dargestellt. Gegenüber lohnt das kleine Museum für Naturkunde und Archäologie im einstigen Bischofspalast einen Besuch: Im Erdgeschoss sieht man präparierte Meeresschildkröten, die archäologische Ausstellung im ersten Stock beeindruckt

AUTORENTIPP!

WOODEN FACES OF CYPRUS

Ismail Isilsoys Masken sind keine Souvenirs im folkloristischen Sinn: Grundmaterial ist das Treibholz, das er am Meer sammelt – einst stolze Eukalyptus- und Olivenbäume, über Jahrzehnte hinweg malträtiert von Feuer und Wind, Wellen und Sonne, Ameisen und Würmern. In den Masken mischen sich Poesie, Mythen und Holzschnitzkunst. Die Kunstwerke sollen auch die Tragik des Zypernkonflikts und die Hoffnung auf eine gerechte Lösung symbolisieren. Der 1953 geborene Künstler stellt u. a. in Hotels aus, etwa 2013 im »Aphrodite Holiday Village«. In seinem Haus mit Werkstatt treffen sich öfter Freunde zum Rezitieren und Musizieren. Besucher sind jederzeit willkommen.

Ismail Isilsoy Cyprus Artist's Studio (Wooden Faces of Cyprus). Ecevit Caddesi 12, Hauptstraße im Dorf Yesilırmak/Limnidi, Lefke, Tel. 726 22 44 und Mobil-Tel. 0090533/872 81 04.

Ein Ruinenfeld mit 2500 Jahren Geschichte: Vouni

u.a. mit antiken Keramiken aus den Ausgrabungsstätten Sóloi und Vouni (Räume 4 und 5), die man sich als Einstimmung auf die Ruinenfelder unbedingt ansehen sollte, etwa die zierliche Statue der Fruchtbarkeitsgöttin Artemis aus Ephesus.

Berühmte Aphrodite von Sóloi

Die Ausgrabungsstätte von Sóloi (auch Soli) liegt rund 20 Kilometer südwestlich von Mórfou. Hier begibt sich der Besucher auf die Spuren des antiken Stadtkönigreiches aus dem 7./8. Jahrhundert v. Chr. Sein Ursprung verliert sich in diversen Mythen. Fest steht: Der Niedergang der wohlhabenden Stadt begann mit der Versandung des nördlichen Erzkupfer-Hafens im 4. Jahrhundert n. Chr. und endete mit den arabischen Invasoren, welche die Siedlung Mitte des 7. Jahrhunderts zerstörten. Die heute teils restaurierte Anlage ist allerdings nicht zu vergleichen mit den Salamis-Ruinen im Osten (s. S. 244 ff.), vieles liegt in Trümmern oder noch gänzlich unter der Erde verborgen. Auch hier wurden die Ruinenfelder über Jahrhunderte hinweg zum Bau anderer Städte oder Häfen benutzt, etwa von Port Said in Ägypten.

Nichtsdestotrotz ist Sóloi berühmt für seine hier auf dem früheren Akropolis-Hügel gefundene

Mitte: Das schönste Mosaik in Sóloi: der Schwan als Fußboden-Dekor
Unten: Sehenswertes Sóloi: das Römische Theater aus dem 2. Jahrhundert, heute rekonstruiert

Statue der Aphrodite von Sóloi, die nun im Zypern-Museum in Nikosia (s. S. 186) und auf vielen Postkarten zu sehen ist. Die beiden interessantesten Stätten sind die heute überdachte Basilika aus dem 4. Jahrhundert mit farbenfrohen, hervorragend restaurierten Mosaikböden, die Blumen- und Tiermotive zeigen (man beachte den wunderschönen Schwan und die vier kleinen Delfine), und das römische Theater (2. Jahrhundert), das bereits 1963 sehr modern rekonstruiert wurde. Früher bot das Bauwerk mit 17 Sitzreihen im Halbrund Platz für bis zu 4000 Zuschauer, heute kann man hier gelegentliche Musikaufführungen genießen. Von dem einst zweistöckigen Bühnenhaus mit Garderobe und Requisitenraum steht nur noch das Fundament. Viel Vorstellungskraft braucht der Besucher, um sich weitere Bauten hier und in der Unterstadt vorzustellen, wie etwa die antike zum Meer führende Prachtstraße mit ihrem fast fünf Meter breiten Arkadengang und der römischen Ladenzeile oder auch den Marktplatz, die Agora.

Im äußersten Westen Nord-Zyperns (fünf Kilometer nordwestlich von Sóloi) liegt schließlich die rund 2500 Jahre alte Ruinenstätte von Voúni (»Berg«) – weithin zu erkennen auf einem Plateau 250 Meter hoch über dem Meer. Von hier oben hat man ein grandioses Panorama über die Steilküste (schon Republik Zypern), über fruchtbare Hügellandschaft und die Hänge des Tróodos sowie das blaue Meer. Die wenigen Fundamente sind eher enttäuschend: Der etwa gegen Ende des 5. Jahrhunderts v. Chr. errichtete Palast ist schon sehr früh, etwa 100 Jahre nach seinem Bau, wieder niedergebrannt worden, sodass der Laie heute von den einst 137 Räumen auf 4200 Quadratmetern Wohnfläche nur eine vage Vorstellung haben kann. So muss man die Fantasie zu Hilfe nehmen, um das luxuriöse Leben zwischen silbernen Schüsseln und

AUTORENTIPP!

ORIGINELLE STRANDIDYLLE

Am letzten Zipfel der türkischen Nordküste versteckt sich auf der Koruçam-Halbinsel ein nettes Strandlokal, vollgestopft mit Fotos, Vasen, Töpfen, Instrumenten, Fahnen ... Trödel und Antikes, das der Besitzer Apo Arslan im Laufe der Jahre gesammelt hat (sogar einen Roulettetisch!), und natürlich schmücken auch die namensgebenden Hufeisen die Wände der gemütlichen Taverne. Arslan versorgt seine Gäste (vorwiegend Briten, die hier leben oder Ferienwohnungen haben) auf der Veranda über einer kleinen Felsenbucht mit türkisch-zyprischer Hausmannskost, angefangen bei Meze über Lammspeisen bis zu frischem Tintenfisch und leckeren türkischen Desserts. In der Kiesbucht kann man auch baden.

Horseshoe Beach Restaurant (Apo'nun Yeri). Tgl. 9.30–22 Uhr, Koyu Yolu, Kayalar (Karsiyaka), Mobil-Tel. 0090542/851 66 64 und 0090533/861 66 64.

Deftiges gibt es bei Erson Hocas Organic Farm (s. S. 261).

Oben: Der Innenhof des »Lefke Gardens Hotel« in Lefke
Unten: Das »Lefke Gardens Hotel« bezaubert mit seinen schönen traditionellen Holzbalkons.

Löffeln, Säulen und Dampfbad vor dem inneren Auge entstehen zu lassen. Wenigstens die Stele einer Zisterne, ein Brunnen und der gewölbte Gang einer unterirdischen Badeanlage sind deutlich erkennbar, wobei Letzterer zu den frühesten dieser Art in der Antike zählt. Das Gelände barg aber einige spektakuläre Fundstücke, die heute im Archäologischen Museum in Nikosia ausgestellt sind: Goldmünzen, Armreifen und eine kleine Statue, die Kuh von Vouni. Wem aber all diese Pracht gehörte, ist bis heute nicht geklärt. Es könnte der perserfreundliche König Doxandros aus Márion (bei Pólis) gewesen sein, aber wer weiß das schon ...

Eine Oase im Grünen

Das Universitätsstädtchen Lefke (auch Lefká, ca. 20 Kilometer südwestlich von Mórfou) mit seinen rund 6000 meist jungen und modisch gekleideten Einwohnern verteilt sich an den Ausläufern des Tróodos-Gebirges in einem saftig-grünen Tal mit lauter zerzausten Dattelpalmen. Hier siedelten sich unübersehbar die im 16. Jahrhundert eingewanderten Osmanen an. Lefke lohnt einen Besuch vor allem wegen seines traditionell geprägten Stadtbildes mit 38 typisch osmanischen Häusern, die an den charakteristischen Erkerbauten aus Holz und Säulen mit dem auskragenden ersten Stock zu erkennen sind. Bei einigen restaurierten Häusern, etwa dem »Lefke Gardens Hotel«, kann man die hübschen Innenhöfe besichtigen. Sehr fotogen präsentiert sich außerdem die pittoreske Piri Osman Paşa-Moschee mit dem verzierten Sarkophag des 1839 verstorbenen Namensgebers. Und sogar ein leibhaftiger Scheich lebt seit 1980 hier in Lefke: Muhammad Nazim Adil al-Haqqani, religiöser Führer eines gemäßigten Sufi-Ordens, dem die Naqshbandi-Brüder mit ihren Turbanen angehören.

Infos und Adressen

Bio-Waren auf türkisch gibt es bei »Erson Hocas Organic Farm«: aus organischem Anbau.

SEHENSWÜRDIGKEITEN

Ágios Mamas. Tgl. 8–19 Uhr, Dez.–Feb. 8–15.30 Uhr, Mórfou (Kirchenschlüssel im Museum).

Sóloi. Tgl. 8–19 Uhr, Dez.–Feb. 8–15.30 Uhr, Eintritt: 4 €, ca. 20 km südwestlich von Mórfou (ausgeschildert).

Vouni. Tgl. 8–17 Uhr, Dez.–Feb. 8–15.30 Uhr, Eintritt: 3 €, ca. 25 km südwestlich von Mórfou (5 km nordwestlich von Sóloi).

ESSEN UND TRINKEN

Aspava. Beliebtes Lokal (mit Zimmern) auf einer riesigen Meeresterrasse: türkische Pizza, Kebab, gegrillter Hellim-Käse. Yedidalga, Gemikonaği (nahe Sóloi-Ruinen), Tel. 727 76 21.

Mardin. Speisen mit Meeresblick: In der Taverne werden türkische Klassiker serviert, frischer Fisch und Meeresfrüchte. Yedidalga, Gemikonaği, Tel. 727 74 39.

ÜBERNACHTEN

Aphrodite Beachfront Resort & Spa. Einsame, etwas klotzige Strandherberge mit Appartements und Penthouses: großer Pool, Kinderpool, viel Sport. Mórfou-Bucht, Gaziveren (8 km westlich), Mobil-Tel. 0090548/884 24 44, www.aphroditebeachfront.com

Erson Hocas Organic Farm. Fünf niedliche Zimmer, Pool, im Restaurant gibt's frisches Brot und Lamm aus dem Steinofen. Yesilırmak (1 km hinter dem Dorf links), Lefke, Mobil-Tel. 0090533/861 53 04, www.cyprusorganicfarm.com

Lefke Gardens Hotel. Oase in einem restaurierten Stadthaus, dekoriert mit landwirtschaftlichen Geräten, die Balkonzimmer sind einfach, aber okay, Mini-Pool. Fadıl Nekipzade Caddesi 22, Lefke, Tel. 728 82 23/-4, www.lefkegardenshotel.org

AKTIVITÄTEN

Kozan. Ausflugsfarm in den Bergen mit BBQ-Open-Air-Lokal, Wander-, Pferde-, Moutainbike-, Jeep-Ausflüge, Yogakurse, Picknick- und Campingplatz. Di–So 10–20 Uhr, Nov.–April bis 16 Uhr, Ruhetag Lokal: Mo, Passstraße zwischen Karsiyaka und Kozan (ausgeschildert), Mobil-Tel. 0090533/877 73 29, www.kozan.co.nr

INFORMATION

Tourist Information. In Yeşilyurt, Tel. 727 84 91/-2/-3.

REISEINFOS

Vorangehende Doppelseite: Alte Dame in Ómodos
Oben: Ob per Schiff, Yacht oder Flieger – es gibt viele Wege nach Zypern.
Unten: Straße ins Nirgendwo am Kap Gréko

Zypern von A bis Z

Anreise mit dem Flugzeug

Ab Berlin oder Frankfurt/Main gibt es Direktflüge in die Republik Zypern zu den beiden Airports Lárnaka und Páfos (ca. 350 €) z. B. mit Lufthansa (www.lufthansa.com), Air Berlin (www.airberlin.com) sowie Condor (www.condor.de), außerdem Cyprus Airways (www.cyprusair.com).
Nach Nord-Zypern gibt es keine Direktflüge, nur über die Türkei zum nord-zyprischen Airport Ercan (www.ercanairportnorthcyprus.com, www.turkishairlines.com).

Die Weiterreise ist ab Lárnaka Airport per Taxi möglich (z. B. nach Páfos 115 €), tagsüber verkehren auch preiswerte Sammeltaxi-Kleinbusse (s. u. Verkehrsmittel). Außerdem fahren tagsüber stündlich Shuttlebusse: nach Lárnaka-Stadt (z. B. Bus 418, www.zinonasbuses.com) oder nach Limassol (z. B. www.airportshuttlebus.eu).
Nachts verkehrt auch der Kapnos Airport Shuttle (www.kapnosairportshuttle.com, z. B. nach Nikosia 8 €).
Von Páfos Airport fahren Bus 612 und 613 in die 15 km entfernte Pafós-Stadt (tgl. 7–24 Uhr, Nov.–April 11–20 Uhr).

Anreise mit dem Schiff oder der Autofähre

Die Einreise in die Republik Zypern ist auch per Autofähren, die von den griechischen Inseln Rhodos und Piräus ablegen, in die Häfen von Limassol, Lárnaka, Latsí und Páfos möglich. Falls man mit einer eigenen Yacht oder einem privaten Boot anreist, können natürlich auch die Marinas von Lárnaka angesteuert werden.

Ab Limassol ist die Weiterreise oder ein Kurzausflug auf Kreuzfahrtschiffen in die Türkei o.a. Mittelmeerinseln möglich (www.louiscruises.com).

Autofahren und Mietwagen

An den Airports und in allen Urlaubsorten gibt es die bekannten Mietwagenvertretungen. Das Straßennetz ist gut ausgebaut und englisch beschildert. In der Republik Zypern und in Nord-Zypern gilt Linksverkehr. In geschlossenen Ortschaften gilt eine Höchstgeschwindigkeit von 50 km/h, auf Landstraßen 80 km/h und 100 km/h auf Autobahnen. Die Promillegrenze liegt in beiden Landesteilen bei 0,5 ‰. Außerdem gelten Anschnallpflicht, Handy-Verbot und Helmpflicht für Motorradfahrer. Ein im Süden gemieteter Wagen kann nach Norden fahren (umgekehrt nicht!), aber nur mit zusätzlicher Haftpflichtversicherung. Es genügt der nationale Führerschein, vorgeschriebenes Mindestalter ist 21 Jahre.
Info: www.europcar.com.cy;
im Norden: www.sunrentacar.com

Auskunft

Für weiterführende Informationen zur Republik Zypern sind folgende Adressen zu empfehlen:

Cyprus Tourism Organisation (CTO):
Zeil 127, 60313 Frankfurt/Main, Tel. 069/25 19 19,
CTO in Berlin: Wallstr. 27, 10179 Berlin,
Tel. 030/23 45 75 90, www.visitcyprus.com

Oben: Taxis gibt es alllerorten.
Mitte: Wer selbst fahren will, muss sich an den Linksverkehr gewöhnen.
Unten: Nicht zur Nachahmung empfohlen: Es besteht Helmpflicht!

Oben: Grenzübergang in Nikosia
Unten: Kinder im Arab-Ahmet-Viertel im nördlichen türkischen Teil Nikosias

Botschaft der Republik Zypern:
Wallstr. 27, 10179 Berlin, Tel. 030/308 68 30 (Konsulate HH, F/M, München, Bonn, Zürich).

Deutsche Botschaft in Zypern:
Nikitaras 10, 1080 Nikosia, Tel. 00357/22 45 11 45, www.nikosia.diplo.de; Vertretung in Lefkoşa (= Nikosia-Nord): Mehmet Akif Caddesi 29, Tel. 0090392/227 51 61, sowie ein Konsulat in Limassol.

Informationen über Nord-Zypern finden sich unter:
Nord-Zypern Tourismuszentrum GmbH:
Uto Hof, Baseler Str. 35–37, 60329 Frankfurt/Main, Tel. 069/24 00 79 46/-47, www.nordzypern-touristik.de und www.simplynorthcyprus.com (auf Englisch).
Nord-Zypern Tourismuszentrum in Berlin:
Joachimstaler Straße 10–12, 10719 Berlin, Tel. 030/88 92 94 84.

Weitere Infos zu Nord-Zypern z. B. über den Nord-Zypern-Spezialisten Lupe Reisen:
Tel. 0228/65 45 55, www.lupereisen.com

Barrierefreies Reisen

An den Flughäfen und in Drei- bis Fünfsterne-hotels gibt es oft barrierefreie Einrichtungen und

Behindertenparkplätze. Einige Reisebüros bieten Spezialbusse für Rollstuhlfahrer an. In den größeren Orten ebnen Rampen den Zugang zu Banken, Kneipen und Restaurants sowie zu rollstuhlgeeigneten Veranstaltungsorten wie Stadttheater und Stadien.

Einreise

Reisende aus der EU mit gültigem Personalausweis oder Reisepass können bis zu drei Monate in beiden Landesteilen auf der Insel verweilen (Kinder bis 16 Jahre benötigen seit Juni 2012 einen eigenen Kinderreisepass bzw. ein eigenes Ausweisdokument). **Wichtig:** Wer per Flugzeug oder Schiff in den türkisch besetzten Norden einreist, gilt im Süden als illegal eingereist und kann nicht in die Republik Zypern weiterreisen bzw. muss dort mit strafrechtlichen Folgen rechnen!

Für den innerzyprischen Grenzverkehr gilt: Der Grenzübertritt von der Republik Zypern in den türkisch besetzten Norden ist für EU-Bürger mit Personalausweis möglich (nicht umgekehrt, außer bei der Rückreise aus dem Norden in die Republik Zypern). An folgenden Grenzübergängen erhält man auch das Visum für Nord-Zypern:

Nikosia: Ledra Palace und Lidras Street-Lokmaci, nur für Fußgänger und im Ortsteil Ágios Dométios-Metehan
Strovilia-Akyar bei Ágios Nikólaos im Osten (ca. 5 km südwestlich von Famagusta)
Pérgamos/Pyla-Beyarmudu
Kato Pyrgos-Yesilırmak/Limnitis im Westen
Zodhia bei Astromeriti-Bostanci/Mórfou

Info: www.ratgeber-zypern.de
www.zypern.cc
www.zypern-forum.de

Oben: Am Hafen von Famagusta
Unten: Im Arab-Ahmet-Viertel im nördlichen türkischen Teil von Nikosia

Oben: In den Markthallen bekommt man alle Zutaten für die einheimische Küche.
Mitte und Unten: Nordzyprisches Frühstück in »The Nitovikla Garden Hotel« und Shrimps japanisch zelebriert im »Le Meridien« bei Limassol

Eintritte

Für Museen, archäologische Stätten, Burgen und Monumente gibt es in der Republik Zypern preiswerte Sammeltickets: Tagesticket: 6,80 €, 7-Tage-Ticket: 17 €. Schüler und Studenten aus der EU haben bei Vorlage eines entsprechenden Ausweises freien Eintritt.

Elektrizität

Da oft englische Steckdosen vorherrschen, benötigt man einen (dreipoligen) Adapter, der häufig an den Hotelrezeptionen zu erhalten ist.
220/230 V Wechselstrom.

Essen und Trinken

Die zyprischen Lokale sind in der Regel mittags und abends bis spätnachts geöffnet, in Touristenorten im Sommer meist ganztägig. Im Winter (Nov.–März) sind viele geschlossen.

Feiertage und Feste

Alle religiösen Feiertage werden nach dem orthodoxen, d. h. julianischen Kalender gefeiert. Termine lassen sich beim CTO erfragen und sind unter www.cyprusevents.net einzusehen.

Die gesetzlichen Feiertage im Überblick
1. Januar: Neujahr
6. Januar: Dreikönigsfest (Epiphánias)
25. März: griechischer Unabhängigkeitstag
1. April: Nationalfeiertag
April/Mai: Ostern (Karfreitag, Ostersonntag, Ostermontag)
1. Mai: Tag der Arbeit
Juni: Kataklysmós (Pfingsten)
15. August: Mariä Himmelfahrt
1. Oktober: zyprischer Unabhängigkeitstag

28. Oktober: Ochi – griechisch-zyprischer Nationalfeiertag
Dezember/Januar: Weihnachten

Auf Zypern gibt es das ganze Jahr über etwas zu feiern – hier eine Auswahl an Festivitäten:
Februar/März: Karneval mit Höhepunkt am Faschingssonntag in Limassol (prachtvolle Umzüge und Kostümparaden)
April: Festival der klassischen Musik in Lárnaka
April/Mai: Ostern als bedeutendstes religiöses Fest mit Gottesdiensten; Lázarus-Prozession in Lárnaka und traditionelle Spiele in den Dörfern
Mai: Blumenfest Anthestiria mit Wagenprozessionen in Nikosia und den Küstenstädten
Mai/Juni: Pfingstfest Kataklysmós in Lárnaka, Agía Nápa und anderswo mit Bootswettfahrten, traditionellen Tänzen, Volksmusik, Feuerwerk und Konzerten
Juni: Chorfestival im antiken Odeon in Páfos
Juli: Opern, Tanz- und Folkloreveranstaltungen in Lárnaka und Limassol
Juni/Juli: Musikfestival im Theater von Koúrion mit Jazz und Klassik; das Amathusia-Festival in Limassol mit Musik, antiken griechischen Tragödien und Komödien sowie Tanz
August: das Folklorefestival Paralímni mit Tanz und Musik
September: Weinfeste im Tróodos und Limassol mit gratis Wein vom Fass und Folkloremusik; Kulturfestival in Limassol und Agía Nápa mit Musik und Folklore; Filmfestival in Lárnaka; Aphrodite-Festival in der Hafenburg von Páfos mit Opernaufführungen; Kypria-Festival – ein kunterbunter kultureller Reigen aus Theater und Musik, Tanz und Film sowie Ausstellungen
November: Kunstausstellungen in Lárnaka im sogenannten Monat der Schönen Künste
November–Februar: Kultur-Winter in Agía Nápa mit Konzerten, Ballet und Theater

Oben: Karfreitag in Ómodos
Mitte: Karfreitagsprozession in Ómodos
Unten: Karfreitag in Ómodos

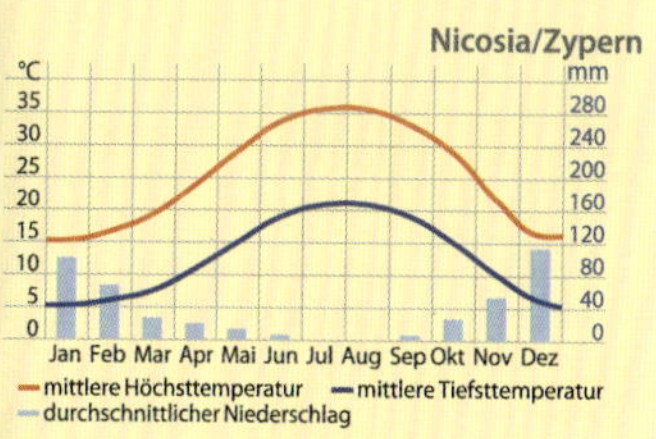

Oben: Angeregte Diskussion mit der Kundschaft vor einem Dönerladen in Lefkoşa
Mitte: Wer baden und schnorcheln will, plant die Zypern-Reise am besten von März bis November.

Geld und Währung

Die Landeswährung ist in der Republik Zypern der Euro. Außerdem kann man mit Kreditkarten bezahlen, Geld mit der EC-Karte an Geldautomaten abheben oder in den Banken Reiseschecks einlösen. Allgemeine Sperrnummer bei Kartenverlust: Tel. 0049/11 61 16.

In Nord-Zypern gilt die Türkische Lira (1 YTL = 0,37 €), in Scheinen zu 1, 5, 10, 20, 50, 100 YTL (akzeptiert werden oft auch € oder brit. £). Geldwechsel in Banken, privaten Wechselstuben (auch am Wochenende) und an Geldautomaten (nur in den größeren Städten).

Gesundheit

Empfohlen wird eine Auslandskrankenversicherung (mit Rücktransport ins Heimatland im Notfall). Ansonsten deckt die Europäische Krankenversicherungskarte der gesetzlichen Krankenkassen den Versicherungsschutz im Krankheitsfall bei EU-Bürgern.

Klima und Reisezeit

Hauptreisezeit ist März bis November. Wer wandern möchte, sollte dies im März/April bis Mitte Mai oder Oktober tun – jene Monate mit den angenehmsten Temperaturen und der schönsten Blütenpracht. In den trockenen Sommermonaten können die Temperaturen auf über 40 °C steigen (durchschnittlich 32 °C), in den Bergen und an der Küste bleibt es aber erträglich. Selbst im November kann man noch im Meer baden (21 °C Wassertemperatur), abends wird es jedoch empfindlich kalt. Im Dezember/Januar fallen zwei Drittel des gesamten Jahresniederschlags trotz durchschnittlich sechs Stunden Sonnenschein pro Tag und Höchsttemperaturen von 17 bis 19 °C, im Gebirge fällt gelegent-

lich Schnee. Im Winter sind an den Küsten die meisten Hotels und Restaurants geschlossen (man sollte ein Hotel mit Heizung buchen).

Öffnungszeiten

Da die Öffnungszeiten auf Zypern oftmals sehr variabel gehandhabt werden, hier ein Überblick zur Orientierung:

Banken: Mo–Fr ca. 8.30–12.30 Uhr, Sept.–April zusätzlich Mo 15.15–16.45 Uhr, Osterdienstag geschlossen.
Behörden: Juli/Aug. Mo–Fr 7.30–14.30 Uhr, Sept.–Juni zusätzlich Mi 15–18 Uhr.
Post: in größeren Städten Mo–Fr 7.30–13 und 15–17.30 Uhr, Sa 9–11 Uhr.
CTO-Tourist Information: in der Regel Mo–Sa Vormittag und Mo, Di, Do, Fr Nachmittag.
Museen: in der Regel werktags ca. 8–14 Uhr, manchmal auch 9–17 Uhr (oft Mo und am Wochenende, v.a. So geschlossen, nachmittags oft nur Do geöffnet).
Archäologische Stätten: Leider ist die Handhabung vor Ort recht chaotisch und unterliegt fast jährlichen Änderungen. In der Regel gilt: im Winter (Nov.–März) tgl. 8–16/17 Uhr, im Hochsommer (Juni–Aug.) tgl. 8–19.30 Uhr, in der eigentlichen Reisesaison (April/Mai und Sept./Okt.) tgl. 8–18 Uhr.

Oben: In den Museen finden sich die wertvollsten Ausgrabungsstücke.
Mitte: Die Öffnungszeiten der Tempel, hier Apollon-Tempel bei Koúrion, sind manchmal ein kleines Mysterium.
Unten: Wanderwegweiser sind oft auch auf Englisch beschildert.

Oben: Aktivität ist großgeschrieben auf Zypern: z. B. wandern.
Mitte: Geheimtipp: Viele Profi-Radsportler zieht es auf die Insel zum Training.
Unten: Segeln oder Surfen, Tauchen oder Jetski – hier ist für jeden was dabei.

Klöster und Kirchen: in der Regel tagsüber ca. 9–12 und 14–16 Uhr. Ist eine Kirche geschlossen, fragt man am besten in der nächstgelegenen Taverne oder im Kafeníon nach dem Schlüssel (*keyholder*), oft hängt auch ein Zettel an der Tür mit Telefonnummer des Dorfpopen, der Interessierten gern aufschließt – in diesem Fall hinterlässt man einen Obolus im Opferstock. Fotografieren und Filmen ist oft untersagt.
Geschäfte: in der Regel von April–Okt. Mo–Fr morgens bis ca. 20.30 Uhr (mit rund dreistündiger Mittagspause ca. 14–17 Uhr), Mi nur bis 15 Uhr, Sa bis ca. 19.30 Uhr (Nov.–März schließen die Läden etwas früher). Die Souvenirläden und Geschäfte in Touristenzentren sind länger geöffnet. Auf den Märkten wird übrigens nicht verhandelt.

Sport und Aktivitäten

Auf Zypern gibt es zahlreiche Möglichkeiten für Sport und andere abwechslungsreiche Aktivitäten.

Wandern: Wandern kann man besonders gut durch die Kiefernwälder im Tróodos-Gebirge, auf der eher kargen Akámas-Halbinsel mit schönem Küstenpanorama und im bewaldeten Hinterland von Páfos, etwa durch die Ávagas-Schlucht (Wandersaison: März/April bis Mitte Mai und Oktober). Insgesamt 98 markierte Wanderwege mit einer Gesamtlänge von 417 Kilometern durchziehen die Republik Zypern vom Kap Gréko bei Agía Nápa im Südosten zur Akámas-Halbinsel im Nordwesten, darunter auch der Europäische Fernwanderweg E 4. Die CTO hat spezielle Broschüren mit Wanderwegen herausgegeben. Diverse Veranstalter bieten organisierte Gruppenwandertouren an, z. B. Wikinger Reisen: Tel. 02331/90 46, www.wikinger.de

Radfahren: Die Straßen im Tróodos beispielsweise sind ein Paradies für geübte Radfahrer und

Mountainbiker. Die Leihräder in den Hotels sind dafür allerdings in der Regel nicht geeignet (außer in Pólis). Das CTO gibt die Broschüre *Zypern. Fahrradrouten mit rund 40 Routen* heraus.
Info: Cyprus Cycling Federation,
Tel. 00357/22 44 98 70, www.cypruscycling.com
Außerdem www.bikecyprus.com (dt. Veranstalter, ein ehemaliger Radprofi, mit Sitz in Limassol).

Fischen und Angeln: In einigen Talsperren der Republik Zypern ist das Angeln (v. a. Karpfen und Forellen), ganzjährig möglich, wenn die Stauseen für eröffnet erklärt worden sind (Mindestalter: 12 Jahre). Genehmigungen erteilen das Head Office of Fisheries Dept. in Nikosia (Tel. 00357/22 80 78 68 und 22 78 30 32), oder die Fischerei-Dienststellen der Gebietsverwaltungen (Häfen). Im Meer benötigt man keine besondere Erlaubnis fürs Hochseefischen, Boote können in vielen Urlaubsorten an der Marina gechartert werden.

Wassersport: Mit 620 Kilometern Küste (inselweit 800 km) bietet die Republik Zypern ideale Voraussetzungen für jede Art von Wassersport: Ob lautlos mit dem Kanu, Kajak, Paraglider, Segelboot, Surfbrett oder laut dröhnend mit dem Wasserski oder Jetski – Wasserratten kommen hier voll auf ihre Kosten, die Badewasserqualität ist hervorragend. Windsurfen ist vor allem für Anfänger wegen der meist mäßigen Winde zu empfehlen.

Segeln: Segel- und Motoryachten sowie Katamarane können in den meisten Badeorten und Häfen gechartert werden, mit oder ohne Skipper und Crew. Marinas gibt es beispielsweise in Lárnaka, bei Limassol (St. Rafael Marina) und Páfos.
Info: www.interyachting.com.cy

Tauchen: Die Gewässer rund um Zypern sind ein maritimes Paradies für Taucher auf Entdeckungs-

Oben: Pack die Badesachen ein ...
Unten: Zypern verheißt Spaß auf, im und über dem Wasser.

Oben: Frischer Fisch in Girne
Mitte: Am Strand gibt es Snacks ...
Unten: ... im Dorf geht man ins Café.

tour: Zypern lag stets an der Hauptroute der alten Seefahrernationen, und so warten viele Wracks auf Erkundung. Beste Tauchzeit ist Mai bis November. Antiquitäten bergen oder Schwämme abschneiden ist allerdings verboten. In den Ferienorten Agía Nápa, Protarás, Limassol, Lárnaka, Pissoúri, Páfos und Pólis gibt es zahlreiche Tauchschulen.

Golfen: Die Republik Zypern verfügt über vier 18-Loch-Golfplätze: Minthis Hills (= Tsada) Golf Club bei Páfos, Secret Valley Golf Club bei Pétra tou Romioú und Aphrodite Hills (25 km östlich von Páfos) sowie der Vikla Golf & Country Club (ca. 20 km östlich von Limassol).
Info: Cyprus Golf Resorts,
Tel. 00357/26 64 27 74/-5,
www.cyprusgolf.com

Skifahren: Vor allem im Januar/Februar zieht es die Wintersportler auf den Tróodos-Gipfel Olympos (1951 m). Der zyprische Skiclub betreibt vier Skilifte und spurt zwei Langlaufloipen. Auch Skikurse werden angeboten und Skiausrüstungen vermietet. Ein Internationales Skirennen findet Anfang März statt.
Info: Cyprus Ski Federation & Club, Amfipoleos 21, 2025 Strovolos, Nikosia, Tel. 00357/22 44 98 37, www.cyprusski.com

Sprache

Die Amtssprachen in der Republik Zypern sind Griechisch, Türkisch und Englisch, in Nord-Zypern ist es Türkisch. Die meisten Wegweiser, Straßennamen und Speisekarten sind in beiden Landesteilen auch in englischer Sprache verfasst, Letztere manchmal auch auf Deutsch und Russisch. Im Norden wird außerhalb der Hotels nur selten Englisch gesprochen.

Telefon

Die Landesvorwahl aus Deutschland, Österreich und der Schweiz für die Republik Zypern lautet: 00357
Die Landesvorwahl für den Norden lautet: 0090392 (= über die Türkei; für Mobil-Nr. nur 0090)

Inselweit gelten für die Republik Zypern und Nord-Zypern folgende wichtige Nummern:
Ambulanz: 112
Auskunft: 11892, 11800
Feuerwehr: 199
Polizei: 155
Notfall-Nacht-Apotheken: 90901433 (nur Republik Zypern)
Waldbrand: 1407 (Republik Zypern), 177 (Nord-Zypern)

Auslandsgespräche können von Telefonämtern, öffentlichen Telefonzellen und Hotels geführt werden, billiger wird es von 21–8 Uhr sowie Sa bis So. Über die Roaming-Konditionen für Mobiltelefone informieren die jeweiligen Anbieter. Es

Oben: Gegensätze: Im Hafen trifft sich der Jetset ...
Unten: ... im Cyprus Ski Club geht es rustikaler zu.

In den Restaurants sind auch die in Deutschland üblichen zehn Prozent Trinkgeld üblich.

sind Telefonkarten erhältlich, am preiswertesten ist es, sich mit Call-by-Call von Deutschland aus im Hotel anrufen zu lassen (www.billiger-telefonieren.de). Für Inlandsgespräche innerhalb der Republik Zypern und Nord-Zyperns gibt es keine Ortsvorwahlen (bei Direktwahl über die innerzyprische Grenze gibt es oft Engpässe), bei Handy-Gesprächen innerhalb von Nord-Zypern muss man allerdings die Landesvorwahl mitwählen.

Trinkgeld

In Restaurants kann man das auch in Deutschland übliche Trinkgeld (10 %) geben bzw. aufrunden, ebenso freuen sich Taxifahrer, Zimmermädchen, Reiseleiter und Kirchen über einen Obolus.

Übernachten

Inselweit kann man in allen Kategorien nächtigen, von Camping und einfachen Pensionen über mittelklassige All-inclusive-Anlagen bis zu luxuriösen Herbergen und Boutiquehotels. Weitverbreitet

sind modern ausgestattete Ferienhäuser und Studios bzw. Appartements (oft von Briten vermietet) und vor allem im Süden der Agrotourismus: Mittlerweile gibt es in etwa 50 zyprischen Dörfern die Möglichkeit, in rund 200 Jahre alten restaurierten Landhäusern landestypisch und dennoch mit jeglichem modernen Komfort zu wohnen (ca. 1000 Betten, www.agrotourism.com.cy, www.cyprusvillages.de). Ein Hotelverzeichnis gibt es bei den Fremdenverkehrsämtern.

Verkehrsmittel

Bus: Busfahren ist auf Zypern spottbillig (Fahrschein ca. 1,50 € innerhalb der Bezirksgrenzen der Städte, egal, wie lang die Strecke ist, aber max. 5 €, Tagesticket: 5 €, Wochenticket: 15 €).
Info: www.cyprusbybus.com, www.intercitybuses.com

Taxi: Innerstädtische Taxis haben einen Taxameter (0,73 €/km, nachts: 0,85 €/km), längere Überlandfahrten mit den Dorf-Taxis müssen ausgehandelt werden (ca. 0,63 €/km). Jedes Gepäckstück über 12 kg kostet geringfügig extra, ebenso gibt es teurere Nachttarife. Sammeltaxis (Servicetaxis) verkehren zwischen den größeren Städten (4–8 Personen, Tickets 8–25 €, abhängig von der Fahrgastzahl, Tel. 77 77 74 74 oder 77 77 14 77, www.travelexpress.com.cy).

Zoll

Für die Republik Zypern gelten folgende Bestimmungen:
Barmittel ab 10 000 € müssen innerhalb der EU deklariert werden. Die Antiquitätenausfuhr ist grundsätzlich verboten. Angesichts der Wirtschafts- und Finanzkrise seit März 2013 gelten bei der Ausfuhr von Bargeld spezielle Regelungen, die

Oben: Kinder im Viertel Arab Ahmet in Lefkoşa
Mitte: Edel wohnen kann man im »Hotel The Mill« in Gálata-Kakopetriá.
Unten: Busfahren mit dem Bedford-Bus

Oben: Nette Läden laden in Lefkoşa zum Einkaufsbummel ein.
Mitte: Wer Wein aus dem Urlaub mitnehmen möchte, muss die Ausfuhrbestimmungen berücksichtigen.
Unten: Ein fahrender Blumenhändler bietet seine Waren an.

kurzfristig geändert werden können – Infos sollte man daher vor Reiseantritt einholen unter www.centralbank.gov.cy

Innerhalb der EU sind folgende Mengen (Privatgebrauch) pro Person zollfrei: 800 Zigaretten oder 400 Zigarillos oder 200 Zigarren oder 1 kg Tabak, 10 kg Kaffee, 10 l Spirituosen (über 22 Vol.-%) oder 20 l Schaumwein/Aperitiv oder 90 l Wein oder 110 l Bier, maximal 600 ml Parfüm und maximal 250 ml Eau de Toilette sowie weitere Waren im Wert von maximal 135 €.

Für Nord-Zypern gelten folgende Bestimmungen: Bei der Ein- und Ausreise müssen Beträge über 5000 US$ deklariert werden. Die Ausfuhr von Antiquitäten und archäologischen Fundstücken ist verboten.

Bei der direkten Rückreise aus Nord-Zypern über Airport Ercan und die Türkei in die EU sind folgende Mengen (Privatgebrauch) pro Person zollfrei: 200 Zigaretten, 50 Zigarren oder 250 g Tabak, 1 l Alkohol über und 2 l Alkohol bis 22 Vol.-%, 500 g Kaffee, andere Waren wie Tee, Parfüm sowie Geschenkartikel bis zu einem Warenwert von 430 €.
Info: www.zoll.de

Bei der Ausreise von Nord-Zypern in die Republik Zypern (und umgekehrt!) gelten strenge Regeln, da oft billige Waren aus der Türkei geschmuggelt werden: Zollfrei bei der Ausreise sind Waren im Wert von 260 €, 1 l Spirituosen und nicht mehr als 40 Zigaretten (gilt in beide Richtungen). Die Einfuhr von gefälschten Designerwaren (Uhren, Brillen, Bekleidung usw.) aus dem Norden (also auch innerhalb Nikosias!) in die Republik Zypern ist verboten, die Waren können konfisziert werden.
Info: www.mof.gov.cy/ce

Graffiti-Künstler beim Street Life Festival in der Altstadt von Limassol

Zypern speziell – Tipps für Kinder und Jugendliche

SPIEL, SPASS UND ABENTEUER

Echte Ritterburgen. Die größten und aufregendsten Burgen sind in Nord-Zypern zu erobern: mitsamt Kerker, Zinnen, Kanonen und Rüstungen, etwa im **Hafenkastell von Kyrénia** (s. S. 216 ff.) oder **Buffavento** (25 km von Kyrénia) oder **Sankt Hilarion** (11 km von Kyrénia, s. S. 228 ff.). Aber auch im Süden lohnen die **Burgen in Kolóssi** (s. S. 88 ff.) und **Limassol** (mit Museum, s. S. 80 ff.).

Rummel. In den Vergnügungsparks geht es meist hoch her mit Roller Coaster, Trambolino oder Auto-Scooter, etwa im **Lucky Star Park** (in Aradippou bei Lárnaka, Tel. 24 53 44 00, www.luckystarpark.com.cy) oder im **Parko Paliatso** in Agía Nápa (Nissi Ave., Tel. 23 72 47 44, www.parkopaliatsocy.com). In der Nähe vom Agía Nápa Waterworld Waterpark kann man **Go-Kart-Rennen** fahren (Nissi Ave. 3, Tel 99 66 70 87 und 23 72 31 11, 10 Min. 16 €).

Waterparks. Europas größtes Wellenbecken, gigantische Kamikaze-Rutschen und Whirlpools bietet (wenn auch leider sehr teuer) der **Waterworld Waterpark** (Agía Thékla 18, ca. 4 km westlich von Agía Nápa, Tel. 23 72 44 44, www.wwcyprus.com, Eintritt ab 13 Jahre: 35 €, 3–12 Jahre: 20 €!). Ein ebensolches Vergnügen haben die Kids im **Aphrodite Waterpark** bei Páfos (www.aphroditewaterpark.com, s. S. 37) und im **Fasouri Waterpark** bei Limassol (www.fasouri-watermania.com, s. S. 91).

Piraten, Captain & Co. Der lustige **Piratentörn Jolly Roger Pirate Cruise** startet ab Páfos-Hafen (www.paphosseacruises.com, s. S. 45). Wie Captain Nemo auf dem Meeresgrund spazieren und Fische füttern kann man bei den **Undersea Walkers** bei Páfos und Pernéra-Protarás im Osten von Mai bis Oktober (www.underseawalkers.com, s. S. 45).

TIERE

Kinderfarmen. Mini-Zoo, Spiele & Action, Reiten und Bogenschießen – jede Menge Kinderspaß und Abwechslung verheißt die **Freizeitfarm Santa Maria Retreat** bei Limassol (Mi 11–19 Uhr, Sa–So 9–20 Uhr, in Parekklisia, Tel. 99 54 54 54, www.santamarinaretreat.com). Auf der kleinen Farm **Donkey Safari Apesia Hills** mit Mini-Zoo (Ziegen, Hühner) kann man auch Esel reiten (tgl. 9–20 Uhr, in Apesia, ca. 12 km nördlich von Limassol, Tel. 96 71 30 34, 30 Min.: 10 €). Im **Camel Park** im Dorf Mazotós bei Lárnaka wird man beim Kamelritt fast zum Beduinen (tgl. 9–19 Uhr, Nov. bis April 9–17 Uhr, Zygi Rd., Mazotós, Tel. 24 99 12 43, www.camel-park.com, Eintritt: Erw. 3 €, Kids 2 €, 10 Min.-Ritt: Erw. 9 €, Kids 6 €). Die letzten Wildschafe Zyperns können Kinder im **Mufflon-Gehege** im Tróodos-Gebirge beobachten (ca. 51 km nordwestlich von Páfos, s. S. 183).

Zoo. Wer von Tieren gar nicht genug kriegen kann, wird den **Zoo in Limassol** lieben (Tel. 25 58 83 45, www.limassolzoo.com), oder auch den **Páfos Zoo** bei Páfos (www.pafoszoo.com, s. S. 45).

Reiten. Warum nicht Reiten lernen in den Ferien? Die **Lapatsa Reitschule** liegt bei Nikosia (in Deftera, Tel. 22 45 51 94, www.lapatsa.com), ebenso warten die Pferde in der **Drapia Pferdefarm** bei Tochni (www.cyprusvillages.de, s. S. 105) und im **Aphrodite Hills Riding Club** bei Koúklia (www.aphroditehillsridingclub.com, s. S. 51).

Meeresgetier. Wer Baby-Meeresschildkröten freilassen will, wendet sich zwischen Juni und September an die **Turtle-Projekte**, z. B. am **Lara Beach** in der Republik Zypern (www.akti.org.cy/turtles.html, s. S. 69) und am **Alagadi Turtle Beach** nahe Kyrénia im Norden (www.cyprusturtles.org, s. S. 218).

KULTUR

Theater. Alice's Wonderland, Puppentheater, Märchen – wer schon Englisch spricht, für den lohnt sich ein nachmittäglicher Besuch im neuen **Kindertheater Little Muse** in Lárnaka (Markou Drakou 8, Tel. 96 21 64 35, www.littlemusetheatre.com).

Museen. Geschichte(n) in Wachs erzählt das **Wachsfigurenmuseum** mit mehr als 150 Figuren

in Skarinou bei Léfkara (www.cyprus-museum.com, s. S. 109). Auch für Kids interessant sind das gut gemachte zyprische **Folkloremuseum** in Pedoulás (s. S. 181) und das osmanische **Volkskundemuseum** im herrlich restaurierten Derwiş-Paşa-Haus (in Lefkoşa, s. S. 209).

LECKEREIEN

Süßes oder Saures? Eisschlecken kann man überall auf Zypern, aber **Pahit Ice** in Lárnaka ist für seine originellen Sorten bekannt (am Fischhafen, s. S. 120). Bei **Smoothie & Sweetie** in Pissoúri verlocken Eis, Kuchen und andere Süßigkeiten (tgl. 8–22 Uhr, Winter Do–So 9–17 Uhr, Amelonon 64, Pissoúri, Tel. 99 79 20 57). In Agrós bekommt man bei **Niki Sweets** lauter traditionelle Leckereien (www.nikisweets.com.cy, s. S. 141). Schokolade und Pralinen selber machen (und natürlich vernaschen) kann man beim **Schokoladen-Workshop** in Plátres (www.cypruschocolate.com, s. S. 166).

SPORT & AKTIVITÄTEN

Trendy! SUP – das angesagte »Meeres-Yoga« – und Kiting sollte jeder mal ausprobiert haben, etwa in der **Kiteschule Kitemed** (beides beim Perivólia Beach und Mazotós Beach, Tel. 99 54 48 63, www.kitemed.com).

Parasailing. In die Lüfte gehen mit Traumpanorama können Alt und Jung im Beşparmak/Pentadáktylos-Gebirge in der Nähe von Kyrénia im Norden mit **Highline Air Tours** (www.highlineparagliding.com, s. S. 217) und mit dem **Latsí Watersports Center** (außerdem Schnorcheln, Wasserski, Jet-Ski, Segeln, Windsurfen, Kajaking, www.latchiwatersportscentre.com, s. S. 59).

Am Agía Nissi-Strand kommen Kinder auf ihre Kosten.

Kleiner Sprachführer

GRIECHISCH

ALPHABET

Groß Klein	Umschrift
Α α	a
Β β	v, w
Γ γ	g,i
Δ δ	d (dh)
Ε ε	e
Ζ ζ	s,z
Η η	i
Θ θ	th
Ι ι	i,j
Κ κ	k
Λ λ	l
Μ μ	m
Ν ν	n
Ξ ξ	ks,x
Ο ο	o
Π π	p
Ρ ρ	r
Σ σ	s,ss
Τ τ	t
Υ υ	i,y
Φ φ	f
Χ χ	ch (h)
Ψ ψ	ps
Ω ω	o

ZAHLEN

1 éna
2 dío
3 tría
4 téssera
5 pénte
6 éxi
7 eftá
8 ochtó
9 ennéa
10 déka
11 éndeka
12 dódeka
20 íkosi
30 triánda
40 saránda
50 penínda
100 ekató
1000 chília

GRUNDWORTSCHATZ

ja/nein ne (sprich: nä)/óchi
in Ordnung, okay endáxi
bitte parakaló
Bitte sehr! oríste
Danke (sehr) efcharistó (polí)
Entschuldigung signómi
Hilfe! voíthia!
gut/schlecht kaló/kakó
viel/wenig polí/lígo
groß/klein megálo/mikró
oben/unten (e)páno/káto
warm/kalt zestó/krío

Begrüßung
Guten Morgen/guten Tag (bis etwa 13 Uhr) kaliméra
Guten Tag/guten Abend (ab etwa 13 Uhr) kalispéra
Gute Nacht kaliníchta
Hallo, tschüss (Du-/Sie-Form) Jiássou/Jiássas

Orientierung
Wo ist ...? pu íne ...?
Ich verstehe Sie (nicht) (dhen) sas katalawéno
Dorf chorió
Kirche eklissía
Platz platía
Straße odós
Stadt póli
Strand paralía
Hafen limáni
Haltestelle stássi
Bus leoforío
Fähre/Schiff férri-bot/karávi
Auto aftokínito

KULINARISCHES

Entschuldigen Sie bitte (Kellner)! Signómi!
Die Rechnung bitte! Ton logariasmó parakaló!
Guten Appetit! Kalí órexi!
Prost! Jiámmas!
Wo ist die Toilette, bitte? Pú íne i tualéta parakaló?
Ich möchte ... Thélo ...
Wasser neró
Salz aláti
Pfeffer pipéri
Hackbällchen keftédes
Hühnchen kotópoulo
Kaninchen kounélli
Kotelett brizóla
Lammfleisch arní
Lammkoteletts paídákia
Leber sikóti
Rindfleisch moshári
Schweinefleisch chirinó
Dorade (Goldbrasse) tsipoúra
Lachs solomós
Muscheln mídja
Scampi garídes
Sepia (Tintenfisch) soupjés
Scholle/Seezunge glóssa
Thunfisch tónos
Tintenfischringe kalamarákia
Walnusskuchen karidópitta
Apfelkuchen milópitta
Grießkuchen revaní

Spezialitäten
biftéki mit Schafskäse gefüllte Frikadelle
moussaká Auberginen-Kartoffel-Auflauf
soutzoukákia Hackfleischröllchen in Tomatensauce
souvláki Fleischspießchen (Schwein)
stifádo Fleisch mit Zwiebeln in Tomaten-Zimt-Soße
taramósaláta Fischrogen-Püree
tzatzíki (gesprochen: dzadzíki) Joghurt mit Gurken und Knoblauch

TÜRKISCH

AUSSPRACHE

c wie dsch; cami (Moschee) = dschami

ç wie tsch; çok (viel) = tschok

ğ wie Dehnungs-h oder wie weiches j; sağda (rechts) = saada oder

ı stumpfes i oder angedeutetes e;

j wie g in leger; z.B. garaj (Garage)

ş wie sch; in giriş (Eingang) = girisch

v wie w; ve (und) = we

y wie j; yok (kein/nicht) = jok

z wie weiches s in Rose; güzel (schön) = güsel

ALLGEMEINES

Guten Morgen. Günaydın.

Guten Tag./Schönen Tag. iyi günler.

Guten Abend./Schönen Abend. iyi akşamlar.

Gute Nacht. iyi geceler.

Hallo! Merhaba!

Tschüß! Hoşça kal!

Auf Wiedersehen! Görüşmek üzere!

Gut, danke. Iyi, teşekkürler.

Können/Sprechen Sie Deutsch? Almanca biliyormusunuz/konuşuyormusunuz?

Das verstehe ich nicht. Anlamıyorum.

ja/nein/vielleicht evet/hayır/belki

gut/schlecht iyi/kötü

viel/wenig çok/az

in Ordnung, okay tamam

Bitte sehr! Buyurun!

Danke teşekkür ederim oder kurz: teşekkürler

Entschuldigung pardon

Hilfe! Imdat!

UNTERWEGS

Wo ist...? ...nerede?

Wie komme ich zum Bahnhof/ zur Bushaltestelle/ zum Flughafen? Istasyona/ Otogara/ Havalimanına nasıl giderim?

Fahren Sie mich bitte nach... Beni lütfen...ye/ya götürün.

Wie viel kostet eine Fahrt nach...? ...gitmek ne kadar?

nach links abbiegen sola sapmak

nach rechts abbiegen sa a sapmak

geradeaus düz

Straße cadde/ sokak

Platz meydanı

Moschee cami

Kirche kilisesi

Hafen (Anleger) iskele

Haltestelle istasyon

Bus otobüs

Fähre feribot/ araba vapuru

EINKAUFEN

Wieviel kostet das? Ne kadar?

Haben Sie das in meiner Größe? Benim bedenim de varmı?

Ok, ich nehme es. Tamam, bunu alıyorum.

Ich möchte es nicht. Bunu istemiyorum.

ZAHLEN

1–12 bir, iki, üç, dört, beş, altı, yedi, sekiz, dokuz, on, onbir, oniki

20 yirmi

30 otuz

40 kırk

50 elli

60 altmiş

70 yetmiş

80 seksen

90 doksan

100 yüz

1000 bin

ESSEN UND TRINKEN

Könnte ich die Speisekarte haben? Yemek listesini rica edebilir miyim?

Ich möchte... Ben... isitiyorum.

Ich bin Vegetarier. Ben vejeteryanım.

Ich bin fertig/satt. Ben doydum.

Die Rechnung bitte. Hesap lütfen.

Frühstück kahvaltı

Mittagessen öylen yemeği

Abendessen akşam yemeği

Gabel/Messer/Löffel çatal/bıçak/kaşık

Salz/Pfeffer tuz/karabiber

Essig/Öl sirke/zeytinyağı

Kaffee kahve

Türkischer Tee çay

Zucker şeker

Saft meyva suyu

Wasser/Mineralwasser su/asitli su oder soda

Bier bira

Rotwein/Weißwein kırmızı/ beyaz şarap

Brot ekmek

Nudeln makarna

Reis pilav

Bohnen fasulye

Huhn tavuk

Rind dana

Fisch balık

Schinken jambon

Käse peynir

Eier yumurta

Salat salata

Obst meyva

Verantwortlich: Claudia Hohdorf
Lektorat: Kerstin Weber, Rosenheim
Korrektorat: Anke Höhne, München
Layout: Elke Mader, Rosenheim
Umschlaggestaltung: Fuchs-Design, Sabine Fuchs, München, Ulrike Huber, Kolbermoor
Repro: Repro Ludwig, Zell am See
Kartografie: Kartographie Huber, Heike Block, München
Herstellung: Bettina Schippel
Printed in Slovenia by Korotan, Ljubljana

★★★★★

Sind Sie mit diesem Titel zufrieden? Dann würden wir uns über Ihre Weiterempfehlung freuen.

Erzählen Sie es im Freundeskreis, berichten Sie Ihrem Buchhändler, oder bewerten Sie bei Onlinekauf.

Und wenn Sie Kritik, Korrekturen Aktualisierungen haben, freuen wir uns über Ihre Nachricht an
Bruckmann Verlag,
Postfach 40 02 09,
D-80702 München
oder per E-Mail an
lektorat@verlagshaus.de.

Unser komplettes Programm finden Sie unter

www.bruckmann.de

Alle Angaben dieses Werkes wurden von den Autoren sorgfältig recherchiert und auf den neuesten Stand gebracht sowie vom Verlag geprüft. Für die Richtigkeit der Angaben kann jedoch keine Haftung übernommen werden.

Bildnachweis:
Alle Bilder des Innenteils und des Umschlags stammen von Kay Maeritz, Lollar-Salzböden, außer:
Martina Miethig, S. 4, 68 o., 81, 103, 253 o., 263, 277 u.; Shutterstock/Bernd Juergens, S. 20 u.; Shutterstock/Bildagentur Zoonar GmbH, S. 23 u.; Shutterstock/SmileStudio, S. 25 li.; Shutterstock/ruzanna, S. 63, S. 162 u.; Shutterstock/smikeymikey1, S. 64; Shutterstock/mishu, S. 152 o.; Wikimedia Commons/David Monniaux, S. 250 u.

Umschlag:
Vorderseite:
Oben: Kaktusstacheln (picture alliance/Arco Images GmbH); Mitte links: Frauen in zypriotischer Tracht (huber-images.de/Schmid Reinhard); Mitte rechts: Nachtleben in Agia Napa (huber-images.de/Schmid Reinhard); unten: Andreas Kloster, Karpaz (Juergen Richter/ LOOK-foto)
Rückseite:
Links: Männer in Lefkosa; rechts: Geroskipou bei Néa Páfos

Die Deutsche Nationalbibliothek verzeichnet diese Publikation in der Deutschen Nationalbibliografie; detaillierte bibliografische Daten sind im Internet über http://dnb.d-nb.de abrufbar.

ISBN 978-3-7654-6191-0

Die Festung am Hafen von Néa Páfos